GESTALT
Uma Terapia do Contato

Dados Internacionais de Catalogação na Publicação (CIP)
(Câmara Brasileira do Livro, SP, Brasil)

Ginger, Serge.
  Gestalt: uma terapia do contato / Serge Ginger e Anne Ginger ; [tradução Sonia Rangel]. – 5. ed. – São Paulo: Summus, 1995.

  Bibliografia.
  ISBN: 978-85-323-0452-0

  1. Gestalt-Terapia I. Ginger, Anne. II. Título.

95-0405   CDD-616.89143

Índices para catálogo sistemático:

1. Gestalt: Psicoterapia: Medicina   616.89143
2. Gestalt-Terapia: Medicina   616.89143

Compre em lugar de fotocopiar.
Cada real que você dá por um livro recompensa seus autores
e os convida a produzir mais sobre o tema;
incentiva seus editores a encomendar, traduzir e publicar
outras obras sobre o assunto;
e paga aos livreiros por estocar e levar até você livros
para a sua informação e o seu entretenimento.
Cada real que você dá pela fotocópia não autorizada de um livro
financia o crime
e ajuda a matar a produção intelectual de seu país.

GESTALT
Uma Terapia do Contato

Serge e Anne Ginger

summus
editorial

Do original em língua francesa
LA GESTALT – UNE THÉRAPIE DU CONTACT
Copyright © 1987 by Hommes et Groupes Editéurs
Direitos desta tradução adquiridos por Summus Editorial

Tradução: **Sonia Rangel**
Revisão técnica: **Jean Clark Juliano**
Capa: **Isabel Carballo**
Impressão: **Sumago Gráfica Editorial**

Summus Editorial
Departamento editorial
Rua Itapicuru, 613 – 7º andar
05006-000 – São Paulo – SP
Fone: (11) 3872-3322
Fax: (11) 3872-7476
http://www.summus.com.br
e-mail: summus@summus.com.br

Atendimento ao consumidor
Summus Editorial
Fone: (11) 3865-9890

Vendas por atacado
Fone: (11) 3873-8638
Fax: (11) 3872-7476
e-mail: vendas@summus.com.br

Impresso no Brasil

Sumário

Apresentação à edição brasileira 7
Prefácio da edição francesa 9
Capítulo 1 — Um primeiro olhar sobre a Gestalt 13

Primeira parte:
Fundamentos conceituais da Gestalt

Capítulo 2 — A árvore genealógica da Gestalt 33
Capítulo 3 — Fritz Perls 43
Capítulo 4 — A Gestalt e a psicanálise 62
Capítulo 5 — O parentesco oriental 83
Capítulo 6 — A psicologia humanista e a Gestalt 93
Capítulo 7 — Abordagem sistêmica e Gestalt 105

Segunda parte:
Métodos e técnicas da Gestalt

Capítulo 8 — A teoria do *self* 125
Capítulo 9 — A relação terapêutica em Gestalt 143
Capítulo 10 — O corpo e as emoções em Gestalt 160

Capítulo 11 — O cérebro e a Gestalt 175
Capítulo 12 — O imaginário em Gestalt 195
Capítulo 13 — O desenvolvimento da Gestalt 213

Anexos

1. Depoimento de uma estagiária 242
2. Bibliografia resumida de algumas das obras consultadas 245
3. Bibliografia sumária de algumas publicações sobre Gestalt em língua francesa 247
4. Bibliografia de algumas obras de Gestalt em outras línguas ... 250
5. Glossário 254
6. Quadro cronológico sinótico 264
7. Árvore genealógica da Gestalt 269

Apresentação à edição brasileira

A Gestalt-terapia chegou até nós, brasileiros, há cerca de vinte anos. Os primeiros textos foram trazidos dos Estados Unidos por alguns de nós movidos pelo entusiasmo de conhecer algo muito novo no cenário das psicoterapias. Eles foram traduzidos e assim tanto os profissionais da área de psicoterapia, bem como o público em geral, tomaram contato com a riqueza desta abordagem.

Alguns fizeram uma leitura simplista e utilitária dos textos então disponíveis. Não se deram conta de que o momento culminante e efervescente da Gestalt-terapia nos Estados Unidos foi liderado pessoalmente por Fritz Perls, então com 70 anos bem vividos e vasta bagagem clínica. As sessões ou os "trabalhos" descritos nos livros eram tirados de demonstrações públicas em que os "clientes" eram profissionais em fase de treinamento. Foi somente algum tempo depois que pudemos ter acesso aos relatos de processos psicoterápicos de maior duração.

Para os leitores incautos, os resultados pareciam "mágicos" e que havia sido descoberta uma forma de "terapia instantânea". Em conseqüência disso, muitos se entusiasmaram com as "técnicas de Gestalt" e começaram a aplicá-las sem o menor critério e entendimento do seu contexto e finalidade, com resultados pouco eficientes, para não dizer danosos.

Dizia Joseph Campbell: "Aqueles que não conseguem ver além dos símbolos e aparências, me parecem comensais que, ao entrarem num restaurante, comem o cardápio e não sabem esperar para saborear as iguarias ali descritas". E acrescenta: "Parece que estamos vivendo numa época em que muitos cardápios são mastigados e o resultado é um sentimento de vazio e de empobrecimento do espírito".

Serge e Anne Ginger, Gestalt-terapeutas franceses, se preocuparam em veicular com seriedade a abordagem gestáltica, sem perder uma linguagem coloquial e bem-humorada. Isso facilita a apreensão dos conceitos, tanto para os terapeutas de outras orientações como para um público leigo interessado na área psicológica. Eles foram cuidadosos com os leitores, anexando um glossário explicativo dos termos técnicos utilizados.

Os especialistas em Gestalt-terapia ganharam uma excelente visão panorâmica do contexto maior em que se insere nosso trabalho, nomeadas que foram as principais influências filosóficas e psicológicas que moldam o nosso arcabouço; além disso, foi introduzido um capítulo muito bem-vindo, sobre as bases neurofisiológicas do comportamento, tema atualmente muito discutido.

As tabelas cronológicas apresentadas sintetizam esse conjunto, e assim podemos visualizar a ebulição e a riqueza do pensamento europeu na primeira metade deste século; remonta a esta época o surgimento do psicodrama, da análise existencial, da terapia centrada na pessoa, só para citar as tendências mais próximas da Gestalt.

Os conceitos são colocados de maneira clara e simples. Os exemplos dados, trechos de sessões relatados, emprestam um tempero especial ao texto. São também apresentados exemplos de aplicação dos princípios da Gestalt-terapia em outras áreas que não o trabalho clínico de consultório, ampliando sua utilização no campo da educação, empresas e instituições de diversos tipos.

Quero também ressaltar a importância da apresentação atualizada das contribuições de diferentes autores europeus contemporâneos, para nós desconhecidos até este momento.

Os autores incluíram também um roteiro bem sinalizado de artigos em francês, inglês, espanhol, italiano.

Resumindo, este livro nos proporciona um caminho muito vivo e ágil, que ajuda a elucidar questões com que somos confrontados no dia-a-dia do exercício de nossa profissão. Bom proveito!

Jean Clark Juliano
Psicoterapeuta, pioneira da
Gestalt-terapia no Brasil

Prefácio da primeira edição[1]

"Por que este livro?", certamente esta não seria uma pergunta muito gestaltista.[2]

"Para quem?", já seria mais aceitável, porque, em Gestalt, desconfiamos das comunicações anônimas ou não direcionadas: incentivamos principalmente as mensagens diretas, personalizadas, orientadas sem ambigüidades.

"Este livro, como?" seria, enfim, a pergunta gestaltista mais ortodoxa!

A resposta é: um livro sobre Gestalt, escrito em "estilo gestaltista", ou seja, com o coração e a cabeça, espontaneamente, no aqui e agora do que sinto, deixando que meu "cérebro direito" se expresse, na emergência da relação imaginária que se estabelece no momento entre você e eu — ou, antes, entre você e *nós*, pois este livro, que escrevi com minha mão e minhas palavras, traduz de fato uma experiência comum, idéias compartilhadas, tecidas com fios multicoloridos entrelaçados — nem verdadeiramente paralelos, nem verdadeiramente cruzados — por Anne e eu, há 35 anos na mesma tripulação, dividindo, apesar dos conselhos de muitos colegas "esclarecidos", nosso travesseiro e nosso trabalho, trazendo nossa alegria de viver para nosso trabalho e nosso trabalho sob nosso teto.

---

1. Este livro é uma edição resumida (pela metade aproximadamente) do texto original, publicado por Hommes e Groupes Ed., Paris, que teve sua primeira edição em 1987, e a quarta em 1992, com cerca de 500 páginas.
2. De inspiração fenomenológica, a Gestalt, de fato, se interessa mais pelo "como" do que pelo "porque" das coisas e dos comportamentos, procurando observar e descrever os fenômenos com uma visão sem preconceitos, antes de tentar entendê-los ou interpretá-los.

Por respeito à autenticidade e desejando uma troca mais direta com o leitor, quase sempre me expressei na primeira pessoa, mas não houve uma página que não tenha sido debatida com Anne, às vezes durante horas.

Resisti mais ou menos à pressão de alguns de nossos alunos, que insistiam para que eu redigisse um tratado, ou seja, um manual de Gestalt "claro e completo", ordenado como um museu — com suas vitrines etiquetadas.

Preferi apresentar um depoimento pessoal comprometido, alimentado tanto por uma vivência cotidiana quanto por teorias, convidando vocês para um passeio ao acaso, entre as atrações da paisagem percorrida. Eu me permiti sair por alguns momentos da estrada, em breves escapadas, ao sabor de minha fantasia: nunca suportei os itinerários fixos, em que acabamos sonolentos com a cadência dos passos...

Assim sendo, haverá neste livro algumas digressões aparentes e repetições deliberadas, porque há coisas que gostamos de repetir, há veredas familiares, incessantemente retomadas.

Desta forma, não empreenderemos juntos uma escavação arqueológica sistemática e entediante de cada sítio gestaltista visitado, não nos esgotaremos passando o pente fino em cada noção escavada. Antes, acariciaremos com ternura algumas formas encontradas e que nos convenham, e deixaremos outras pelo caminho, preferindo o prazer da busca a saciar prematuramente a sede de descoberta.

O procedimento será circular, ou melhor, em espiral aberta: perambularemos pelas regiões da Gestalt, passando várias vezes pelos mesmos lugares, escavando mais em cada ocasião, em vez de raspar metódica e laboriosamente o terreno a cada etapa, antes de seguir adiante. Essa abordagem nos parece mais conforme a realidade de qualquer existência e mais coerente, além disso, com nossa percepção da Gestalt, que se inspira, não em um procedimento lógico, mas analógico, não sistemático, mas sistêmico, em constante interdependência com o meio, alimentada por uma rede abundante de interconexões de todos os tipos e níveis: sensoriais, emocionais, imaginárias, verbais-individuais, culturais ou cósmicas.

Este livro é feito para ser lido e... compreendido! Portanto, foi redigido em uma linguagem que pretende ser acessível a todos; e me esforcei para evitar a armadilha do jargão "psi", flagelo endêmico de uma confraria de iniciados que se satisfaz, placidamente, em pregar só para os convertidos.

*

A Gestalt está em plena evolução, tanto mais que ela teve a sorte de não se cristalizar prematuramente em um dogma intocável. Seu principal mentor, Fritz Perls, tinha repugnância por qualquer teorização.

"Loose your head, come to your senses", gostava ele de repetir. Nós não o acompanharemos em seus excessos, reacionais e provocadores, que consideravam qualquer atividade intelectual uma "merda" (*bullshit*); mas não queremos, tampouco, nos tornar cúmplices de uma sociedade que nos condena à "hemiplegia", ao supervalorizar o hemisfério cerebral esquerdo, analítico, lógico e científico, negligenciando de forma crônica o hemisfério direito, sintético, analógico e artístico.

De fato, para nós,

A gestalt é tanto uma arte quanto uma ciência

e todos podem praticá-la à sua própria maneira, traduzindo sua personalidade, sua experiência e sua filosofia de vida.

Não seria supérfluo, enfim, assinalar a *evolução fundamental das idéias* e a *recente revolução das formas de pensamento* e de comunicação ocorridas após a época de Perls e dos primeiros teóricos da Gestalt, como Paul Goodman.

Assim, por exemplo, surgiram no horizonte: a cibernética, a teoria geral dos sistemas e a revolução da informática, a hipótese da "relatividade complexa" em física, as neurociências (psicofisiologia do cérebro e quimioterapia) etc.

Todos esses trabalhos e pesquisas causaram um impacto considerável na biologia, na psicologia, na psiquiatria, na sociologia, na filosofia e, de forma mais geral, em tudo que se refere ao ser humano e seus sistemas de contato e de comunicação. Suas conseqüências sobre as ciências humanas não podem ser mais negligenciadas e não é mais possível aderir cegamente e sem reservas ao conjunto das hipóteses de Freud ou Perls, elaboradas há muitos anos, na primeira metade deste século.

*

É claro que reivindico a responsabilidade por todas as afirmações e hipóteses deste livro, e prefiro a eventual contestação de alguns colegas a um conformismo estático: a Gestalt nos lembra, aliás, que é preciso destruir para digerir, que é preciso morder, rasgar, mastigar e remastigar pacientemente, e não "introjetar" uma alimentação constituída de pratos cozidos e já prontos, raramente adaptados ao estômago e ao gosto individual.

Sou responsável por minhas formulações, escolhas, obrigatória e deliberadamente subjetivas, e também por meus erros — preço da liberdade —, mas não sou o autor dos materiais propriamente ditos desta obra.

Este livro foi construído a partir de uma rede permanente de trocas, intelectuais e emocionais — às vezes apaixonadas:

- com nossos amigos e colegas do I.F.E.P.P.,[3] há mais de vinte anos;

- com nossos professores americanos de Gestalt e, principalmente: Joan Fiore, Abraham Levitsky, Jack Downing, Richard Price, Frank e Ilana Rubenfeld, Paul Rebillot, Alan Schwartz, Gedeon Schwartz, Joe Camhi, Seymour Carter, Barry Goodfield, George Thomson e muitos outros...

- com nossos colegas da Société Française de Gestalt,[4] desde sua fundação, em 1981; também, e principalmente, trocas profundas com nossos alunos da École Parisienne de Gestalt,[5] que confiaram em nós o bastante para ousarem sempre nos interpelar, até criticar, numa exigência incansável, levando-nos a explorar continuamente, em conjunto, novas pistas.

Gallardon, 1987

---

3. I.F.E.P.P — Institut de Formation et d'Études Psychosociologiques et Pédagogiques. Associação fundada em 1965. 140bis, Rue de Rennes. 75006 Paris. Tel. (1) 42.22.95.50. Fax (1) 45.44.35.99.
4. Société Française de Gestalt (S.F.G.). Associação fundada em 1981. Reúne gestaltistas profissionais de todas as tendências. Em 1992: 54 membros titulares e mais de 200 membros associados.
5. École Parisienne de Gestalt (E.P.G.), ligada ao I.E.F.P.P., fundada em 1981. Os mesmos telefones do Instituto, ou diretamente com os Ginger: Tel. (33) 37.31.45.59, fax (33) 37.31.55.74.

Capítulo 1

Um primeiro olhar sobre a Gestalt

Mas o que é, de fato, a Gestalt? *Was ist das?* [1]

Gestalt é uma palavra alemã,[2] hoje adotada no mundo inteiro, pois não há equivalente em outras línguas. *Gestalten* significa "dar forma, dar uma estrutura significante".

Na realidade, mais do que Gestalt, exato seria dizer *Gestaltung*, palavra que indica uma *ação* prevista, em curso ou acabada, que implica um *processo* de dar forma, uma *"formação"*.

Nossos dicionários comuns só registraram, até agora, o primeiro sentido, histórico, de *psicologia* da Gestalt, teoria segundo a qual nosso campo perceptivo se organiza espontaneamente, sob a forma des *conjuntos estruturados e significantes* ("formas boas" ou *gestalts* fortes e plenas). A percepção de uma totalidade — por exemplo, um rosto humano — não pode se reduzir à soma dos estímulos percebidos, pois

o todo é diferente da soma de suas partes

---
1. *Was ist das?* Em alemão = "o que é?".
2. A palavra Gestalt apareceu em 1523 (em uma tradução da Bíblia). Ela é formada a partir de um particípio passado: *vor Augen gestallt* — "colocada diante dos olhos, exposta aos olhares" e tem, então, a mesma etimologia de... *prostituta* — "colocada na frente, exposta aos olhares" (*sic*!).

A raiz indo-européia *sta* (estar em pé) deu margem a um enorme campo semântico; por exemplo, grego: *statos* (rígido); latim: *stare* (em pé); alemão: *stall* (posição, domicílio), *stehem* (em pé); inglês: *stay, stand* (em pé); francês: *stage* (estágio), *station* (postura), *stable* (estável), *installer* (instalar), *établir* (estabelecer), *état* (estado), *rester* (ficar), *arrêt* (parada), *exister* (existir) etc.

assim, a água é diferente do oxigênio e do hidrogênio!

Da mesma maneira,

> *uma parte num todo é algo bem diferente
> desta mesma parte isolada ou incluída num outro todo*

porque ela extrai propriedades particulares de seu lugar e função em cada um deles: assim, num jogo, um grito é diferente de um grito numa rua deserta, estar nu embaixo do chuveiro não tem o mesmo sentido que passear nu pela rua!...

Para compreender um comportamento, o que conta, então, não é somente analisá-lo, mas, sobretudo, ter dele uma visão sintética, percebê-lo no conjunto mais amplo do contexto global, ter uma visão não tanto "aguda", mas ampla.

A terapia: unidade, saúde, santidade

Voltarei mais adiante à psicologia da Gestalt ou "teoria da forma". Este livro trata da Gestalt-terapia (*Gestalt Therapy*, em inglês, freqüentemente abreviada como GT) e, para evitar qualquer confusão, eu não deveria omitir o segundo termo. Mas é de propósito que não o menciono sistematicamente. De fato, a palavra *terapia* costuma ter, para a maioria das pessoas, um sentido restrito. O dicionário ainda a define como: "*O conjunto das ações e práticas destinadas a curar ou tratar as doenças*", enquanto a própria O.M.S. (Organização Mundial da Saúde) lembra, já em seu preâmbulo, que:

> "*A saúde não é a ausência de doença ou de enfermidade,
> mas um estado de completo
> bem-estar físico, mental e social*".

Portanto, nessa perspectiva global, "*holística*",[3] a terapia visa a manutenção e o desenvolvimento desse bem-estar harmonioso, e não a cura, a "reparação" de qualquer distúrbio — que subentenderia uma

---

3. Do grego *holos*, "tudo", de que derivaram, entre outros, no latim: *solidus*, inteiro, sólido; *salvus*, intacto, são, e daí *salve*, saudação, cumprimento; *solidare*, unido etc. Encontramos esta raiz em inúmeras línguas indo-européias e semíticas; inglês: *to heal*, curar; *holy*, santo, unificado; alemão: *heilen*, curar, e daí *heil*, vivo; *heilig*, santo. Ainda a encontramos no persa, *salam*, saudações, cumprimento; em hebreu, *shalom*.

O francês só conservou esta raiz em *holocauste*, "sacrifício em que a vítima é *inteiramente* queimada", e *catholique*, universal.

Parece-me significativo assinalar o parentesco etimológico entre saúde e as noções de *unificação*, de integridade (e assim, de *Gestalt*, forma global, integrada) e seu campo semântico comum com *santidade*, outra forma de unificação do ser.

referência implícita a um estado de "normalidade", posição oposta ao próprio espírito da Gestalt, que valoriza o *direito à diferença*, a originalidade irredutível de cada ser.

Essa *terapia* então reúne a noção de *desenvolvimento pessoal*, de *formação*[4] e a de plenitude do potencial humano — que difere explicitamente das visões *normalizadoras*, centradas na adaptação social. Assim, para o gestaltista Goldstein, um dos primeiros professores de Perls (e sobretudo de sua mulher, Laura),

> "*O normal não deve ser definido pela adaptação, mas, ao contrário, pela capacidade de inventar novas normas*".[5]

A quem então se destina a Gestalt?

A Gestalt é hoje praticada em contextos e com objetivos muito diferentes: em *psicoterapia individual* face a face, em terapia de *casais* (com a presença simultânea dos dois parceiros), em terapia *familiar*, em *grupos* contínuos de terapia (com sessões semanais e/ou um fim de semana por mês), mas também em grupos de *desenvolvimento pessoal* do potencial individual, assim como em *instituições* (escolas, estabelecimentos para jovens desajustados, hospitais psiquiátricos etc.) ou ainda em *empresas* do setor industrial ou comercial.

Ela diz respeito às pessoas que sofrem de *distúrbios* físicos, psicossomáticos ou psíquicos, classificados de "patológicos", mas também às pessoas que enfrentam dificuldades com *problemas existenciais*, infelizmente comuns (conflito, rompimento, solidão, luto, depressão, desemprego, sentimento de inutilidade ou impotência etc.) ou, ainda, mais amplamente, qualquer pessoa (ou organização)

> que esteja procurando *desabrochar melhor seu potencial* latente, não só um *melhor-ser*, mas *um mais-ser*, uma *qualidade de vida* melhor.

Há patologias pesadas e há doentes profundamente perturbados, psicóticos angustiados e neuróticos desesperados. Recebemos pessoas como essas todos os dias, em terapia individual e de grupo.

Mas há, por outro lado, problemas existenciais mais comuns, e há muito tempo as estatísticas de todos os países nos lembram que os suicidas são bem mais numerosos entre os chamados "normais" do que entre os doentes mentais "declarados".

Onde acaba o "normal", onde começa a "patologia"? Como discernir entre a coerção excessiva de um manicômio e a *antipsiquiatria* romântica?

---

4. No sentido etimológico de "dar forma" nova ou *Gestaltung*.
5. Goldstein, K. *The structure of organism*. Nova York. 1934.

Quem poderá dizer se o luto por um ente querido ou um rompimento amoroso importante são mais fáceis do que uma neurose obsessiva ou uma frigidez primária? Não temos parâmetros para avaliar a profundidade dos problemas e, enfim, pouco importa a nosografia erudita, medida pelo peso das palavras.

Recuso-me a optar entre "doença" e "mal-estar" existencial, e não sou contra a *terapia para normais*, preconizada por Perls, que achava uma pena só reservar seu método aos doentes e marginais!

História e geografia da Gestalt

Mas o que é, enfim, essa *Nova Terapia*, de contornos ainda indefinidos para o grande público e que foi batizada, sucessivamente, por uns e outros, de: *terapia da concentração, terapia do aqui e agora, psicanálise existencial, terapia integrativa, psicodrama imaginário* e de tantas outras maneiras? E que chamo aqui, simplesmente, de

terapia do contato.

Até recentemente, é verdade, a Gestalt era ainda bem pouco conhecida na França, enquanto nos Estados Unidos ela se tornou um dos métodos de terapia, de desenvolvimento pessoal e de formação *mais difundidos* — bem mais do que a psicanálise, o psicodrama e a abordagem não-diretiva rogeriana, centrada no cliente. Ela foi objeto de infinitas publicações. Há atualmente nos EUA várias dezenas de institutos de formação em Gestalt, espalhados por todas as grandes cidades, e seu ensino é regularmente ministrado aos psicólogos e trabalhadores sociais, aos pastores e responsáveis pelos movimentos de jovens. Calcula-se que *várias centenas de milhares* de pessoas já fizeram terapia individual ou em grupo ou participaram de um grupo de desenvolvimento pessoal através da Gestalt.

Atualmente, a Gestalt — cuja fonte, aliás, foi inicialmente *européia* — se difundiu rapidamente nos países germânicos e anglo-saxões e penetra em todos os continentes: Canadá, México, América do Sul, Austrália, Japão etc. Foi introduzida na Alemanha a partir de 1969 e ensinada desde 1972 em vários institutos. Há aí mais de 1.500 gestaltistas profissionais (entre psiquiatras, psicólogos, trabalhadores sociais etc.), enquanto que na França, para uma população semelhante, eles não são mais de algumas centenas.[6] Até bem recentemente, a totalidade dos gestaltistas franceses se formava com especialistas estrangei-

---

6. Em 1991 foram avaliados em cerca de 300, no total, os franceses que tinham completado *uma formação profissional específica em Gestalt*, com duração de três a quatro anos (500 a 600 horas de formação teórica e prática, seguidas de uma supervisão clínica prolongada). Esses profissionais exercem sua atividade em diversos campos (terapia, formação, setor sócio-educativo) etc.

ros,[7] mas, a partir de 1981, particularmente sob o impulso da Societé Française de Gestalt, surgiram vários institutos de formação.

A *Gestalt* foi elaborada, sobretudo, a partir das intuições de Fritz Perls, psicanalista judeu de origem alemã que imigrou aos 53 anos para os Estados Unidos.

Podemos situar a *concepção* da Gestalt em torno dos anos 40, na África do Sul, mas seu nascimento e seu *batismo oficial* datam de 1951, em Nova York. Ela teve aí uma infância relativamente obscura e um desenvolvimento limitado. Foi bem mais tarde, na *Califórnia*, que ela ficou célebre, durante o amplo movimento da "contracultura" de *1968*, que devia sacudir todo o planeta, em busca de novos valores humanistas de criatividade, dando a cada um sua parte na responsabilidade e procurando

> revalorizar o *ser* em relação ao *ter*,
> emancipar o *saber* em relação ao *poder*.

A Gestalt, para além de uma simples *psicoterapia*, apresenta-se como uma verdadeira filosofia existencial, uma *"arte de viver"*, uma forma particular de conceber as relações do ser vivo com o mundo.

A genialidade de Perls e de seus colaboradores (Laura Perls e Paul Goodman, principalmente) foi elaborar uma *síntese coerente* de várias correntes filosóficas, metodológicas e terapêuticas européias, americanas e orientais, constituindo assim uma nova "Gestalt", na qual o "todo é diferente da soma de suas partes".

A Gestalt se situa na intersecção entre a psicanálise, as terapias psicocorporais de inspiração reichiana, o psicodrama, o sonho-desperto, os grupos de encontro, as abordagens fenomenológica e existencial, as filosofias orientais.

Ela dá ênfase à *tomada de consciência da experiência atual* ("*o aqui e agora*", que inclui o ressurgimento eventual de uma vivência antiga) e reabilita a *percepção emocional e corporal*, ainda muito censurada na cultura ocidental, que coíbe severamente a expressão pública da cólera, da tristeza, da angústia... mas também da ternura, do amor ou da alegria.

A Gestalt desenvolve uma perspectiva unificadora do ser humano, integrando ao mesmo tempo as dimensões *sensoriais, afetivas, intelectuais, sociais e espirituais*, permitindo

> "uma experiência global, em que o corpo possa falar
> e a palavra, encarnar". (Anne Rosier)

Ela favorece um contato autêntico com os outros e consigo mesmo, um *ajustamento criador* do organismo ao meio, assim como uma

---

7. Eu e Anne fizemos nossa formação, essencialmente, nos Estados Unidos, em sete permanências sucessivas, a partir de 1970.

consciência dos mecanismos interiores que nos levam, bem freqüentemente, a condutas repetitivas. Ela coloca em destaque nossos *processos de bloqueio* ou de interrupção no ciclo normal de satisfação de nossas necessidades e desmascara nossas *evitações*, medos e inibições, assim como nossas ilusões.

A Gestalt não objetiva simplesmente *explicar* as origens de nossas dificuldades, mas *experimentar* pistas para soluções novas: ela prefere o *sentir como*, mobilizador de mudança, à procura lancinante do *saber por quê*.

Em Gestalt, cada um é *responsável* por suas escolhas e suas evitações. Cada um trabalha no ritmo e no nível que lhe convém, a partir daquilo que *emerge* para si no momento, quer se trate de uma percepção, emoção ou preocupação *atual*, da revivescência de uma situação *passada* mal resolvida ou "inacabada", ou ainda de perspectivas incertas de *futuro*.

O trabalho é geralmente *individualizado*, mesmo quando em grupo — este é então utilizado como suporte ou como "eco" amplificador.

A Gestalt *integra e combina*, de forma original, um conjunto de *técnicas variadas, verbais e não-verbais*, tais como: despertar sensorial, trabalho com a energia, a respiração, o corpo ou a voz, expressão da emoção, trabalho a partir dos sonhos, criatividade (desenho, modelagem, música, dança) etc.

Voltarei mais detalhadamente, neste livro, aos fundamentos *teóricos*, aos princípios *metodológicos* e às numerosas variantes *técnicas* de "estilo" e de práticas, mas gostaria, a partir de agora, de tentar *resumir* em uma frase o que parece caracterizar a abordagem da Gestalt: não se trata de compreender, analisar ou interpretar os acontecimentos, comportamentos ou sentimentos, mas, sobretudo, de favorecer a

---

tomada de consciência global
da forma como funcionamos e de nossos processos:
— de ajustamento criador ao meio,
— de integração da experiência presente,
de nossas evitações e de nossos
mecanismos de defesa ou resistências.[8]

É uma atitude básica, que se diferencia ao mesmo tempo da psicanálise ou do comportamentalismo, constituindo uma *"terceira via"* original: compreender e aprender, mas, sobretudo, *experimentar*, para alargar ao máximo nosso campo vivido e nossa liberdade de escolha, tentar escapar ao determinismo alienante do passado e do meio, à carga de nossos condicionamentos "históricos" ou "geográficos" e encontrar assim um território de liberdade e de responsabilidade.

---

8. Na acepção gestaltista específica do termo, as "resistências" são mecanismos de defesa ou de evitação, distorções ou interrupções no "ciclo de contato" (introjeção, projeção, retroflexão etc.). Ver capítulo 8.

Se me permitisse parafrasear Sartre, "psicologizando" uma de suas declarações[9], eu diria:

> *o importante não é o que fizeram de mim
> mas o que eu faço do que fizeram de mim.*

Não se trata, no entanto, de negar ingenuamente a herança biológica, nem as experiências da *primeira infância*, tampouco de minimizar a pressão cultural do *meio social*, mas sobretudo de buscar a coerência interna de meu *estar-no-mundo* global, para descobrir e elaborar minha "torre" de liberdade, *meu próprio estilo de vida* em sua especificidade e *originalidade.*

A Gestalt me incita, sobretudo, num primeiro momento, a me conhecer melhor e a me aceitar tal como sou e não a querer mudar para me adaptar a um *modelo de referência* explicativo ou idealizado, seja ele individual ou social, interno ou externo, filosófico, moral, político ou religioso.

Ser o que sou, antes de ser de outra maneira: é a "teoria paradoxal da mudança" (Beisser, 1970).[10]

A Gestalt me encoraja, de certa maneira, a *navegar no sentido de minha própria corrente* e não a me exaurir lutando contra ele: observar as profundas correntes internas de minha personalidade, explorar os ventos variáveis de meu meio, e ainda mantendo a *responsabilidade* vigilante pelas velas e pelo leme, para realizar aquilo que sou e traçar meu rastro efêmero na superfície do oceano, *conforme o caminho que escolhi para mim*. Na prática, estes princípios desembocam em um método específico de trabalho, de inspiração *fenomenológica*, apoiado num certo número de técnicas, às vezes chamadas de "jogos", "exercícios" ou "experimentos".[11]

Mas é muito freqüente que essas *técnicas* — algumas inspiradas no *psicodrama* e várias outras emprestadas de outras abordagens (*análise transacional*, por exemplo) — sejam confundidas com Gestalt, por pessoas que ignoram praticamente tudo a respeito de seus princípios fundamentais: alguns imaginam ou pretendem "estar fazendo" Gestalt sob o simples pretexto de utilizarem a "cadeira vazia" ou fazerem alguém

---

9. Sartre desenvolve, de fato, uma idéia *análoga*, mas em um *contexto muito diferente*: "Como indagação sobre a praxis, a filosofia é, ao mesmo tempo, uma indagação sobre o homem... o essencial não é o que se fez do homem, mas *o que ele faz do que fizeram dele*. O que fizeram do homem são as estruturas, os conjuntos significantes estudados pelas ciências humanas. O que ele faz é a própria história..." (Entrevista concedida à revista *L'Arc*, em outubro de 1966.)
10. Beisser desenvolve, em um artigo clássico, uma idéia de fato formulada por Carl Rogers, em 1956, e publicada por ele em 1961: "É no momento em que me aceito como sou, que me torno capaz de mudar" (*On becoming a person*. Boston, 1961).
11. Cf. Levitzky, A. "The Rules and the Games of Gestalt Therapy", in Fagan e Shepard: *Gestalt therapy now*. Nova York, Science & Behavior Books. 1970.

falar com uma almofada! Como se fosse suficiente, para fazer psicodrama, representar; ou deitar-se em um divã, para "fazer" psicanálise![12]

As técnicas da Gestalt só têm sentido em seu contexto global, isto é, integradas em um *método* coerente e praticadas de acordo com uma *filosofia* geral, que este livro tenta traduzir. Nunca seria demais repetir que

---
o essencial da Gestalt não está em suas técnicas, mas no espírito geral do qual ela procede e que as justifica.

Algumas técnicas

Entretanto, para dar um resumo mais *concreto* aos leitores que nunca praticaram este método, vou expor rapidamente algumas das técnicas mais utilizadas (entre várias centenas): exercício de *awareness, hot seat*, dramatização, amplificação, interpelação direta, trabalho com sonho, expressão metafórica...

Um exercício de awareness

"Neste momento, estou consciente de meus ombros tensos, estou curvado, concentrado em meu computador. Meu olhar está fixo. Tenho consciência de estar fascinado pelas letras que dançam na tela. Percebo que prendo minha respiração. Tomo consciência de uma atitude de bloqueio e de isolamento... Agora, virei a cabeça: Anne está aqui, lê perto de mim, no sofá, e eu não estava consciente de sua presença. Sorrio, mas é ela que não me vê: está absorta em sua própria leitura.

"Sinto um ligeiro mal-estar por estarmos assim num mesmo cômodo, sem prestar atenção um ao outro a todo instante!... Uma imagem emerge agora em minha mente: dividi o mesmo quarto com meu irmão durante anos e havia adquirido o hábito de desenvolver uma indiferença deliberada por suas ocupações, para me sentir mais livre. Eu fazia como se ele não existisse! De fato, hoje, como estará meu irmão? Não tenho notícias dele há uma eternidade: no entanto não estamos brigados! Levanto-me e telefono para ele..."

Trata-se de estar atento ao fluxo permanente de minhas sensações físicas (*exteroceptivas e proprioceptivas*), de meus sentimentos, de tomar consciência da sucessão ininterrupta de "figuras" que aparecem no

---

12. De fato, as normas atuais da maioria dos institutos de Gestalt impõem uma experiência profissional, uma formação e um controle, que pressupõem, pelo menos, *dez* anos de trabalho: ou seja, no mínimo três anos de estudo e dois anos de prática em uma profissão "psicossocial", dois ou três anos de terapia pessoal, três a quatro anos de formação específica em Gestalt, um a dois anos de exercício profissional sob controle (supervisão).

primeiro plano, sobre o "fundo" constituído pelo conjunto da situação que vivo e da pessoa que sou, no plano corporal, emocional, imaginário, racional ou comportamental.

Este exercício clássico costuma ser utilizado como *aquecimento*, favorecendo, se for o caso, a partir do que sinto no momento, a emergência de uma "situação inacabada" anterior. A atitude fundamental de *awareness* responde às quatro *questões-chave* preconizadas por Perls:

- "O que você está *fazendo* agora?"
- "O que você *sente* neste momento?"
- "O que está *evitando*?"
- "O que você *quer*, o que *espera de mim*?"

O *hot seat* e a "cadeira vazia"

Hot seat significa, literalmente, "cadeira quente" (às vezes também chamada de *open seat*:[13] cadeira aberta). Era uma técnica particularmente apreciada por Fritz Perls no fim de sua vida, em suas demonstrações. Ele reservava, para isso, uma cadeira perto da sua, sobre um praticável, e o cliente que desejasse "trabalhar" vinha nela se instalar voluntariamente, dando a entender com isto que estava pronto para se envolver num processo com o terapeuta. Em uma *cadeira vazia* diante dele, podia, conforme sua vontade, projetar um personagem imaginário com o qual desejasse se relacionar.

Nós, na École Parisienne de Gestalt, geralmente trabalhamos mais com grandes almofadas do que com uma cadeira vazia: o grupo fica sentado no chão, num carpete ou em colchões cercados de *almofadas* de vários formatos, textura variável e cores diversas. Esta disposição favorece uma certa intimidade, permite que cada qual busque seu conforto e mude de posição, favorece o contato, a expressão espontânea dos movimentos do corpo, assim como o eventual desenvolvimento de uma dramatização, seja ela individual ou coletiva.

O ambiente criado e o *clima emocional* são muito diferentes, conforme a posição dos corpos:

- dispostos, "abrigados" *atrás de uma mesa*, num grupo de discussão;
- "expostos", em roda, em *cadeiras*, num "grupo de base" ou "*T. Grupo*";
- *sentados no chão*, num grupo de trabalho "psicocorporal" (como a Gestalt).

Convém, no entanto, esclarecer que a Gestalt não é *fundamentalmente* uma terapia "psicocorporal" — ao contrário de uma opinião mui-

---

13. Não confundir com *empty chair*, cadeira vazia, reservada a um ou aos parceiros imaginários.

to difundida — e que há terapeutas e "escolas" em que o trabalho continua sendo essencialmente verbal, com uma mobilidade corporal restrita. O próprio Perls, no início de sua prática em Gestalt, em Nova York, propunha que seus pacientes deitassem em um divã, e no fim de sua prática, em Esalen, Califórnia, ele estava bastante idoso e se deslocava com dificuldade: nunca sentava no chão e fazia muito pouco trabalho corporal propriamente dito — ao contrário de seus sucessores californianos...

Mas voltemos a nós! Utilizamos as almofadas (mas também *qualquer outro objeto*, como uma roupa, uma bolsa, uma jóia etc.) como "*objetos transicionais*",[14] podendo simbolizar, sucessivamente, personagens, partes do corpo, até entidades abstratas. Deixamos o *cliente escolher* por si mesmo o objeto que lhe convém. Ele pode visualizar interiormente, comunicar verbalmente ou interagir, no presente, com parceiros imaginários: uma almofada, por exemplo, representará sua mulher; uma outra, seu pai falecido, a quem ele ainda tem "algumas coisas a dizer" e que poderá, conforme sua vontade, interpelar, injuriar, socar, estrangular... ou ainda abraçar, acariciar ou cobrir de lágrimas. Mas esta almofada pode também representar a solidão, a autonomia ou o ciúme, e ser, como tal, rejeitada, carregada em triunfo ou pisoteada...

No entanto, qualquer objeto transicional utilizado *abusivamente* pode, inversamente, comprometer o *contato direto* entre o cliente e o terapeuta, ao interpor um elemento estranho. Ora, a evolução desse contato constitui a própria essência da Gestalt-terapia, como destaca, com razão, Isadore From.[15] O recurso eventual a uma *almofada* implica, assim, a manutenção de um vaivém constante entre a relação *fantasiada* e a relação *efetiva* em curso no aqui e agora.

Lembremos que um mesmo produto, conforme a dose, pode ser um *remédio*, um *veneno* ou um simples *perfume*, dependendo da moda.

Tais *dramatizações* de sentimentos, *recalcados* na vida comum — ou ainda *verbalizados de forma muito rápida*, como que para livrar-se deles —, costumam ser utilizadas em Gestalt e permitem progressivamente a expressão, a *ab-reação* e a liquidação de um certo número de "situações inacabadas", geradoras de comportamentos neuróticos repetitivos, de *roteiros*[16] impróprios ou anacrônicos.

O mecanismo desse tipo de terapia emocional ou catártica dá margem a diversas hipóteses, às quais teremos ocasião de voltar nesta

---

14. Num sentido um pouco mais amplo do que o de Winnicott...
15. Isadore From: "A Requiem for Gestalt", in *The Gestalt Journal*, Vol. VII, n.º 1, 1984.
16. No sentido em que este termo é usado em análise transacional (AT): "plano de vida", formado, no mais das vezes, na primeira infância, geralmente não inconsciente, mas pré-consciente ou "ignorado", atuando à revelia do interessado, em função de injunções parentais anacrônicas.

obra.[17] Eu gostaria apenas de destacar, por agora, que qualquer intervenção psicoterapêutica não visa transformar a situação *exterior*, modificar as coisas, os outros ou os acontecimentos, mas sobretudo transformar a percepção *interna* que o cliente tem dos fatos, de suas inter-relações e de seus múltiplos significados possíveis. Assim, o trabalho objetiva favorecer uma nova experiência pessoal, uma reelaboração do sistema individual de percepção e representação mental de cada um.

Dramatização

Inicialmente quero salientar que a "dramatização" (*enactment*, em inglês) de situações *vividas* ou *fantasiadas* — usualmente preconizada em Gestalt — se *opõe* à "exteriorização" impulsiva ou defensiva (*acting out*), denunciada pela psicanálise, e com razão: enquanto a exteriorização é uma *evitação* que, de certa forma, compromete a conscientização — a ação *substitui* a análise verbal — a *dramatização*, bem pelo contrário, é uma *ênfase* que favorece a conscientização, a *awareness*, propondo uma ação visível e tangível ("encarnada"), que mobiliza o corpo e a emoção, e permite assim que o cliente viva a situação *mais intensamente*, que a "re-presente" (no sentido de torná-la presente de novo), experimente e explore sentimentos mal identificados, esquecidos, recalcados, até desconhecidos.[18]

Vejamos dois exemplos resumidos:

situação inicial	exteriorização	dramatização
sinto-me rejeitado ou incompreendido pelos outros	deixo bruscamente o grupo, batendo a porta, e vou me isolar, alimentando pensamentos mórbidos	me propõem que me afaste do grupo deliberadamente — o grupo segue trabalhando sem mim... depois expresso o que sinto
	= fuga, mantendo meu sentimento de rejeição	= simbolização da rejeição, permitindo sua análise
um participante tomou o lugar que eu queria	eu o agarro e sacudo, e juro...	o orientador sugere uma luta corpo a corpo, seguida de conversa sobre a forma como o combate se desenvolveu
	= violência, que mantém a raiva e mascara os componentes psicológicos da situação.	= simbolização da rivalidade e, se for o caso, *feed-back* do grupo.

---

17. Ver, principalmente, o capítulo 11, *O cérebro e a Gestalt*, e as hipóteses sobre reações bioquímicas e *psicofisiológicas*, no âmbito central inter-hemisférico e subcortical, modificando as conexões sinápticas interneurais e associando a vivência *somática* atual, a mobilização *emocional* (límbica) e a representação *mental* (cortical).
18. Cf. artigo de Perls, "Acting out vs. acting through" (Exteriorizar vs. Assimilar), in *Gestalt is (Isto é Gestalt*, São Paulo, Summus, 1977), textos reunidos por John Stevens. Real People Press, 1975.

Cabe especificar que nós proibimos qualquer *exteriorização* violenta ou sexual durante as sessões — embora autorizemos manifestações físicas de agressividade *controlada* ou de ternura.[19]

O monodrama

O *monodrama* é uma variante do *psicodrama* (variante já praticada por Moreno), em que o *próprio* protagonista desempenha, *alternadamente, os diferentes papéis* da situação evocada por ele — assim, por exemplo, poderá representar, sucessivamente: ele mesmo e sua mulher; ou ainda sua mãe severa e rejeitadora, ao lado desta mesma mãe, disponível e amorosa; poderá fazer sua própria cabeça falar, em conflito com seu sexo, e encarnar alternadamente essas duas instâncias; poderá encenar noções mais abstratas, como sua necessidade de segurança, dialogando com seu desejo de independência e de aventura.

Para que a situação fique clara — para ele e para as eventuais testemunhas — geralmente o incentivamos a *trocar de lugar* sempre que trocar de papel.

O monodrama facilita a encenação do meu próprio sentimento, à medida em que este emerge da situação, e isso sem interferência eventual na problemática pessoal de um parceiro exterior, que pode não estar forçosamente na mesma "sintonia" — como acontece às vezes no psicodrama clássico. O que me importa, com efeito, não é representar minha "verdadeira" mãe, mas desemaranhar minhas próprias *representações internas, subjetivas e contraditórias* a seu respeito, dar uma forma nova à minha *imago* materna, no sentido junguiano do termo. Ora, a (ou o) parceira (o) que desempenhará este papel, por um lado ignora quase tudo sobre minha mãe e sobre a idéia que tenho dela, e, por outro, bem pode misturar seus *próprios* sentimentos em relação à sua mãe real ou fantasiada, assim como aquilo que ela mesma sente, como mãe.

As polaridades

O *monodrama* permite assim, de diversas maneiras, explorar, reconhecer e melhor integrar as *"polaridades"* opostas de uma relação, sem pretender reduzi-la arbitrariamente a um *injusto meio-termo* artificial, falacioso e empobrecido: posso, de fato, sentir *ao mesmo tempo* uma agressividade violenta contra alguém e um amor apaixonado. *Cada um* desses sentimentos merece ser esclarecido ao máximo, *sentido em profundidade*, e ilustrado, se for o caso, por uma atuação simbólica, experimentada em suas diversas conotações, e não "neutralizada" por uma atitude de amor relativo, reduzido a uma "mescla" pela arbitrária soma algébrica de sentimentos violentos e contraditórios que, na realidade, mais se somam do que se anulam.

---

19. Ver discussão técnica sobre esses aspectos nos capítulos 9 e 10.

À procura tradicional do equilíbrio *estático* e *acanhado* do justo "meio-termo", eu prefiro a conquista de um equilíbrio dinâmico *ampliado* aos extremos. Seguindo o exemplo do equilibrista que ganha equilíbrio aumentando sua vara, a Gestalt nos incita *a abrir nossas asas* em toda a sua amplitude.

> "Como o pássaro entre as nuvens,
> e até mesmo como o humilde ciclista,
> a Vida só encontra seu equilíbrio no movimento."
> (*Georges Duhamel*)

A amplificação

Um dos temas mais importantes da Gestalt é *tornar mais explícito o que está implícito*, projetando na cena *exterior* aquilo que ocorre na cena *interior*, permitindo assim que todos tenham mais consciência da maneira como se comportam aqui e agora, na *fronteira de contato*[20] com seu meio.

Trata-se assim de seguir o *processo em curso*, observando atentamente os "fenômenos de superfície" e não mergulhando nas profundezas obscuras e hipotéticas do *inconsciente* — que só podem ser exploradas com a ajuda da iluminação artificial da interpretação.

Paralelamente às pesquisas contemporâneas da biologia celular, que atribuem uma importância capital às funções da *membrana* de qualquer célula viva, concomitantemente barreira de proteção e lugar privilegiado de trocas, os trabalhos dos gestaltistas têm enfatizado o papel real e metafórico da *pele*, que nos protege, nos *delimita* e nos caracteriza, mas constitui, ao mesmo tempo, um órgão privilegiado de *contato* e de trocas com nosso meio, através das terminações nervosas sensoriais e de suas miríades de poros.

Pode-se dizer, a este respeito, que Freud interessou-se principalmente por *três orifícios* de nosso corpo (oral, anal e genital), enquanto Perls levava em conta, além disso, o *conjunto* dos orifícios dos órgãos dos sentidos e da pele!

Assim como o geopolítico, o gestaltista observa atentamente tudo que acontece nas regiões de fronteira...

O Gestalt-terapeuta procede *da superfície para o fundo* — isso não significa que ele *permaneça na superfície*! Na realidade, a experiência confirma que a Gestalt atinge, mais facilmente do que as abordagens de suporte essencialmente verbal, as camadas profundas *arcaicas* da personalidade — aliás, constituídas num período *pré-verbal* do desenvolvimento da pessoa.

---

20. Ver capítulo 8.

O gestaltista está atento aos diversos indícios comuns de reações emocionais subjacentes, tais como discretos fenômenos de vasodilatação no rosto ou no pescoço (traduzidos em ligeiras e efêmeras modificações da cor da pele), minicontrações do maxilar, mudanças no ritmo da respiração ou da deglutição, mudanças bruscas no tom de voz, mudanças na direção do olhar e, é claro, aquilo que chamo de "microgestos" automáticos das mãos, pés ou dedos.

Em geral, o Gestalt-terapeuta sugere *amplificar* esses gestos inconscientes, considerados, de certa forma, como "lapsos do corpo", reveladores do processo em curso, imperceptíveis para o cliente:

Terapeuta — O que faz a sua mão enquanto você fala?
Cristiane — ...? ...Ah! Não sei: não estava prestando atenção!
Terapeuta — Sugiro que você continue este mesmo gesto... amplificando-o.
(Cristiane mexe maquinalmente em sua aliança, fazendo-a deslizar pelo dedo. Amplificando seu movimento, a aliança sai do anular!)
Cristiane — Bem! É verdade: estou cheia desta prisão!... "Ele" pensa que sou sua "empregada": não tenho uma vida pessoal, minha... etc.

De uma maneira mais geral, trata-se de experimentar "a fundo" o que acontece, de *entrar* em uma *sensação* ou *sentimento* — seja ele agradável ou penoso, acompanhar o processo, sem preconceito e, sobretudo, *escutar o corpo*, e não reduzi-lo ao silêncio. De fato,

> aquele que não escutamos
> tende mais a gritar do que a se calar

e a tentativa de "domínio" do corpo em geral obriga este último a se manifestar por sintomas somáticos inesperados.

Para nós, a saúde não é "o funcionamento silencioso dos órgãos", conforme a célebre definição do cirurgião René Leriche, mas, principalmente, o funcionamento harmonioso das trocas internas e externas, ou seja, um sentimento de plenitude existencial: não é o *esquecimento* do corpo no silêncio, mas a *consciência* do corpo, na alegria de viver...

A ampliação progressiva de uma percepção corporal ou emocional pode ser também encorajada pela técnica clássica da "rodada": o cliente é convidado a dirigir-se sucessivamente a cada membro do grupo, repetindo um mesmo gesto ou uma mesma frase — mas com algumas variações —, correspondente ao seu sentimento autêntico por cada um.

Assim se explora mais e com maior profundidade o sentimento expresso, graças a um "efeito de ressonância", que às vezes leva a um *insight*.[21]

---

21. *Insight*, em inglês, ou *satori*, em hindi: conscientização repentina e "evidente", como que por "iluminação".

Em geral, a repetição é acompanhada não só de uma aceleração do ritmo, mas de um aumento da intensidade, com ab-reação emocional:

— Não vou mais ceder à sua vontade!
— Estou cheia! Não vou mais ceder à sua vontade!
— **Não vou mais ceder à vontade desse idiota!**
— **Estou cheia! CHEIA! Vou lhe dizer que ACABOU!... A partir de AMANHÃ!**

"Falar em altos brados permite que aquele que fala ouça o que está dizendo" (Ambrosi).[22]

Ouvir-se afirmando alguma coisa em voz alta, diante de um grupo de testemunhas, é uma experiência importante, muito diferente da evocação confusa, "pré-consciente", da mesma hipótese, esboçada em palavras, numa "névoa" mental interna e flutuante; diferente também de uma "confissão" em uma sessão de terapia individual.

Exemplo típico é a declaração: "Pretendo suicidar-me" — cujo alcance é completamente diferente, conforme seja dita em foro íntimo ou a alguém, ou afirmada publicamente.

A interpelação direta (falar *com*... e não falar *de*...)

Em Gestalt, evitamos falar *de*[23] alguém (presente ou ausente): dirigimos a palavra diretamente à pessoa, e isso permite passar de uma *reflexão interna*, de ordem *intelectual*, a um *contato* relacional, de ordem *emocional*:

— Acho que Pierre não me ajudou, agora há pouco...
— A quem você está dizendo isso?
— Pierre, estou com raiva de você, porque não me ajudou agora há pouco: sei que você estava me achando ridícula...
— Você tem vontade de verificar sua impressão?
— Pierre, você me achou ridícula há pouco, quando me desmanchei em soluços?

Nessa ocasião, os participantes são convidados a confrontar sua percepção com a dos envolvidos, para tornar evidente o jogo sutil e permanente das *projeções* das quais nos cercamos inconscientemente. Esse *confronto* permite que eu compare minhas fantasias com a "realidade" do outro, que eu avalie melhor meus temores e esperanças, evite *censurar em meu vizinho minhas próprias projeções nele!*

---
22. Jean Ambrosi. *La Gestalt thérapie revisitée.* Toulouse. Privat. 1984.
23. *To gossip*, em inglês, que podemos traduzir por "fofocar".

> Somos todos exímios nesse jogo
> de carnaval ardiloso
> em que vestimos nosso parceiro com uma máscara
> para logo em seguida criticá-lo:

— "Parece que você não concorda com minha proposta!... O que você tem contra ela?"

Todas essas técnicas favorecem um contato mais autêntico e mais direto: não se trata de concordar — em uma *confluência* superficial suspeita — mas de *se esclarecer*. Nem se justificar nem convencer, *nem se explicar nem explicar*: simplesmente *expressar-se*, mantendo-se atentas, ambas as partes, não aos múltiplos *porquês*, mas aos *como* de nossa ação e de nossas escolhas.

Não é preciso dizer que os participantes são convidados a responder honestamente, sem trapacear, sem temer afirmar, se for o caso, seu aborrecimento, seu desacordo ou sua agressividade.

Em todos os casos, trata-se, em suma, de constatar a realidade dos fatos atuais, *o que é* (atitude que Perls batizou de *"is-ism"*), e não de se refugiar em considerações *sobre os* acontecimentos (*"about-ism"*) ou do que eles *deveriam ser* (*"should-ism"*).

O trabalho com sonho

Bem antes de Freud, os sonhos sempre foram objeto de tentativas de compreensão. O Talmud da Babilônia assinala que, na época, havia em Jerusalém *vinte e quatro* intérpretes oficiais de sonhos. Um dia, o rei os consultou a respeito de um sonho que tivera: cada um predisse um acontecimento *diferente!*... mas todos se realizaram! Bela metafóra da *polissemia* fundamental do sonho.

Em Gestalt, não se aborda o sonho por livres associações ou interpretações, mas por uma descrição, seguida da "dramatização" sucessiva dos diversos elementos do sonho, com os quais o cliente é convidado a se identificar sucessivamente — em palavras e gestos — sendo cada um desses elementos considerado uma *Gestalt inacabada* ou uma expressão parcial do próprio sonhador.[24]

Sobre este tema, contam a seguinte anedota:

> Uma senhora sonha estar sendo perseguida por um negro muito ousado. Ela tenta escapar correndo, mas ele corre mais rápido do que ela! Exausta, ela se vira e grita:

---

[24] Ver o livro mais conhecido de Perls, *Gestalt therapy verbatim*, publicado nos Estado Unidos em 1969. Ele reproduz gravações, não de sessões de *terapia* propriamente dita, mas de breves *demonstrações* públicas de seu método. Ver adiante, capítulo 12.

— Mas, afinal, o que *você* quer?
— Eu sei lá!... É o *seu* sonho, senhora!

Durante o trabalho com um sonho, o cliente poderá ser convidado, por exemplo, a encarnar, sucessivamente: a pessoa que anda na estrada, a mala que ela carrega, o conteúdo desta mala, o caminho que ela faz, um obstáculo neste caminho etc.

"Caminho por uma estrada reta, sem limite ou margens... Não sei onde ela leva. Não sei para onde vou: caminho por esta estrada como um autômato...
— Sou a mala: me carregam, me largam no chão, me pegam novamente, me abrem, me enchem, me esvaziam... Não sou responsável pelo que me acontece...
— Sou o conteúdo dessa mala: há um monte de coisas empilhadas dentro de mim há muito tempo: coisas úteis, mas também coisas inúteis, que pesam e atravancam. É tempo de fazer uma triagem, para só ficar com o essencial!... O essencial para mim é que eu fique leve e livre, e não entulhada de lembranças anacrônicas e saberes inúteis...
— Agora viro a própria estrada : estou tranqüila, estou aí e sigo reta, sem me ocupar com nada. Não é preciso nenhuma sinalização visível para os outros: azar dos que não confiam em mim! Eu sei para onde vou e posso confiar em mim... em vez de indicar tudo com antecedência — para os outros! Posso construir minha vida de acordo com as circunstâncias e até improvisá-la, com risco e criatividade... e não me enterrar viva, como um funcionário esforçado, cuja estrada já está sinalizada até a aposentadoria...

Não é simplesmente associar palavras ou idéias, nem montar hipóteses, mas *sentir* em meu corpo e em minhas emoções o impacto das imagens, eventualmente encená-las, assim experienciando a "encarnação do verbo" aqui e agora...

A expressão metafórica

A linguagem verbal e a do corpo não são as únicas utilizadas em Gestalt: também apelamos muito, como já se pôde notar, à linguagem *simbólica* ou *metafórica*, sobretudo por meio de uma ampla gama de técnicas de expressão *artística*: desenho ou pintura, modelagem ou escultura, produção musical, dança etc.

Assim, por exemplo, podemos sugerir aos participantes que se representem sob a forma de um *desenho metafórico*, uma espécie de "*mandala*", que depois servirá de suporte para uma meditação ou com a qual cada um estabelecerá uma *relação* simbólica, como faria com uma almofada, com qualquer outro objeto escolhido, utilizado como "objeto transicional", ou ainda com um sonho: poderá então *falar* com toda ou com parte de sua obra, fazer com que se expresse, encená-la etc. Eventualmente, fará um comentário a respeito, com o terapeuta ou um parceiro, mas sempre evitando uma descrição "fria", cronológica ou explicativa, preferindo compartilhar o sentimento atual por sua produção.[25]

A arte não é um conjunto de técnicas

Termino aqui esta longa enumeração, apesar de incompleta, de *algumas das* técnicas mais comuns em Gestalt. Voltaremos a isso mais detalhadamente em outros capítulos. É claro que essas técnicas são, em sua maioria, utilizáveis tanto em situação de *grupo* (como na maior parte dos exemplos relatados antes) quanto na relação terapêutica *dual*, e até, no caso de algumas, no contexto de uma *instituição* ou de uma *empresa* (por exemplo, amplificação e "rodada", interpelação direta ou metáforas etc).

De fato, cada um pode *inventar sem parar* novas variantes e combinações originais, mesmo porque cada gestaltista trabalha com o que ele *é*, tanto quanto com aquilo que *sabe*, em seu próprio estilo, integrando sua experiência pessoal e profissional anterior e confiando em sua própria sensibilidade e *criatividade* específicas. Contrariamente à psicanálise, a Gestalt não reivindica o estatuto de ciência, mas tem a honra de permanecer uma *arte*.

---

25. Ver *exemplos* mais detalhados nos capítulos 12 e 13.

PRIMEIRA PARTE

FUNDAMENTOS CONCEITUAIS DA GESTALT

Capítulo 2

A árvore genealógica da Gestalt
Algumas raízes: fenomenologia, existencialismo, psicologia da Gestalt

A árvore genealógica da Gestalt

A árvore genealógica da Gestalt-terapia se ergue sobre várias raízes:[1] algumas evidentes, outras menos aparentes ou mais profundas. É difícil, portanto, definir os fundamentos teóricos de forma muito precisa.

Como já mencionei no capítulo anterior, a Gestalt-terapia se nutriu, explícita ou implicitamente, da combinação de numerosas correntes filosóficas e terapêuticas de diversas fontes: européias, americanas ou orientais.

Evocarei aqui, sobretudo, aquelas que me parecem ter deixado os vestígios mais importantes na Gestalt atual: a fenomenologia, o existencialismo e a psicologia da Gestalt (neste capítulo); a psicanálise, as filosofias orientais e a corrente humanista (nos capítulos seguintes); em seguida, enumeraremos algumas outras correntes, ao abordar a movimentada vida do próprio Fritz Perls.

A princípio, seria *inexato* considerar — como ouvimos repetidas vezes — que é um método "tipicamente americano"! Mesmo que tenha se desenvolvido principalmente nos EUA, é importante salientar, logo de início, que o essencial da filosofia da Gestalt foi extraído do pensamento *europeu*, especialmente germânico: foram sobretudo os filósofos, psicólogos, psiquiatras, escritores e artistas *judeus alemães e austríacos* que alimentaram o pensamento e a prática de Friedrich Salomon Perls — que, aliás, só se instalou nos EUA aos 53 anos.

---

1. Ver esquema, no Anexo 7, página 269.

Os precursores em língua alemã

Entre eles poderemos citar pelo menos:

- **na fenomenologia e no existencialismo:** Brentano, Husserl, Heidegger, Scheler, Jaspers, Büber, Tillich, Binswanger...
- **na teoria da Gestalt:** Von Ehrenfels, Wertheimer, Koffka, Köhler, Goldstein, Lewin, Zeigarnik...
- **na psicanálise:** Freud, Ferenczi, Groddeck, Rank, Adler, Jung, Reich, Horney...
- **no psicodrama:** Moreno.

Não caberia aqui tentar uma detalhada análise histórica da gestação, emergência e das inúmeras manifestações de cada uma dessas diversas escolas. Renunciando deliberadamente a qualquer exegese filosófica, contentar-me-ei com um quadro sumário (ver página seguinte) indicando alguns autores que tiveram *uma influência direta* e explícita sobre Perls ou Goodman. Acrescentei ao quadro, para ajudar na memorização, *alguns* temas ou conceitos-chave, *escolhidos entre aqueles que me parecem fundamentar a Gestalt-terapia atual.*

Na realidade, é particularmente difícil estabelecer as filiações de pensamento, desemaranhar os empréstimos reconhecidos e as convergências fortuitas, pois a maioria desses pensadores ou profissionais são quase *contemporâneos e se influenciaram mutuamente*, com inúmeros efeitos "retroativos". Poder-se-ia falar, propriamente, de um "banho ideológico", no qual Perls se viu mergulhado.

Fenomenologia e existencialismo

Faremos agora uma sinopse de alguns autores representativos das correntes fenomenológica e existencialista — ambas muito intrincadas. Poder-se-ia dizer, para simplificar, que a fenomenologia é, fundamentalmente, um *método* de pensamento, enquanto o existencialismo é uma *filosofia*.

Perls demonstrava desprezo deliberado pela filosofia, alimentando assim sua imagem provocadora de homem inculto, mas é importante assinalar que, de fato, ele lera a maior parte desses autores, nos textos originais.

Gestalt-terapia, "canal terapêutico do existencialismo"[2]

Antes de passar à *psicologia da Gestalt*, mãe putativa que acidentalmente herdou o bebê, gostaria de *recapitular* rapidamente algumas

---

2. Noel Salathe: "La gestalt: une philosophie clinique", in *Gestalt: Actes du Premier Colloque International d'Expression Française*. Paris, S.F.G., 1983.

Alguns fenomenologistas ou existencialistas e a Gestalt

autores	nasc.	morte	alguns temas que influenciaram diretamente a Gestalt
Sören Kierkegaard	1813	1855	filósofo dinamarquês precursor do existencialismo. o valor da subjetividade e da contradição "*Quanto mais eu penso, menos sou, e quanto menos eu penso, mais eu sou*".
Frantz Bentano	1838	1917	precursor da fenomenologia. "psicologia descritiva": o *como* precede o *porquê* intencionalidade dos fatos psíquicos: a consciência não é um recipiente, mas um farol.
Edmund Husserl	1859	1938	o "pai" da fenomenologia (1907). descrever e não explicar os fenômenos: "*voltar do discurso para as coisas, as próprias coisas, tais como aparecem na verdade, no nível dos fatos vividos, antes de qualquer elaboração conceitual deformadora*". interdependência do sujeito e do objeto. experiência original de cada um na relação vivida no mundo.
Max Scheler	1874	1928	fenomenologia da afetividade: são a intuição emocional e a *simpatia* que permitem o contato profundo.
Martin Büber	1878	1965	prega o encontro autêntico, a relação direta e fraterna. publicou o *Eu e o Tu*, em 1923.
Ludwig Binswanger	1881	1966	fundador da Sociedade Suíça de Psicanálise. criador da *análise existencial* (*Dasein-analyse*): o homem é responsável por sua própria existência, por sua presença no mundo. importância da vivência corporal do cliente e de seu meio, publicou *O Sonho e a Existência*, em 1930.
Eugène Minkowski	1885	1972	psiquiatra francês de origem polonesa. importância fenomenológica do *contato* e da função do *toque*.
Karl Jaspers	1889	1969	psicopatologia fenomenológica existencialista. aperfeiçoar a consciência de sua existência em relação ao mundo.
Martin Heidegger	1889	1976	análise existencial do "estar-aqui" (*Dasein*). valorização da angústia e da dúvida existencial. A finitude do ser. *Nada mais se pode fazer pelo homem senão Torná-lo ansioso.*
Gabriel Marcel	1889	1973	filósofo existencialista cristão. "Se falo *dos outros*, nego a eles uma existência real". milita por uma "filosofia concreta" alimentada pelo diálogo entre dois "tu".
J. Paul Sartre	1905	1980	análise existencial fenomenológica. "*Existir é jogar*" *responsabilidade* pela escolha de seu *projeto*, de sua parte de liberdade.
Maurice Merleau-Ponty	1908	1961	valoriza a experiência *vivida* e a *percepção corporal* imediata publicou *Fenomenologia da percepção*, em 1945.

© Serge Ginger

das noções fundamentais que a Gestalt-terapia emprestou das duas correntes que acabamos de abordar, correntes verdadeiramente nutridoras.

• **da fenomenologia**, ela reteve, em especial:

• que é mais importante descrever do que explicar: o *como* precede o *porquê*;
• que o essencial é a *vivência imediata*, tal como é percebida ou *sentida corporalmente* — até imaginada — assim como o *processo* que está se desenvolvendo *aqui e agora*;
• que nossa percepção do mundo e do que nos rodeia é dominada por fatores *subjetivos irracionais*, que lhe conferem um *sentido, diferente para cada um*;
• isso conduz, particularmente, à importância de uma *tomada de consciência do corpo* e do tempo vivido, como *experiência única de cada ser humano*, estranha a qualquer teorização preestabelecida.

• **do existencialismo**, muito próximo da fenomenologia, a Gestalt-terapia reteve, entre outras coisas:

• o primado da *vivência concreta* em relação aos princípios abstratos. Pode ser considerado "existencial" tudo que diz respeito à forma como o homem experimenta sua existência, a assume, a orienta, a dirige. A autocompreensão para viver, para existir, sem se colocar questões de filosofia teórica, é *existencial*: é *espontânea, vivida, não erudita* (refletimos, mas só para agir);
• a *singularidade de cada existência* humana, a originalidade irredutível da experiência individual, objetiva e subjetiva;
• a noção de *responsabilidade* de cada pessoa que participa ativamente da construção de seu *projeto existencial* e *confere um sentido* original ao que acontece e ao mundo que a rodeia, criando, inelutavelmente, a cada dia, sua relativa *liberdade*.

Assim fica claro que a Gestalt-terapia é uma abordagem **fenomenológica clínica**,[3] isto é, centrada na descrição subjetiva do sentimento do cliente (sua *awareness*) em cada caso particular e na tomada de consciência "intersubjetiva" que está acontecendo entre ele e o terapeuta (*processo de contato* e suas eventualidades). Assim, esse primado da vivência subjetiva se *opõe ao comportamentalismo*, que valoriza o comportamento *objetivável*.

Noël Salathe não hesita em considerar a Gestalt "um canal terapêutico do existencialismo", que aborda cinco "proposições" existen-

---

[3] Cf. Gary Yontef: "La gestalt-thérapie, une phénoménologie clinique", in *The Gestalt Journal*. Vol.II, Tomo I. 1979. Ver também J.M. Robine. "La gestalt-théraphie, une théorie et une clinique phénomenologiques", in *Gestalt: Actes du Premier Colloque International de la S.F.G.*, Paris, 1983.

ciais fundamentais (e mobilizadoras): a finitude, a responsabilidade, a solidão, a imperfeição e o absurdo.

Batismo agitado de uma criança bastarda

Penso ter insistido o suficiente para que ninguém conteste que a Gestalt-terapia é uma abordagem *fenomenológica e existencialista*, de origem essencialmente *européia*.

Em 1951, por ocasião do "batismo oficial" dessa nova terapia, no lançamento do livro Gestalt-Theraphy,[4] ela deveria chamar-se *psicanálise existencial* (proposta de Laura Perls), mas este nome, infelizmente, não foi aceito, por razões de *oportunidade comercial*, pois a filosofia de Sartre era então considerada pessimista demais, até "nihilista", nos Estados Unidos.

Hefferline, principal autor do primeiro tomo, propunha o título de *terapia integrativa*. O nome *terapia experiencial* foi também cogitado por um momento pelo "Grupo dos Sete" (ver próximo capítulo).

Fritz Perls, inicialmente, batizara seu método de *"terapia da concentração"*,[5] opondo-se assim ao método da livre associação, da psicanálise ortodoxa. De fato, sugeria ao cliente que se concentrasse na experiência vivida no "aqui e agora", que focalizasse toda sua atenção: "concentre-se em sua tensão na nuca", "nessa sensação de sufoco na garganta" etc.; mas, em 1951, isso já não passava de um aspecto técnico menor, e era preciso encontrar um nome mais global para o novo método.

Foi então que Fritz Perls sugeriu "Gestalt-terapia", o que suscitou debates particularmente agitados com seus colegas. Laura Perls, que defendera um doutorado em psicologia da Gestalt, achava que o método não tinha muita relação com essa teoria — que conhecia bem melhor do que ele:

> "No começo eu era gestaltista, depois me tornei analista. Fritz era a princípio analista, depois veio para a teoria da Gestalt, mas de fato nunca mergulhou nela... Fritz foi assistente de Goldstein por alguns meses, mas eu fui sua aluna por vários anos."[6]

Paul Goodman, por seu lado, autor da parte essencial (Tomo 2) da obra fundamental, *Gestalt Therapy*, considerava este termo *estrangeiro e esotérico demais*... mas era precisamente isso que agradava Perls, por razões de provocação e de "marketing"!

---

4. Perls, Hefferline e Goodman. *Gestalt therapy. Excitement and growth in the human personality*. Nova York, Julien Press, 1951.
5. Principalmente em referência aos trabalhos de Matthias Alexander, sobre a conscientização do corpo e das tensões musculares.
6. Friedrich Perls (que em seguida americanizou seu nome para *Frederick* e depois para *Fritz*) conheceu sua futura mulher, Lore Posner (que virou Laura nos EUA) na casa de Kurt Goldstein, em Frankfurt, em 1926. O dr. Perls, então um jovem psiquiatra de 33 anos, era assistente de Goldstein em trabalhos sobre lesões cerebrais, enquanto Lore era uma jovem estudante de 21 anos, que se iniciava nos conceitos da teoria da Gestalt.

Finalmente Goodman passou a participar e mergulhou em uma viva polêmica com os psicólogos gestaltistas emigrados para os EUA (Köhler, Koffka, Goldstein, Lewin): teve até a arrogância de predizer, então, que "a psicologia da Gestalt tradicional se beneficiará mais com a utilização desse termo em nosso livro do que nós mesmos". O futuro lhe daria razão.

Apesar dos protestos veementes dos pesquisadores gestaltistas, o termo prevaleceu e agora se impôs em todo o mundo...

De minha parte, não vejo nele só inconvenientes, apesar das dificuldades crônicas que encontro para explicar do que se trata: de fato, esse termo obscuro incita o leitor ou o ouvinte a se perguntar e *se informar*. Ninguém pode adivinhar por si mesmo o que essa palavra encobre e assim se arriscar a forjar uma idéia errada ou simplista, a *priori*, como poderia ocorrer no caso de um termo mais comum.

A psicologia da Gestalt

Examinemos agora a *psicologia da Gestalt* ou *teoria da Gestalt*: isso nos permitirá avaliar melhor os fundamentos das querelas em torno da paternidade.

O primeiro estudo oficial, que fundou esta nova escola, apareceu em 1912, com a assinatura conjunta de Max Wertheimer (1880-1943), Kurt Koffka (1886-1941) e Wolfang Köhler (1887-1967).[7] São pois trabalhos *contemporâneos à corrente fenomenológica* alemã.

Os psicólogos gestaltistas, continuando os trabalhos de Christian von Ehrenfels (1859-1932), um dos precursores da Gestalt, que enfatizara desde o início do século que *"o todo é uma realidade diferente da soma de suas partes"*, estudaram, essencialmente, num primeiro momento, os mecanismos fisiológicos e psicológicos da *percepção* e as *relações do organismo com seu meio*.

Em seguida, estenderam seu trabalho à memória, à inteligência, à expressão e, finalmente, à personalidade como um todo. Salientam os paralelismos entre o domínio físico e o domínio psíquico, que em geral obedecem leis análogas, e se ergueram contra o dualismo entre matéria e espírito, entre o objeto e seu princípio: o objeto não *tem* uma forma, é uma forma, uma *Gestalt*, um todo específico, delimitado, estruturado, significante.

Todo campo perceptivo se diferencia em um *fundo* e em uma *forma*, ou *figura*. A forma é *fechada*, estruturada. É a ela que o *contorno* parece pertencer. Não podemos distinguir a figura sem um fundo: a Gestalt se interessa por ambos, mas, sobretudo, por sua *inter-relação*.

---

[7]. Koffka interessou-se particularmente pelas relações entre o organismo e seu meio, tema central em Gestalt-terapia — em que esse *meio* é constituído, principalmente, pelos outros e sobretudo pelo terapeuta.

A percepção depende, ao mesmo tempo, de fatores *objetivos* e de fatores *subjetivos*, cuja importância relativa pode variar. A pessoa tende a isolar as "*boas formas*" ou as "*formas plenas*" que regem as relações entre o organismo e o meio.

Por meio de célebres experiências de laboratório, os gestaltistas mostraram a *relação dialética* entre sujeito e objeto, dando um golpe fatal nas crenças da época, relativas à pretensa "objetividade científica": demonstraram que *o aspecto do objeto depende das necessidades do sujeito*, e, inversamente, que a necessidade do sujeito depende do aspecto do objeto. Assim, por exemplo, a sede far-me-á distinguir de imediato uma fonte longínqua em uma paisagem e, paralelamente, a visão da fonte atiçará minha sede.

Só o claro reconhecimento da *figura dominante*, para mim, num dado instante, permitirá a satisfação de minha necessidade e, depois disso, sua *dissolução* (ou *retração*) tornar-me-á disponível para uma nova atividade física ou mental. Sabemos que o *fluxo* sem entrave desses ciclos sucessivos define, em Gestalt-terapia, o estado de "boa saúde".[8]

A terapia incentiva a formação *flexível* de Gestalts sucessivas, adaptadas à relação sempre flutuante do organismo com seu meio, num *ajustamento criador* permanente. A Gestalt-terapia poderia ser assim definida como "a arte da formação de boas formas".

Não é meu propósito expor aqui em detalhes a psicologia da Gestalt. Contentar-me-ei com algumas indicações *sumárias*: algumas poucas palavras sobre três autores gestaltistas (já evocados de passagem) e três temas de reflexão.

Em 1927, **Bluma Zeigarnik**, psicóloga da Gestalt alemã, publicou suas pesquisas sobre necessidades não satisfeitas e sobre as tarefas interrompidas prematuramente, em pleno trabalho. Ela relaciona a persistência da tensão assim criada a uma "quase necessidade" de terminar a tarefa, de "fechar a Gestalt inacabada". A pressão psíquica causada por um *trabalho inacabado* acarreta uma acentuação maciça da preocupação vigente (assim, por exemplo, a taxa de *memorização* é mais de *duas vezes superior* à de um trabalho acabado, portanto "classificado"... e logo esquecido!): é o *efeito Zeigarnik*, muito utilizado em pedagogia e publicidade (princípio do "folhetim"). Mas a *persistência* dessas pressões psíquicas cria, a longo prazo, uma tensão crônica, na qual Perls verá uma das fontes da neurose.

Kurt Goldstein (1878-1965), por seu lado, deu seqüência às observações sobre pessoas atingidas por lesões cerebrais ou afasia. Elaborou uma *teoria global* do organismo em suas relações com o meio.[9] Ele ne-

---

8. Ver capítulo 8.
9. Kurt Goldstein: *A estrutura do organismo*, publicado nos EUA, em 1934.

gou a *dicotomia* entre o biológico e o psíquico, assim como entre o normal e o patológico. Aí vemos esboçadas certas noções básicas dos movimentos ulteriores da psicologia humanista (Maslow, 1954) e da antipsiquiatria (Cooper, Laing, Londres, 1960). Como veremos mais adiante, Goldstein foi um dos professores de Fritz Perls e, principalmente, de sua mulher, Laura.

Kurt Lewin (1890-1947) extrapolou os princípios da teoria da Gestalt para uma *teoria geral do campo* psíquico, estudando a interdependência entre a pessoa e seu meio social, trabalhos que desembocaram na criação da *dinâmica de grupos* e o tornaram célebre no mundo inteiro. A teoria do campo eletromagnético de Maxwell acabava de ser generalizada pela física einsteniana e Lewin a extrapolou, apoiando-se nos trabalhos de Minkowski relativos ao espaço-tempo *psicológico*, neles integrando os conceitos psicanalíticos. Depois ele generalizou suas hipóteses do campo *individual* para o campo *psicossocial* e as confirmou por meio de experiências, a partir de então célebres, sobre a *atmosfera* democrática dos grupos e as formas de comando. Hoje, esta *teoria de campo* em geral está integrada à *teoria geral dos sistemas*.

A polissemia das formas

Meu poder é insuspeito: posso criar constelações inteiras. De fato, é *minha visão* subjetiva que confere uma *forma* simbólica (e *arbitrária*) às estrelas, na realidade esparsas no espaço sideral, a milhões de quilômetros umas das outras (algumas não existem mais há milênios!).

Na sua busca de coerência e controle, o *homem dá sentido* àquilo que não tinha... ou, ainda, àquilo que poderia ter *vários sentidos*. Uma Gestalt é um conjunto *significativo*, não necessariamente *por si mesmo*, mas, sobretudo, *para mim*:

Tomemos um exemplo. Quando traço este desenho:

você vê nele, sem dúvida, um quadrado.

Mas o que acontece agora com estes quatro pontos?

• •

• •

Num primeiro olhar, levado pelo hábito, você neles verá, sem dúvida, "um quadrado" novamente... No entanto, estes quatros pontos poderiam representar, da mesma forma, um círculo, uma cruz ou um Z!...

A primeira forma que me vem espontaneamente é a *mais simples*, obedecendo a um certo número de leis bem definidas pelos psicólogos gestaltistas (simetria, estrutura, eixos, homogeneidade etc.) mas, como qualquer linguagem, esta forma é *polissêmica*, ou seja, comporta simultaneamente *vários* significados não-excludentes, mas que aparecem em função de um cânone, usado explícita ou implicitamente: em vez de procurar formas geométricas, poder-se-ia, da mesma maneira, ver flores, animais, rostos...

O mesmo acontece, como sabemos, com os textos sagrados, que a tradição decifra em quatro níveis: sentido *literal*, anedótico, acessível a todos; sentido *alusivo*, simbólico, acessível à maioria; sentido *oculto*, reservado a alguns, e, enfim, sentido *iniciático*, que só é revelado excepcionalmente.

De fato, essa percepção *personalizada* da "realidade" exterior está sempre presente em nosso cotidiano, em que cada gesto e cada uma de nossas palavras contém *ao mesmo tempo múltiplos sentidos em múltiplos níveis e para cada um* dos parceiros presentes.[10] A Gestalt se esforça para nos introduzir nesse espesso tecido polissêmico, que faz a densidade e a infinita riqueza de nossa vida cotidiana e implica uma leitura *plural* de nossa existência multidimensional.

Os gestaltistas multiplicaram as experiências de laboratório sobre a subjetividade da percepção e a escolha, consciente ou inconsciente, da figura e do fundo. Podemos ver, na página seguinte, duas clássicas figuras ambíguas, às quais o observador pode conferir significados diferentes, conforme sua intenção — ou à sua revelia!

Assinalemos de passagem que *o vaso que separa os dois perfis* tornou-se *símbolo corrente da psicologia da Gestalt*, e, por extensão, da Gestalt-terapia.

Então, qualquer fenômeno observado nunca é uma realidade objetiva em *si*, mas uma inter-relação global entre o próprio fenômeno e seu meio momentâneo — *portanto, o observador*. Tudo está ligado, como ensina o Tao:

---

10. Um exemplo simples seria "Eu estou cansado" — que pode significar "Deixe-me em paz!", ou, ainda, o contrário, "Preste atenção em mim!"; ou ainda "Sempre sou eu que trabalha para todo mundo" e vários outros subentendidos...

vaso de Rubin: vaso branco em fundo negro ou dois perfis em fundo branco?

ambígua mulher de Laevitt: uma velha de nariz adunco e queixo comprido ou uma jovem de nariz arrebitado?

Todo o mar sobe, com uma pedra que se lhe atire.

Pouco importa a "objetividade": não é *nossa realidade*.

"Estou escrevendo em uma mesa, diz Perls.[11] De acordo com a física contemporânea, ela é um espaço ocupado por milhões de elétrons móveis. No entanto, ajo *como se* a mesa fosse sólida. Num plano científico, mesa tem uma acepção diferente daquela do plano prático. Para mim, *em meu campo* de ocupação atual, ela é um sólido elemento do mobiliário..."

Enfim, nossa busca não deve incidir sobre as coisas (ou seres), mas sobre as relações entre as coisas (ou seres) porque

o sentido emerge tanto do contexto quanto do texto.

---

11. *Ego, hunger and agression*, de 1942, já citado.

CAPÍTULO 3

Fritz Perls

O pai da Gestalt: um *"enfant terrible"*

Conviria agora, de acordo com a lógica cartesiana, apresentar os outros fundamentos da Gestalt-terapia e, sobretudo, da *psicanálise* de Freud e seus sucessores e dissidentes; mas também o *expressionismo* de Friedlaender, o *holismo* de Smuts, a *semântica geral* de Korzybski, o *transcendentalismo* de Emerson, e, é claro, o *psicodrama* de Moreno. Não esquecer os métodos análogos que o influenciaram, como a *psicossíntese* de Assagioli, o *sonho-desperto* de Desoille, a *terapia centrada no cliente* de Rogers, a *análise transacional* de Berne, a *dinâmica de grupos* de Lewin, os *grupos de encontro* de Schutz, assim como a *vegetoterapia* de Reich, a *bioenergética* de Lowen, a *conscientização sensorial* de Charlotte Selver, o *rolfing* de Ida Rolf, assim como o *anarquismo* de Proudhon ou de Kropotkine, a *cientologia* ou *dianética* de Ron Hubbard, o *judaísmo, o taoísmo, o zen*... e muitos outros, que esqueço!...

De fato, Perls leu as obras e encontrou a maioria dos fundadores citados acima, até praticou mais ou menos todas essas ideologias, teorias, métodos, técnicas e emprestou deles idéias que reformulou em seu "estilo" pessoal, amplamente enriquecido pelas contribuições essenciais de sua mulher, Laura, de Paul Goodman e vários outros.

Partir disso e considerar a Gestalt uma "mistura" heteróclita, não é difícil — algumas más línguas não hesitaram em fazê-lo! No entanto, não é nada disso: na verdade, é uma *síntese específica e coerente*, mesmo que constituída empiricamente em grande parte por muitos encontros e lentos tateios: ainda aqui *"o todo é bem diferente da soma de suas partes"*!

"Em nenhum caso somos levados a ver a Gestalt-terapia como uma composição de diversas abordagens ou como uma simples abordagem eclética, assinala Claudio Naranjo. Não consideramos a música de Bach uma composição de estilos anteriores: italiano, alemão e francês (que, no entanto, ela é, num certo sentido). Pelo contrário, ficamos ainda mais tocados pela originalidade de uma síntese que emerge da observação de seus componentes." Da mesma forma,

> a nova construção da Gestalt-terapia
> nos impressiona mais do que
> os velhos tijolos utilizados."[1]

Para o inferno então com a lógica analítica universitária! Expor um encadeamento de teorias poderia sugerir que a Gestalt nasceu de uma crítica racional das riquezas e das lacunas das outras abordagens ou de uma síntese combinada. Nem uma coisa nem outra. Não se trata, de forma alguma, de uma elaboração metódica, de uma exploração organizada e sistemática a partir de caminhos já traçados e que se esforça para colocar pontes nas fendas e rachaduras.

A Gestalt deve seu surgimento às intuições geniais e às crises pessoais daquele que devemos considerar seu principal fundador: Fritz Perls. De fato, ela foi amplamente articulada e formalizada por Laura Perls e Paul Goodman, e também por seus primeiros colaboradores e pelos continuadores de segunda e terceira "geração", cujas contribuições essenciais evocaremos a seguir (Isadore From, Jim Simkin, Joseph Zinker, Ervin e Miriam Polster etc.), mas não podemos ir muito mais longe sem introduzir agora o "pai da Gestalt", o *"enfant terrible"* da psicanálise, o "velho homem indigno" da Califórnia dos *beatniks*: Fritz Perls, tão mencionado e nunca apresentado.

Na verdade, não é por acaso que ainda não o fiz: como a maioria dos gestaltistas atuais, tenho, ao mesmo tempo, *orgulho e vergonha* de nosso "chefe" e fico sempre dividido entre o desejo de apresentá-lo e apreciá-lo e o de dissimulá-lo! Conforme a cor dos projetores com os quais o iluminamos e conforme os vários períodos de sua vida, podemos fazer dele um *gênio* inspirado ou a encarnação do *diabo* em pessoa!

Ele era, de fato, capaz de se mostrar egoísta, narcisista, orgulhoso e avarento; impulsivo, colérico e paranóico; "polimorfo perverso" no plano sexual (ele se autodefinia assim), sedutor impenitente (embora fisicamente pouco atraente), cabotino, exibicionista e *voyeur*; tomou LSD e outras drogas psicodélicas, fumava três maços de Camel por dia: foi mau filho, um marido bem mesquinho e um pai indigno;

---

1. Claudio Naranjo: "The techniques of Gestalt Therapy". Berkeley. 1973. Reproduzido no *Gestalt Journal*, 1980.

no plano profissional, se reconhecia como psicanalista medíocre e escritor confuso.[2]

Em suma, se eu me deixasse levar pela *amplificação* do que sinto (de acordo com um hábito caro à Gestalt), chegaria a concluir que Fritz Perls era a encarnação viva dos sete pecados capitais: avareza, gula, inveja, luxúria, orgulho, preguiça e raiva! (classifico-os por ordem alfabética para evitar qualquer tentação de hierarquizar!)

Pelo menos estamos prevenidos contra um risco comum: o de querer imitar o Mestre, promovê-lo a "guru", embora os comportamentos neuróticos de Freud tenham criado tantos adeptos (por exemplo, sua fobia do contato)![3]

E, no entanto, não é nada fácil contestar a *genialidade* de Fritz, seu penetrante senso de observação, sua intuição muitas vezes surpreendente, sua ampla cultura — deliberadamente camuflada sob uma imagem rústica —, sua criatividade e vitalidade transbordantes, seu humor e seu sentido de autocrítica refinados, sua autenticidade provocadora em seu comportamento cotidiano (chegaram até a afirmar que ele era o "único homem *verdadeiro* do século"!).

Ao falar dele, sua mulher dizia que ele era "uma mistura de profeta e coitado" — que Fritz considerava exato e citava com orgulho.

Conhecemos melhor suas *demonstrações* públicas pós-68 do que suas sessões de terapia, mas é reconhecida sua arte consumada de perceber de imediato o problema existencial central de todos os seus clientes (é verdade que a maioria deles já tinha um longo passado de terapia pessoal!).

Ele era, antes de mais nada, um *artista* e, "na verdade, como se sabe, os maiores artistas do mundo nunca foram puritanos, e raramente respeitáveis".[4] Pensemos em Mozart, Wagner, Victor Hugo e tantos outros...

Fritz Perls teve uma vida muito *movimentada*, tanto em termos de seus sentimentos (e ressentimentos!) interiores, quanto de seu comportamento exterior, suas relações sociais... e deslocamentos geográficos.

---

2. Muitas das obras assinadas por ele foram escritas, em parte, por alguns de seus colaboradores:
- *Ego, hunger and agression*, foi completado em grande parte por sua mulher Laura;
- os dois tomos de *Gestalt-therapy*, a bíblia da Gestalt, foram redigidos, um por Hefferline e o outro por Goodman (a partir de abundantes notas de Perls, é verdade);
- *Group therapy today: styles, methods and techniques*, por Abraham Levitzky;
- *Gestalt therapy verbatim* é uma transcrição literal das gravações de seus seminários de demonstração; (*Gestalt-terapia explicada*, São Paulo, Summus, 1977);
- *In and out the garbage pail (Escarafunchando Fritz: dentro e fora da lata de lixo.* São Paulo, Summus, 1979) é um diário íntimo autobiográfico, às vezes poético (em inglês) mas no geral bastante confuso;
- A obra mais elaborada de Perls, *The Gestalt aproach and eye witness to therapy*, apareceu em 1973, três anos após sua morte.

3. Freud sofria, entre outras, de uma patologia pessoal histerofóbica, com medo de qualquer contato físico ou olhar, e é inegável que seus próprios problemas infuenciaram sobremaneira sua técnica de tratamento.

4. H. L. Mencken, citado por Jack Gaines, em sua biografia sobre Perls.

Para definir alguns parâmetros, elaborei um *quadro sinótico* de sua vida (ver página seguinte), que dividi em *sete períodos* principais. Algumas datas são incertas: os biógrafos de Perls não estão todos de acordo, os testemunhos verbais divergem e este "judeu errante" — ainda por cima um pouco mitômano — era bem pouco organizado para ter conservado documentos precisos. Fiz então os *recortes* mais verossímeis, a partir de sete *fontes* diferentes, em língua inglesa, francesa e alemã.[5]

Retomemos agora mais detalhadamente o itinerário atormentado desse personagem fora do comum.

1. Alemanha

• **em 1893**: em 8 de julho, nasceu Friedrich Salomon Perls, após um parto difícil, a fórceps, num *gueto judeu* do subúrbio de Berlim. Era o terceiro e último filho (depois de duas meninas) de um casal obscuro.

Seu pai, Nathan, era negociante de vinhos e depois representante junto aos Rotschild: estava sempre viajando devido à sua profissão e multiplicava infidelidades. Era charmoso e sedutor, "irresistível", mas irritadiço, violento e orgulhoso. (Encontraremos todas essas características em Fritz.) Militava ativamente na franco-maçonaria e sonhava tornar-se Grão-Mestre de sua Loja.

Sua mãe, Amália, era uma *judia praticante*, da pequena burguesia, que respeitava as tradições kasher e o ritual do shabat. Era apaixonada por teatro e ópera (como Fritz seria durante toda a vida).

O casal vivia num clima de conflito permanente, até de ódio: as brigas eram freqüentes e violentas.

A filha mais velha, Else, era quase cega, e por isso protegida pela mãe — o que tornava Fritz muito ciumento e agressivo em relação a ela. Ele não derramaria uma só lágrima quando as duas morreram num um campo de concentração.

A segunda filha, Grete, era um verdadeiro "garoto": seria muito próxima de Fritz, chegando a morar com ele e a mulher, em Nova York, por quase dez anos, de certa forma servindo de "criada" para o casal.

Fritz desenvolveu pouco a pouco uma *raiva brutal contra o pai*. Chegou a duvidar de sua filiação, dúvida que cultivaria por toda a vida. O pai, por sua vez, tratava-o de "monte de merda" e predizia: "Esse mer-

---

5. Biografias e entrevistas do próprio Fritz Perls, de sua mulher Laura, de Jack Gaines, Martin Shepard, Jean Ambrosi, André Jacques, Hilarion Petzold.

Cronologia da vida de Fritz Perls

	idade	duração	datas	lugares	principais acontecimentos
1	de 0 a 40 anos	40 anos	8/7/1893 a 1933	ALEMANHA e ÁUSTRIA Berlim, Frankfurt, Viena etc.	infância e adolescência tumultuada estudo de medicina (psiquiatria) primeira guerra mundial quatro psicanálises sucessivas casamento com Lore (Laura) Posner se estabelece como psicanalista
	aos 40 anos	1 ano	em 1933	AMSTERDÃ	fuga da Alemanha nazista
2	de 41 a 53 anos	12 anos	de 1934 a 1946	ÁFRICA DO SUL	se instala como psiquiatra e leva uma vida bem "burguesa" e mundana em Johannesburgo congresso psicanalítico de Praga (1936) encontro com Freud publica *Ego, hunger and agression*, em 1942
3	de 53 a 63 anos	10 anos	de 1946 a 1956	NOVA YORK e viagens pelos Estados Unidos	trabalha como psicanalista de 46 a 50 formação do "Grupo dos Sete" publica *Gestalt-Therapy* em 1951 (aos 58 anos) criação do 1º Instituto de Gestalt (Nova York, 1952) inúmeras viagens para apresentar a Gestalt
4	de 63 a 67 anos	4 anos	de 1956 a 1959	FLÓRIDA Miami	deprimido e doente, se "aposenta" encontra Marty Fromm e retoma o gosto pela vida promove alguns seminários na Califórnia
5	de 67 a 70 anos	4 anos	de 1959 a 1963	ESTADOS UNIDOS e ao redor do mundo	vagueia pela Califórnia, Nova York, Califórnia, Israel, Nova York, Japão, Califórnia... permanência numa comunidade de *beatniks* em Israel e num mosteiro zen no Japão etc.
6	de 71 a 76 anos	5 anos	de 1964 a 1969	ESALEN Califórnia	residência em Esalen: promove seminários de demonstração e de formação torna-se célebre por volta de 1968 (aos 75 anos) publica *Gestalt-therapy verbatim* (1969) e *In and out the garbage pail* (1969)
7	de 76 a 77 anos	1 ano	junho de 1969 a março de 1970	CANADÁ Vancouver	funda uma comunidade (Gestalt-kibutz) num lago, em Cowichan (ilha de Vancouver) morre em Chicago, em 14 de março de 1970, aos 77 anos.

© Serge Ginger. 1986.

dinha vai acabar mal". Mais tarde Fritz nem falaria mais com o pai e nem iria a seu enterro... (Por toda a vida, Fritz mostrar-se-á muito hostil perante figuras paternas — Freud, por exemplo.)

- **por volta de 1903**: Fritz tinha dez anos. Tornara-se cada vez mais *insuportável*: fazia bagunça na escola, recusava-se a fazer os deveres, falsificava os boletins, mexia nos objetos pessoais do pai e olhava por baixo das saias das mulheres... A mãe batia nele com freqüência, com palmatória ou um batedor de tapetes, mas Fritz resistia: cortava as correias do chicote, quebrava as palmatórias e chegou a atirar coisas no rosto dela...

- **em 1906**: aos treze anos, finalmente, foi *expulso da escola* por "conduta inqualificável" e começou a vagabundear com um amigo, que o iniciou na masturbação e o levou a uma prostituta.

Seu pai colocou-o como aprendiz numa loja de bombons e gulosemias, mas no ano seguinte Fritz decidiu voltar a estudar e se inscreveu, *por si mesmo*, com seu companheiro, numa escola muito liberal — onde se interessavam muito mais pelos alunos do que pelos programas.

Ali ele desenvolveu, em especial, seu gosto pelo *teatro* — interesse que *manteria por toda a vida* e que transparecerá claramente na Gestalt.[6] Durante toda sua adolescência, ele faria cursos de arte dramática e continuaria a atuar como figurante, mesmo quando, mais tarde, passou a estudar medicina, na Universidade de Berlim. Perls foi profundamente marcado pelo contato assíduo com o grande diretor *expressionista*, Max Reinhardt, do Deutsche Theater, que defendia o *envolvimento total* do ator em seu papel. Ficou fascinado com um grupo de artistas "esquerdistas" que freqüentava. Declarou mais tarde que o teatro fora seu primeiro grande amor e que o sonho de sua vida fora tornar-se diretor de teatro. Na realidade, ele confessou não ter sido um bom ator. Só no fim da vida, aos 75 anos, em Esalen, pôde encontrar seu próprio estilo, no que ele chamava "seu circo".

- **em 1914**: quando da declaração da guerra, foi reformado por má formação cardíaca e alocado num serviço auxiliar. No ano seguinte, aos 22 anos, inscreveu-se como voluntário na Cruz Vermelha.

- **em 1916**: foi enviado ao *front*, na Bélgica, e participou da guerra de trincheiras por nove meses, em condições particularmente *traumatizantes*: viu seus camaradas matarem, um a um, a golpes de martelo, os

---

[6]. Cabe notar o paralelismo com Moreno, em quem ele se inspirou de forma freqüente e explícita. É interessante que os dois principais colaboradores de Perls, sua mulher Laura e Paul Goodman, fossem muito ligados às *técnicas de expressão*. Laura praticou, desde a infância, dança e piano (ver capítulo 10). Goodman *escreveu várias peças* anarquistas para o Living Theater.

soldados inimigos intoxicados. Como judeu, foi *perseguido* e enviado aos postos avançados mais perigosos: se intoxicou e foi ferido na testa[7] pela explosão de um obus, antes de ser repatriado e hospitalizado. Conservaria por muito tempo seqüelas desses traumas, chegando a manifestar sinais de despersonalização e indiferença total pelo meio...

• **em 1920**: depois da guerra, Fritz retomou seus estudos e obteve seu doutorado em medicina, aos 27 anos, em 3 de abril de 1920. Era *neuropsiquiatra*, mas, de fato, continuava interessado por *teatro* e freqüentava regularmente os cafés "esquerdistas" de Berlim, onde encontrava filósofos, poetas e *artistas anarquistas da "contracultura"*. Aí Perls encontraria Salomon Friedlaender, filósofo *expressionista*, autor de *A indiferença criadora*, ensaio visando superar o dualismo kantiano, que desenvolve o conceito de "vazio" ou "*vazio fértil*",[8] (ou ainda "estado indiferenciado"). O "ponto zero" seria um estado que segue o da *retração* e precede o da emergência de uma nova sensação, estado em que não há mais nem *figura* nem *fundo*. O *zen* chama de *ku* esse estado de vacuidade, difícil de captar, e consagra a ele numerosos escritos e *koans*. Encontramos um tema semelhante na noção taoísta de equilíbrio entre *polaridades opostas*, tema amplamente retomado em Gestalt.[9]

Fritz sempre conservaria um fascínio pelos marginalizados e, por toda a vida, seria encontrado em círculos e grupos anarquistas: em Nova York, com Paul Goodman e o Living Theater dos Beck; em Israel, com as comunidades de pintores *beatniks*; na Califórnia, como um dos "papas" da contracultura *hippie*.

A Gestalt seria marcada por essa hostilidade contra se deixar enclausurar dentro das normas "burguesas", contra se submeter à pressão social do *stablishment*, fosse ele mundano, psicanalítico ou político... O individualismo orgulhoso dos gestaltistas seria mesmo um obstáculo, durante décadas, à constituição de associações profissionais nacionais,[10] pelo temor, talvez justificado, de que elas logo viessem a criar uma normalização esclerosante.

• **de outubro de 1923 a abril de 1924**: Fritz partiu para Nova York, na esperança de obter uma equivalência americana para seu diploma alemão de doutor em Medicina, mas enfrentou dificuldades lingüísticas[11] e, aliás, não se deu bem com a atmosfera de dura competição da mega-

---

7. Gostava de comparar sua cicatriz com um "terceiro olho".
8. "O que conta em um vaso, é o vazio do meio", diz Sartre, reformulando um pensamento de Lao-Tsé: "A utilidade da argila na fabricação de um vaso vem do oco deixado por sua ausência".
9. Ver capítulo 5.
10. Parece que a Société Française de Gestalt (S.F.G.), criada por iniciativa nossa, em 1981, é uma das primeiras, senão a primeira no mundo.
11. Ele, no entanto, havia estudado latim, grego, hebraico e falava francês fluentemente.

lópole. Voltou para a Alemanha, sem obter seu título e despeitado com a cultura americana, que não deixaria de criticar por toda a vida...

- **em 1925:** Fritz tinha 32 anos. Ainda morava com a mãe. Era totalmente inseguro: feio, fraco, arqueado, desprezado pelo pai, "apagado" num torpor crônico desde a guerra. Duvidava de sua potência sexual e se dizia "embrutecido pela masturbação"...

Foi quando encontrou Lucy, uma esplêndida jovem casada, que o seduziu em dez minutos, no leito do hospital, e lhe mostrou depois um rico sortimento de variações eróticas: amor a dois, a três, a quatro, exibicionismo, *voyerismo*, homossexualidade etc. Ela estava disposta às experiências mais ousadas, e Fritz, por seu lado, *exultava em transgredir todos os tabus*...

- **em 1926:** aos 33 anos, sentiu necessidade de entender todas essas emoções novas, que o excitavam e culpavam ao mesmo tempo, e decidiu começar uma *psicanálise*, com Karen Horney. Foi logo conquistado e pretendeu tornar-se psicanalista.

Karen Horney sugeriu que se afastasse de Lucy e deixasse Berlim. Depois de alguns meses, mudou-se para Frankfurt, onde encontrou trabalho como médico-assistente de Kurt Goldstein, que pesquisava distúrbios perceptivos em pessoas com problemas cerebrais, a partir dos trabalhos da psicologia da Gestalt. Ali encontrou Lore Posner, que se tornaria sua mulher, após um período de três anos como sua amante.

- **em 1927:** em Frankfurt, ele continuou sua análise com uma *segunda psicanalista*: Clara Happel, que declarou inesperadamente terminada sua análise, após um ano (quando ele não tinha mais um centavo!) e sugeriu que ele se instalasse imediatamente como *psicanalista*.[12] Fritz foi para Viena, a capital da psicanálise, e lá recebeu seus primeiros clientes, sob o controle de Hélène Deutsch, com reputação de "mulher glacial".

- **em 1928:** voltou a estabelecer-se em Berlim, como psicanalista, e retomou então uma *terceira etapa da análise*, com Eugen Harnick, um psicanalista húngaro particularmente ortodoxo quanto à regra da abstinência, pois defendia a neutralidade, e cultivava a frustração a tal ponto que evitava dar a mão aos clientes ao cumprimentá-los, e não pronunciava muito mais do que uma frase por semana. Para mostrar que a sessão tinha acabado sem precisar usar a voz, limitava-se a esfregar o pé no chão.[13]

---

12. Essa "precipitação" era comum na época.
13. Morreu em um manicômio...

Como relata o próprio Fritz, em suas memórias (*In and out the garbage pail*), ele continuou conscienciosamente a análise *diária* com Harnick: "por dezoito meses, cinco vezes por semana,[14] deitei no seu divã sem ser analisado!". De acordo com um princípio então corrente entre os psicanalistas, Harnick proibia seus clientes de tomarem qualquer decisão importante durante o tratamento. Assim, quando Fritz falou de sua intenção de se casar com Lore, Harnick ameaçou interromper imediatamente a análise.[15] Fritz aproveitou essa "chantagem" para livrar-se do analista e "trocou o divã psicanalítico pelo leito conjugal".

• **em 1929**: 23 de agosto, apesar das proibições de seu analista e de uma grande reserva da família de Lore, Fritz casou-se com ela. Ele tinha 36 anos, e ela 24.

• **em 1930**: a conselho de Karen Horney, iniciou uma *quarta análise*, desta vez com Wilhelm Reich. Fritz sentiu-se enfim compreendido e energizado. Tinha grande admiração por Reich e sua Gestalt-terapia seria notavelmente inspirada nele.

Reich havia sido admitido, em outubro de 1920, aos 23 *anos*, na Sociedade Psicanalítica de Viena e logo autorizado — como era habitual na época — a receber seus primeiros clientes. Em 1927 publicou *A função do orgasmo* (que sofreria em seguida várias revisões). De 1924 a 1930, a pedido de Freud, ele dirigiu o seminário de técnica psicanalítica e redigiu os textos que constituiriam *A análise do caráter*. Reich se interessava mais pelo presente do que pelas "escavações arqueológicas" da primeira infância. De fato, preocupava-o que, freqüentemente, no final de uma análise, a origem e significado inconsciente de um sintoma estivessem esclarecidos... mas que, apesar disso, este último não desaparecesse! Ele procurou então descobrir processos de cura. Fez uma análise *ativa*, não hesitando em tocar o corpo de seus pacientes, para chamar sua atenção para as tensões de sua "couraça do caráter". Abordou *diretamente* a agressividade, a sexualidade e a política. Seria excluído da Sociedade Psicanalítica de Viena em 1933, e depois da Associação Psicanalítica Internacional, em 1934...

• **em 1931** nasceu o primeiro filho de Perls, uma menina, Renate. O orgulho de Fritz foi ainda maior porque temia ser estéril. Seria muito apegado a ela durante os primeiros quatro anos, até o nascimento do filho, Steve. Depois *negligenciaria totalmente a ambos*, até o fim de sua vida.

---

14. Esse ritmo diário continuou habitual nos Estados Unidos.
15. Devemos acrescentar que Harnick também era analista de Lore, e temia que o casamento interrompesse seus estudos, antes que ela obtivesse seu doutorado em psicologia.

Sua clientela berlinense florescia; mas logo o Reichstag foi incendiado, e os nazistas tomaram o poder...

• **em abril de 1933**: Fritz Perls fugiu da Alemanha, onde a perseguição aos judeus já começara. Escapou para a Holanda, abandonando todos os seus bens (exceto uma nota de 100 marcos, dissimulada no isqueiro!). Mas pôde obter permissão para trabalhar em Amsterdã, e foi então que Ernest Jones, amigo e biógrafo de Freud, lhe propôs um emprego na África do Sul.

2. África do Sul

• **em 1934**, após aproveitar as três semanas da viagem de navio para aperfeiçoar seu inglês, Perls instalou-se em Joannesburgo — onde fundou o Instituto Sul-Africano de Psicanálise.[16] Fritz e Lore[17] tinham muitos clientes em tratamento, e alguns outros em formação didática para psicanalistas. Logo se tornaram *ricos e célebres*. Compraram uma suntuosa casa, com quadra de tênis, piscina, pista de patinação no gelo (*sic!*) etc.; tinham uma numerosa criadagem. Fritz vestia terno e gravata e levava uma vida *burguesa e mundana*: muito trabalho durante a semana, alternado com o repouso do fim-de-semana, quando se dedicava às suas distrações favoritas: natação, patinação no gelo, pilotagem de um avião particular, filatelia, xadrez etc.[18]

Nessa época, Fritz *ainda respeitava as normas rígidas da psicanálise*: cinco sessões por semana, de 50 minutos cada, sem nenhum contato, físico, visual ou social com seus clientes. Sentia que se tornava, pouco a pouco, como diria mais tarde, "um cadáver calculador — como a maioria dos analistas que conhecia".

• **em 1936**: aconteceu o Congresso Internacional de Psicanálise de Praga. Perls sonhava ir pilotando seu próprio avião e tornar-se, assim, o "primeiro analista voador"! Isso não pôde se realizar... mas esse Congresso lhe reservava outros inconvenientes!

Ele preparara uma comunicação sobre "As resistências orais", completando as idéias de Freud sobre as "resistências anais", ligadas ao treinamento dos hábitos de higiene. Esperava encontrar Freud e submeter-lhe seu texto, mas a acolhida deste constituiu um *trauma*, do qual nunca se recuperou. Em suas próprias palavras:

> "Em 1936, acreditei que era chegada a hora. Afinal, não estava eu na origem da criação de um de seus institutos e não atravessara 6.500

---

16. Do qual, aliás, seria o único membro!
17. Apesar dos temores de Harnick, ela terminou o doutorado e sua formação psicanalítica.
18. Lore declarou que, nessa época, "trabalhava 16 horas por dia, sete dias da semana"... além das responsabilidades familiares!

km para vir ao "seu" Congresso? Marquei encontro. Fui recebido por uma mulher de certa idade (sua irmã, creio) e esperei...
Depois, uma porta se entreabriu uns 60 cm e o Mestre apareceu diante de meus olhos. Achei curioso que ele não deixasse o vão da porta, mas naquele momento eu nada sabia de suas fobias.
— Vim da África do Sul para dar uma conferência no Congresso e para vê-lo.
— Ah, sim! E quando vai partir? — disse ele.
Não me lembro mais do resto da conversa, que durou talvez quatro minutos. Eu estava abatido e decepcionado...[19]
Meu rompimento com Freud e sua escola foi definitivo alguns anos mais tarde, mas o fantasma nunca foi completamente exorcizado."

A segunda decepção do Congresso foi seu encontro com Wilhelm Reich, que o recebera em análise *cotidiana durante mais de dois anos*... mas que mal o reconheceu e não se interessou de forma nenhuma por sua trajetória, envolvido que estava em suas próprias pesquisas.

Enfim, o terceiro choque foi provocado pela acolhida glacial reservada pelo conjunto de seus colegas psicanalistas à sua comunicação sobre a importância da oralidade e das modalidades de ingestão de alimento pelo bebê, primeiro modelo de sua futura relação com o mundo. Ele fazia um paralelo entre a fome, instinto de conservação do indivíduo, e a sexualidade, instinto de conservação da espécie, a "necessidade" e o "desejo".

• **em 1940**: desenvolveu suas teses e terminou a redação de seu primeiro livro, *Ego, hunger and agression*, escrito em colaboração com a mulher, que discutiu o conteúdo, corrigiu a forma e redigiu alguns capítulos. Aliás, ele agradece por isso, no prólogo da *primeira edição*, publicada em Durban, África do Sul, em 1942, mas suprimiria essa passagem nas edições posteriores, feitas na Grã-Bretanha (1947) e depois nos Estados Unidos (1966) e reivindicaria, posteriormente, a total paternidade desta obra.

Desde esse primeiro livro começam se esboçar várias noções que desembocariam, nove anos mais tarde, no nascimento oficial da Gestalt-terapia: a importância do momento *presente*, a do *corpo*, a procura de uma abordagem mais *sintética* do que analítica, a contestação da *neurose de transferência*, que lhe parece "uma complicação inútil e uma perda de tempo". Ele já preconizava um *contato direto e autêntico* entre o paciente e seu analista e não "um pseudocontato com suas projeções". Tratava também de uma abordagem "*holística*" do organismo e

---

[19]. Em defesa de Freud, Laura Perls lembra que ele já estava velho e gravemente doente de um câncer no maxilar. Usava um maxilar artificial e tinha muita dificuldade para falar. Não ensinava mais e só se relacionava com as pessoas próximas.

de seu meio, das resistências, da *introjeção* e da *projeção*, das *"emoções incompletas"*, e a obra termina com a exposição de uma "terapia da concentração", compreendendo técnicas de visualização, de utilização da primeira pessoa do singular, *responsabilidade* pelos sentimentos, concentração no corpo e nas *sensações* e observação das *evitações*.

De fato, ele aí defende teses nitidamente "heréticas", contestando já o essencial da psicanálise: o inconsciente, o primado da sexualidade infantil e da libido, a utilização da transferência como motor do tratamento etc. e não é de surpreender a reação de Marie Bonaparte, que lhe sugeriu claramente que se retirasse da Associação Psicanalítica Internacional — a que Perls se recusou.

Talvez não tenhamos enfatizado bastante a influência, sobre o primeiro livro de Perls, das idéias de Jan Christiaan Smuts (1870-1950), antigo aluno de Cambridge, primeiro-ministro da África do Sul (de 1919 a 1924 e de 1939 a 1948) e ministro da Justiça (de 1933 a 1939). Smuts foi um dos fundadores da *Sociedade das Nações*, em 1919, e das *Nações Unidas*, em 1945. Ele é considerado, além disso, fundador do *holismo*, teoria elaborada especialmente a partir das idéias de Darwin, de Bergson (*A evolução criadora*) e de Einstein. Fritz Perls, que havia lido Bergson no original (e que o citava com freqüência), era um admirador fervoroso de Smuts e aceitara a proposta de partir para a África do Sul em parte por causa dele.

Perls assinala que o livro de Smuts era um *livro básico* estudado pelos assistentes de Goldstein. De fato, ele ia mais além deste último, ao considerar não só o próprio organismo como um *todo* coerente, mas um todo em *interdependência estreita com seu meio e com o universo*. Smuts já definia a *introjeção* como a experiência de outrem "aceita sem ter sido assimilada".

Durante sua permanência na África do Sul, Perls inicia-se também na *semântica geral* de Alfred Korzybski (1879-1959) que procurava desenvolver o pensamento intuitivo "não aristotélico". Perls citava-o com muita freqüência e, mais tarde, colaboraria regularmente — assim como Goldman — com a *Revue de Sémantique Générale*.

Para Korzybski, todas as experiências são *multidimensionais*: podemos assim atribuir fatores emocionais a qualquer manifestação intelectual e vice-versa. A terapia *integrativa* deve englobar a língua e seu contexto semântico: falar é agir, e agir *em um contexto* cultural dado.

• **em 1942**: a Segunda Guerra Mundial causou grande desordem. Perls se alistou no exército como oficial médico e serviu durante quatro anos, como psiquiatra, na África do Sul. Estava sempre ausente, multiplicava suas aventuras sexuais, desinteressava-se cada vez mais da mulher e dos filhos, enfurecia-se com freqüência, e não hesitava em bater neles — reproduzindo assim o comportamento de seu próprio pai.

3. Nova York

• **no verão de 1946**, aos 53 anos, ele decidiu *abandonar tudo novamente*: sua família, sua luxuosa mansão, sua rica clientela, e partiu para outras paragens...

Em Nova York, não apreciou a agitação e a competição. Além disso, teve má acolhida dos psicanalistas ortodoxos, que discordavam de suas idéias "desviantes" e de seu comportamento *anti-social*, ou seja, *provocante*. Ele era, realmente, sujo e desarrumado, não respeitava nenhuma das convenções sociais de polidez elementar (nunca teria dito "obrigado") e "paquerava" abertamente — inclusive suas clientes. No entanto, obteve o apoio de sua ex-psicanalista, que se tornara uma amiga fiel, Karen Horney, assim como de Erich Fromm[20] e de Clara Thompson, aluna de Ferenczi. Assim, pôde refazer rapidamente uma nova clientela e, um ano mais tarde, sua família reuniu-se a ele no novo continente.

Ele prosseguiu, em Nova York, a última etapa de seus *23 anos de carreira psicanalítica*, até 1951, data do aparecimento da obra coletiva *Gestalt Therapy* — que marcou o início oficial da nova prática.

Apesar de algumas ocasionais sessões face a face, continuava utilizando o *divã* e, aliás, continuaria a recorrer a ele nos primeiros anos de sua prática em Gestalt-terapia (por exemplo, de 1952 a 1955, com um de seus primeiros discípulos: Jim Simkin) — como, por seu lado, Reich também.

No entanto, ele se interessa cada vez mais pela terapia em *grupo* — à qual consagraria mais tarde o essencial de sua atividade, até, finalmente, considerar a terapia individual "obsoleta". Na introdução da nova edição de *Ego, hunger and agression*, em 1969, ele chegou a declarar:

"A maioria dos terapeutas e de seus pacientes ainda não percebeu que é preciso, provavelmente, renunciar às terapias *individuais* e às terapias de *longa duração*".

Paralelamente às suas atividades terapêuticas, Perls freqüentava novamente os meios *artísticos e boêmios*, os "intelectuais de esquerda" do pós-guerra, anarquistas e revoltados: escritores, pintores, músicos, bailarinos e, sobretudo, os atores do Living Theater, que defendiam, como ele, a *expressão direta do sentimento "aqui e agora"* mediante um *contato espontâneo* com o público, mais do que a aprendizagem tradicional por repetição.

Todo este meio alardeava uma grande liberdade de costumes, a maioria praticava *abertamente a bissexualidade*[21] e o sexo grupal, pro-

---

20. Não confundir com seu futuro discípulo, Isadore From (com um só "m").
21. Paul Goodman escreveu: "eu era bissexual desde os 12 anos" e achava "absurdo" que a sociedade se metesse a legislar em matéria de sexualidade privada.

curando incessantemente explorar seus limites e transgredir os da sociedade.

Foi aí que Perls encontrou Paul Goodman, poeta e escritor polemista revolucionário, anarquista militante, que Lore (agora "Laura") recebeu em terapia e depois em formação, e que logo se tornaria um dos "pensadores" da nova Escola.[22]

Aí encontrou também Isadore From, estudante de fenomenologia, também homossexual, que receberia em terapia (em troca de algumas aulas de filosofia) e que depois foi um dos pilares do célebre Instituto de Gestalt de Cleveland.

• **em 1950**, foi constituído o *Grupo dos Sete*, composto por: Isadore From, Paul Goodman, Paul Weisz (psicoterapeuta que iniciaria Perls no zen), Elliot Shapiro, Sylvester Eastman, Fritz e Laura Perls. Mais tarde, Ralph Hefferline foi chamado, porque sua posição de professor universitário talvez pudesse avalizar o Grupo, que queria publicar suas teses.

• **em 1951** foi lançado *Gestalt Therapy*, cujo conteúdo foi um pouco "americanizado" pela colaboração ativa e pela estruturação dos dois co-autores americanos, Goodman e Hefferline, e pela apresentação do editor — que iniciou a obra pela parte dos "exercícios práticos".

• **em 1952**, Fritz e Laura criaram o *primeiro instituto de Gestalt:* The Gestalt Institute of New York, seguido, em 1954, pelo de Cleveland[23]. Logo Fritz entregaria a direção a Laura e aos dois Paul (Goodman e Weisz), enquanto começava uma interminável peregrinação pelos Estados Unidos, para divulgar seu novo método — que, aliás, só teve, por mais de quinze anos, uma repercussão muito modesta. Criou e dirigiu grupos "descontínuos" e seminários pontuais de *demonstração* em toda parte: Chicago, Detroit, Toronto (Canadá), Miami, Los Angeles etc. Durante esses deslocamentos encontrou terapeutas eminentes, dos quais emprestou idéias e técnicas:

• inspirou-se assim na "tomada de consciência sensorial do corpo" (*sensorial awareness*) de Charlotte Selver, com quem faz cursos regulares durante quase dezoito meses;

• praticou o psicodrama de Moreno, e, principalmente, sua variante, o *monodrama* (ou "monoterapia"), em que o protagonista interpreta sozinho os diferentes personagens que evoca;

---

22. Aliás, Goodman já tinha feito análise com Lowen, aluno de Reich.
23. Perto de Detroit, às margens dos Grandes Lagos, a meio caminho entre Nova York e Chicago.

* iniciou-se na *dianética* ou *cientologia*[24] — de Ron Hubbard, que preconizava em especial a *catarse emocional* dos traumas passados, *revividos* com intensidade *no presente*, e insistia na *responsabilidade* de cada um por seus próprios sentimentos. Fritz rejeitava o espírito geral, mas adaptou algumas técnicas.

Nessa época, Perls não imaginara ainda o procedimento do *hot seat* e trabalhava principalmente de modo *verbal*, procurando a conscientização do vivido "aqui e agora", preconizando a identificação sucessiva com cada elemento dos sonhos, assim como o *contato* direto e autêntico entre cliente e terapeuta, apontando as projeções que parasitam essa relação.

Sua pesquisa empírica e experimental era bastante criticada pelos "puros e duros" da Gestalt, Paul Goodman e Laura Perls, e Fritz passou-lhes progressivamente a direção dos dois institutos que haviam fundado juntos, em Nova York e Cleveland, onde logo nasceu uma "segunda geração" de gestaltistas, entre eles Isadore From, Joseph Zinker, Ervin e Miriam Polster etc.

* Perls se interessou também, de perto, pela *semântica geral* de Korzybski, já mencionada.

4. Flórida

* **em 1956**: Fritz Perls estava desanimado e cansado de pregar num semideserto. Estava enfadado de sua relação com Laura. Estava cardíaco... Tinha 63 anos e achava que sua vida "acabava na indiferença geral". Sonhava em aposentar-se, para terminar seus dias em Miami, na costa ensolarada da Flórida, nas margens do Golfo do México...
Ali se instalou, arredio, ignorado por todos, *triste e deprimido*, num pequeno apartamento de aluguel barato e pouca luz. Dirigiu alguns grupos esporádicos de oito a nove pessoas, na exígua sala de estar — que nunca era limpa... Almoçava solitário num pequeno restaurante judaico do bairro. Não tinha amigos. Pela primeira vez em sua vida, renunciou às atividades sexuais — com medo de uma crise cardíaca...

* **em dezembro de 1957**, aconteceu o milagre: uma de suas clientes, Marty Fromm, 32 anos, fazia terapia com ele de quatro a cinco vezes por semana. Era tímida, neurótica, frígida e nunca fazia amor com o marido. E eis que um dia, depois de uma sessão, Fritz colocou os braços em torno de seu pescoço e a beijou... Logo os dois recobraram o

---

24. A cientologia alardeia 7.000.000 de adeptos no mundo. É atualmente considerada uma "seita" e foi condenada por tribunais de diversos países.

gosto pela vida e se tornaram amantes apaixonados. "Foi, disse Perls, a mulher mais importante de minha vida." Ele a iniciou em todas as alegrias do sexo e realizou com ela suas fantasias mais ousadas... continuando sua terapia e depois sua formação de terapeuta.

Depois disso, à procura de experiências sempre novas, entregou-se às *drogas* psicodélicas e "viajava" a cada dois dias, com LSD ou psilocibina (estrato de cogumelos sagrados mexicanos).

Sua paranóia crônica latente então eclodiu abertamente. Queria viver "sua loucura até o fim" e a droga lhe dava uma "consciência cósmica". De qualquer maneira, ele se considerava "acabado" e vivia sem limites.

Mas Marty teve dificuldade para suportar seu mergulho no delírio e na psicose e, sobretudo, seu ciúme, que se tornara patológico. Além disso, ele sofreu duas cirurgias sucessivas (hemorróidas e próstata) e Marty acabou deixando-o por um amante mais jovem.

5. Viagens

Então, um novo período errante recomeçou para Fritz.

• **em 1959 e 1960**: foi várias vezes à Califórnia, a São Francisco, a convite de Van Dusen, e a Los Angeles, a convite de Jim Simkin (um de seus primeiros clientes, que fizera terapia em Nova York, de 1952 a 1955). Viveu ali como *vagabundo* instável, sem endereço fixo, vagando de um lado para outro, dia e noite. Mas Simkin conseguiu convencê-lo a renunciar à droga.

• **em 1962 e 1963**: aos 70 anos, começou um périplo de dezoito meses ao redor do mundo e ficou alguns meses em Israel, em Ein Hod, numa pequena aldeia de jovens artistas *beatniks*. Ficou fascinado com seu modo de vida: nada fazer explicitamente, sem sentir-se culpado, mas feliz! Dedicou-se à pintura, deliciado.

Foi em seguida ao Japão, onde permaneceu em um mosteiro zen, "por curiosidade"... mas com a secreta esperança de experimentar o *satori* (a iluminação). Perls tinha praticado um pouco o zen nos Estados Unidos, com seu amigo Paul Weisz, e o zen o atraía como religião sem Deus, mas ficou decepcionado e surpreso ao ver que, antes de cada sessão, era preciso invocar uma estátua de Buda e se prostrar diante dela... Assim concluiu:

"Do ponto de vista zen, minha estadia no Japão foi um fracasso, o que reforçou em mim a convicção de que,

---

como na psicanálise, há algo errado
se forem necessários anos e décadas para chegar a nada!
O melhor que se pode dizer é que
a psicanálise engendra psicanalistas,
como o estudo do zen produz monges...

"Experimentei os dois, em posição de *lótus* na quietude do *zendo* ou deitado num divã, cuspindo rios verborrágicos. Ambos agora repousam sob sua pedra tumular, no fundo de minha lata de lixo."

6. Esalen

• **em dezembro de 1963**, Fritz Perls encontrou Michaël Murphy, que acabava de herdar uma magnífica propriedade em Big Sur (na costa californiana, 300 km ao sul de São Francisco), caracterizada pela presença de fontes de águas quentes e sulfurosas. Ele havia batizado o lugar de *Esalen*, nome de uma tribo indígena que freqüentava o lugar para suas cerimônias rituais.

Michaël Murphy e seu colega de universidade, Richard Price, sonhavam criar ali um "Centro de Desenvolvimento do Potencial Humano", mas, dois anos após a abertura do local para conferencistas famosos, ele mais parecia um albergue local do que um Centro Internacional de Seminários. Ali conversavam, bebiam, fumavam, mas nada acontecia de extraordinário. De fato, é preciso reconhecer que, em grande parte, foi *Perls que despertou Esalen para a celebridade* — e Esalen retribuiu-lhe, transformando o "velho crocodilo que esperava a morte" num brilhante e badalado terapeuta!

• **em abril de 1964**, apesar dos primeiros contatos reservados, Fritz concordou em se instalar em Esalen como "residente" e propôs laboratórios de *demonstração* e, em seguida, um programa de *formação* profissional em Gestalt. Mas seu sucesso foi lento: seus primeiros laboratórios não atraíram mais de quatro ou cinco participantes!... Isso apesar de um filme, feito em 1964, que comparava as abordagens de Rogers, Ellis (terapia "racional-emotiva") e Perls, em uma mesma cliente, Glória.

• **em 1965** Perls tinha 72 anos. Estava ainda muito cansado e com problemas cardíacos. Para descer aos "banhos" (à fonte termal natural, depois reformada), distante uns 100 metros, ele ia de carro!

Foi então que uma fisioterapeuta, Ida Rolf, lhe aplicou uma série de 50 massagens profundas de integração estrutural (*rolfing*) e manipulações vertebrais de osteopatia; ele logo perdeu as costas arqueadas e o peito cavo, e reencontrou uma nova juventude.

Dois anos mais tarde, seus laboratórios e seminários continuavam monótonos e podiam ser contados, no máximo, uma dúzia de estagiários em cada um. No entanto, uma magnífica mansão circular de madeira foi construída para ele, perto do penhasco, e ele ali promovia seus laboratórios, em uma grande sala envidraçada, com um espesso carpete... logo coberto de pontas de cigarro e queimado pelas cinzas, numa atmosfera constantemente enfumaçada... porque ele nunca arejava o ambiente!

Foi aí que, **em 1967**, ele começou a redigir suas memórias, publicadas em 1969: *In and out the garbage pail*.

• **1968** foi o grande momento do "protesto" jovem: a crise do Vietnã estava no auge; os estudantes e depois os *hippies* californianos reivindicavam o direito de viver em liberdade, a queda dos tabus, o prazer dos corpos, o direito à nudez, "o Amor, não a Guerra" e "O Paraíso já"...[25]

Esse movimento de liberação estendeu-se pelo mundo inteiro, como um rastro de pólvora. Nossa sociedade estava pronta para acolher, enfim, a mensagem da psicologia humanista e da Gestalt.

Fritz Perls *tinha então 75 anos*. Sua foto apareceu nos grandes semanários americanos. Ele foi capa de *Life*. Foi eleito "rei dos *hippies*". Era a glória!

Todos os fins de semana ele apresentava o que chamou de "seu circo". Várias centenas de pessoas se aglomeravam para ver seu "número": ele chamava alguns voluntários na multidão, lhes atribuía um número e os fazia sentar, pela ordem, no *"lugar quente"*, diante de uma *"cadeira vazia"* e, em alguns minutos, acabava com seus problemas existenciais latentes, por intermédio de suas atitudes ou de seus sonhos. Problemas que tinham resistido a anos de psicanálise desapareciam, ao que parece, para sempre, como por encanto... Mas não se tratava de *terapia* profunda, mas de *demonstrações espetaculares!*

Ele foi filmado e gravado, e extratos dessas sessões apareceram, em 1969, na obra *Gestalt-therapy verbatim*.

Especialistas eminentes se deslocavam de todas as partes para Esalen: ali podiam ser vistos, por exemplo, Gregory Bateson ("ecologia do espírito" e *double bind*), Alexander Lowen (bioenergética), Eric Berne (análise transacional), John Lilly (caixa de isolamento sensorial), Alan Watts (orientalismo), Stanislas Grof (psicologia transpessoal), John Grinder e Richard Bandler (programação neurolingüística) etc.

Mas Perls continuava irascível e com inveja do sucesso paralelo de alguns de seus colegas, como Will Schutz (que dirigia *grupos de encontro* não-verbal e publicou *Alegria*, livro que teve enorme sucesso), Bernie Gunther, Virginia Satir etc.

Fritz queria ser o único senhor a bordo, incontestado e sem rivais, e sonhava inaugurar, enfim, um *Gestalt-kibutz*, uma comunidade onde se pudesse viver a Gestalt *24 horas por dia* e onde ele se sentisse realmente "em casa". Era uma idéia que Perls sempre acalentara e que seu contato com Goodman reforçara: este último era, como se sabe, militante anarquista, leitor assíduo de Fourier e Kropotkine, e amigo de Ivan Illich, e fantasiava um mundo pacífico, composto de comunidades autogeridas, baseadas na ajuda mútua coletivista e espontânea...

---

25. O *Living Theater*, do qual Perls e Goodman eram muito próximos, representava na época "Paradise Now", *happening* provocador cujo sucesso foi considerável.

Antes de pôr em prática esse velho sonho, Fritz declarou: "Eu já disse que a terapia *individual* está ultrapassada. Hoje, vou além: penso que todas as terapias de *grupo* também estão" e procurou realizar "a Gestalt na vida"...

7. Cowichan (Canadá)

• **em junho de 1969**, ele adquiriu um velho hotel de pescadores à beira do lago Cowichan, na ilha de Vancouver, na costa oeste do Canadá. Cerca 30 de discípulos fiéis juntaram-se a ele.
Perls impôs sua lei: "Nada de crianças nem cachorros!", nada de perturbadores — ele era o Mestre absoluto! Todos viviam em comunidade, participavam do trabalho coletivo, assim como das sessões de terapia ou de formação.
Fritz viveu enfim feliz e descontraído "como uma criança": jogava xadrez, colecionava selos, brincava... e chegava até a convidar seus colegas ao restaurante, justo ele, que sempre estava "com o dinheiro contado"! Ele declarou: "Pela primeira vez na vida, estou em paz. Não preciso brigar com os outros".
No inverno seguinte, voltando de uma viagem de passeio à Europa (Berlim, Paris e Londres), parou em Chicago para dirigir alguns laboratórios e lá faleceu, em 14 de março de 1970, aos 77 anos, de infarto do miocárdio. A autópsia revelou, além disso, um câncer no pâncreas.
Em sua "elegia" fúnebre, Paul Goodman criticou-o, dizendo que ele tinha "traído a Gestalt" — isso atiçou ainda mais a querela latente entre seus antigos amigos da costa leste e os da Califórnia, que desaprovaram esses "sórdidos acertos de conta"; a tal ponto que Abraham Levitzky organizou pouco depois uma segunda cerimônia fúnebre, de "reparação"!
Assim viveu Fritz Perls, que devemos — queiramos ou não — considerar o principal *criador* e *porta-voz* da Gestalt-terapia, mesmo não tendo sido, propriamente, seu *teórico*. Foi criticado e até contestado por certos gestaltistas contemporâneos, mas nem por isso podemos ignorar que deixou sua forte marca pessoal nessa nova abordagem, considerada, nos Estados Unidos, "a inovação mais importante em psiquiatria desde Freud", e que lá conquistou, desde então, um dos primeiros lugares — senão o primeiro — entre os métodos de terapia e de desenvolvimento pessoal.

CAPÍTULO 4

A Gestalt e a psicanálise

Perls e a psicanálise

É claro que a Gestalt-terapia é filha da psicanálise — assim como as terapias reichianas e neo-reichianas (vegetoterapia, orgonomia, bioenergética, radix etc.) ou ainda a análise transacional — mas é uma filha rebelde, que herdou muito, pelo menos no princípio, da rebelião crônica de Perls contra Freud.

Com acabamos de ver, Fritz Perls fez *quatro psicanálises* sucessivas, mas todas em condições inabituais:

- a primeira, com Karen Horney, só durou um ano;
- a segunda, com Clara Happel, foi bruscamente interrompida;
- a terceira, com Eugen Harnick, durou mais tempo, mas vimos até que ponto este último era caricaturalmente passivo;
- a quarta foi com Wilhelm Reich que, pelo contrário, era particularmente intervencionista e cada vez menos ortodoxo.

Aliás, depois, Karen Horney e Reich vieram a se tornar discípulos contestadores de Freud, como comprovam seus trabalhos posteriores, publicados após sua emigração para os Estados Unidos.

Enfim, é importante salientar um fato freqüentemente negligenciado: *a importante influência indireta de Sandor Ferenczi* (especialmente de sua *técnica ativa* e de suas intervenções físicas calorosas), influência esta transmitida por vários de seus discípulos ou admiradores, que marcaram Fritz ou Laura Perls durante sua formação didática inicial e suas pesquisas posteriores: Landauer, Hitschmann, Otto Rank, Erich Fromm, Clara Thompson, Gregory Bateson, Heinz Kohut e a própria Karen Horney. Esta influência pode explicar amplamente a analogia — várias vezes evocada — entre a prática de Perls e a de Winnicott, aluno de Ferenczi, assim como seus colegas Melanie Klein e Michaël Balint.

Em resumo, é preciso assinalar que Perls não teve uma experiência "clássica" tradicional da psicanálise, apesar dos *seis anos de análise e de formação didática* (de 1926 a 1932) e de seus *vinte e três anos de prática como psicanalista* (de 1928 a 1951).

Suas críticas constantes à psicanálise tradicional *de sua época* devem pois ser situadas nesse contexto — agravado pela brutal ferida narcísica que sofreu no Congresso de Praga, em 1936, em sua entrevista abortada com Freud.

Olhando-se mais de perto, Perls critica, sobretudo, *a idéia caricatural que ele próprio forjou da psicanálise* e hoje muitos analistas não se reconhecem muito nessa imagem da análise que ele contesta.

É preciso não esquecer, enfim, que Perls e Goodman, como todos os inovadores, queriam o reconhecimento da especificidade de seu método; ora

só nos afirmamos nos opondo (Wallon)

e a conquista de uma identidade implica um reforço aparente das fronteiras e uma ênfase nas diferenças.

Controvérsias

Como não tenho vocação para *kamikaze*, não tentarei uma comparação sistemática e profunda entre a psicanálise e a Gestalt, tarefa arriscada e que atrairia críticas violentas e motivadas de todos, tanto mais variadas quantas forem as leituras dos princípios de cada um dos especialistas, para justificar, a *posteriori*, os componentes mais ou menos específicos de sua prática pessoal!... Como observou C.G.Jung:

"As diferenças teóricas remetem, em última análise, às diferenças entre as personalidades: cada um escolhe um modelo que corresponde à sua estrutura psíquica".

E por falar em modelo, Perls gostava de uma história, contada por seu aluno Abraham Levitsky:

"Era uma vez um americano que fabricava xícaras de chá. Ele criara uma, original, mas que ficaria caro produzir nos Estados Unidos. Decidiu então mandar fabricá-la no Japão, em escala industrial. Durante o transporte, a asa se quebrou. Os japoneses, que imitam com perfeição, produziram xícaras cuja asa era, da mesma forma, quebrada."

Assim, segundo Fritz Perls, Freud — que tinha fobia de olhar as pessoas de frente — resolvera o problema colocando seus pacientes de frente para a parede. E, a partir de então, os psicanalistas copiaram a asa quebrada da xícara, da mesma forma.

...E algumas das falhas de Fritz, por sua vez, também influenciaram vários gestalt-terapeutas!

É claro que no rápido resumo da psicanálise que se seguirá, não tive a pretensão de resumir as teses principais dos autores evocados, porém, mais modestamente, apenas assinalar alguns pontos de convergência ou de divergência *em relação à Gestalt*.

Fritz contesta Sigmund

A cada um o que lhe é de direito! Comecemos, então, por Sigmund Freud (1856-1939), antes de interpelar seus amigos — fiéis ou infiéis.

De fato, Perls contesta vários pontos *fundamentais*, tanto da *teoria* quanto da *técnica* freudiana ortodoxa: o inconsciente, o primado da sexualidade infantil, o papel do recalque na gênese das neuroses, o complexo de Édipo, a angústia da castração, o instinto de morte, a utilização da neurose da transferência no tratamento, a neutralidade benevolente, a regra da abstinência etc.

O inconsciente

O inconsciente freudiano parece-lhe reunir, abusivamente:

* por um lado, sentimentos antes conscientes, depois *recalcados;*
* por outro, impressões *que nunca atingiram a consciência*; enfim, sensações *fisiológicas* que não podem ser conscientizadas — tais como processos vegetativos ou de crescimento... Ele prefere então falar de "não consciente no momento" e estudar o *processo* atual de recalque, mais do que o *conteúdo do material recalcado*.

É evidente, no entanto, que Perls "*não nega o inconsciente*" — como às vezes alegam pessoas mal informadas... ou mal intencionadas! Ele apenas propõe o acesso a ele por outras vias, diferentes das associações verbais ou do sonho: especialmente pela escuta do corpo, das sensações, da emoção.

Em suma, Perls acha que, com a observação atenta dos *fenômenos de superfície*[1] atuais, pode-se aprender tanto sobre eles quanto nas len-

---

1. Os movimentos na superfície permitem supor os movimentos das profundezas. E "quando se tem água na torneira, porque se estafar tirando água de um poço profundo?" (Perls). Como metáfora, pode-se também assinalar que o conhecimento de uma circunferência permite determinar o centro com precisão, mas a recíproca não é verdadeira.

tas "escavações arqueológicas", que tendem a exumar "pseudo-recordações da infância" — de qualquer forma, amplamente falseadas pelas reelaborações ulteriores.

A neurose

Além disso, Perls dá muita importância às *necessidades* fisiológicas *orais e cutâneas* (fome e necessidade de contato), fundamentais à sobrevivência individual, e anteriores à pulsão sexual propriamente dita.

Para ele, a *neurose* é consecutiva à soma das *"Gestalts inacabadas"*, ou seja, às necessidades interrompidas ou insatisfeitas, mais do que aos desejos proibidos pela sociedade ou recalcados pela censura do superego ou do ego. A neurose nasceria então, essencialmente, de um *conflito entre o organismo e seu meio* (a mãe, o pai, os outros) e, por isso, revela-se principalmente na *fronteira de contato* entre o indivíduo e o meio em que vive.

A transferência

A transformação deliberada da *transferência* espontânea do cliente em *"neurose de transferência"*, supostamente análoga à neurose infantil e artificialmente sustentada pelo analista (cuja atitude de distanciamento em uma *neutralidade benevolente* ela justifica), lhe parece um desvio inútil e até perigoso.[2] Ela contribui para *prolongar* consideravelmente o tratamento, induzindo uma *dependência* excessiva, que pode alienar o cliente durante anos (proibindo-lhe, por exemplo, de assumir decisões importantes em sua vida cotidiana). Por outro lado, pode favorecer e alimentar mecanismos *projetivos* — que Perls considera uma resistência em ver a realidade social de frente e uma fuga diante da responsabilidade.

Ele preconiza então aquilo que chamo de *"envolvimento controlado"*, que permite um contato mais mobilizador, de pessoa para pessoa. No entanto, as interferências da transferência não são negadas, mas apontadas à *medida em que aparecem*, e ela não constitui o motor principal da terapia: é então a *estratégia terapêutica* que difere.

How and Now[3]

De modo mais geral, ele acha que qualquer *busca explicativa* das causas de uma perturbação nos traumas da primeira infância pode cons-

---

2. Como veremos mais adiante (capítulo 9), essa desconfiança excessiva em relação à *transferência* não é mais compartilhada pela maioria dos gestaltistas (muitos deles com uma trajetória psicanalítica). Eles a levam em consideração, porém explorando mais a *contratransferência* (ou transferência do terapeuta) do que a transferência do cliente. Cf. Juston, D. *Le transfert en Gestalt-thérapie et en psychanalyse.* Ed. Pandore, Lille.
3. Para Perls, a Gestalt pode ser resumida em quatro palavras (que rimam, em inglês): *"I and Thou, How and Now"* (Eu e Tu, Agora e Como).

tituir uma *justificativa defensiva que reforça* a neurose, em vez de combatê-la. Assim, por exemplo, se chego à conclusão de que "sou impotente porque minha mãe me superprotegeu e porque ela esmagava meu pai", isso "desculpa" minhas dificuldades atuais e permite que eu me acomode em um determinismo fatalista. Como Lacan, pode-se dizer:

> *"A interpretação alimenta o sintoma"*

ou seja, ela o sustenta e o aumenta num primeiro momento, conferindo-lhe um sentido, enquanto uma análise atenta da *maneira* como a perturbação se manifesta hoje, e dos eventuais *benefícios secundários* que me proporciona *agora*, pode me incentivar a renunciar a ele mais facilmente:

- é o *"como"* e o *"para que"*, em vez do "por que";
- o *presente*, em vez do passado;
- a *responsabilidade*, em vez da submissão pessimista a um fatalismo oneroso.

Entretanto, o próprio Perls assinala:

> "Em nenhum caso nego que tudo tenha uma origem no passado e tenda para um desenvolvimento ulterior, mas o que eu gostaria de deixar claro é que o passado e o futuro se referem continuamente ao *presente*, e devem voltar a ser ligados a ele. Sem referência ao presente, perdem seu sentido".[4]

Além disso, a análise do passado — mesmo bem sucedida — nem sempre é suficiente, pois "os sintomas costumam se manter, apesar da conscientização da representação recalcada" (Reich, *Análise do Caráter*. 1933).

Poder-se-ia dizer que a Gestalt propõe, de certa forma, uma *inversão do processo* de cura: em *psicanálise*, se supõe que a conscientização acarrete uma modificação do vivido, enquanto em *Gestalt* as modificações do vivido — por meio da experiência — permitem uma mudança do comportamento, acompanhada de uma eventual conscientização. Para os psicanalistas, o desaparecimento do sintoma é um "luxo", para os gestaltistas, é a conscientização que é assim considerada.

Psicoterapia individual e em grupo. Palavra e interação

Em análise, a relação dual verbal, na privacidade do consultório, pode vir a dar margem ao desenvolvimento de *pensamentos* mórbidos (depressivos, por exemplo), ou ainda à evocação de *fantasias* — às ve-

---
4. Perls, F. *Ego, hunger and agression*. Durban (África do Sul). 1942.

zes no limite do delírio —, isso sem nenhum confronto com a "realidade social" exterior.

Assim, por exemplo, posso me perceber e me descrever como particularmente "sedutor e empreendedor" (com toda boa fé), enquanto que, numa situação real de *grupo*, envolvendo a fala e a *interação*, poderiam rapidamente aparecer traços bem diferentes.

Tomemos um exemplo comum: como se pode discernir, numa terapia *individual*, ainda mais quando ela tem um suporte exclusivamente *verbal*, uma propensão narcísica exagerada para monopolizar, a todo o instante, a atenção geral com um falatório permanente?

Não é raro que *aquilo que é falado esteja em discordância patente com o comportamento gestual ou social*. Ora, este último encontra-se reduzido ao mínimo na situação psicanalítica costumeira, em que o "paciente" fica "passivamente" deitado num divã, privado de qualquer movimento e até do simples contato visual com o terapeuta.

A neutralidade benevolente

Na realidade, a *psicanálise nunca é neutra*: o cliente percebe intuitivamente seus sentimentos profundos, mesmo se estiverem sob controle. O psicanalista Sacha Nacht observa, a respeito:

> "Durante muito tempo, os analistas estiveram persuadidos de que podiam 'dominar' e até eliminar suas próprias reações contratransferenciais inconscientes com a atitude de *neutralidade*. Sabemos hoje que a *contratransferência é tão fecunda no trabalho analítico quanto a transferência*".[5]

Além disso, o cliente procura satisfazer inconscientemente as *expectativas* de seu terapeuta (que ele sente ou projeta nele): por exemplo, leva "belos sonhos" ou ainda uma "situação edipiana" padrão...

O peso da teoria e das normas

Na prática, o analista, que pressupostamente sabe interpretar, costuma ser vivenciado como mais apto a "julgar" — apesar de seu silêncio e da neutralidade alardeada —, do que o terapeuta gestaltista, que compartilha seu sentimento pessoal e até seu ponto de vista — se expondo assim, deliberadamente, à eventual contestação do cliente.

Como a psicanálise se fundamenta num *corpo dogmático* solidamente elaborado, o cliente sente-se às vezes (com ou sem razão) "catalogado", "etiquetado" numa categoria nosográfica determinada. *Ele*

---

5. Nacht, S. *La thérapeutique psychanalytique*. Paris. 1967.

deve encontrar seu lugar na teoria, considerada universal, e nem sempre se sente respeitado em sua *singularidade*.

Sobre isso, Perls fala, de forma meio caricatural, de:

- *"apatia"* freudiana (abstinência, neutralidade, até frieza);
- *"empatia"* rogeriana (vibrar com o outro, "se pôr em seu lugar");
- *"simpatia"* gestaltista (relação autêntica *"Eu-Tu"* entre duas pessoas, em que cada uma tem seu espaço).

Assim, com suas regras numerosas e estritas, a psicanálise parece, às vezes, *normativa*, propondo objetivos de socialização e de adaptação: por exemplo, a homossexualidade ainda é chamada por ela de "perversão".

A Gestalt, pelo contrário, apresenta-se claramente mais liberal, sem a *prioris*, classificações ou expectativas implícitas do terapeuta em relação ao cliente. É preciso reconhecer, entretanto, que essa atitude *anômica* arrisca-se a constituir, paradoxalmente, uma nova norma: *"Devemos... não ter normas!"*, levando assim a uma espécie de *"conformismo do anticonformismo"*!

Elitismo e democracia

Enfim, como não enfatizar o limitado impacto *terapêutico* da psicanálise, que só é acessível a uma camada social restrita, uma espécie de *aristocracia*, não só por razões *financeiras*, mas também porque requer uma aptidão suficiente para a *verbalização* do vivido.

A Gestalt, pelo contrário — como a maioria das outras abordagens da psicologia humanista — utiliza uma linguagem mais espontânea e polivalente (verbal e não verbal) e, além disso, o recurso freqüente à terapia em grupo torna-a *acessível a todos os meios e a todas as idades*. Pude participar, em São Francisco, de laboratórios *abertos aos passantes*, nos quais *hippies*, mendigos ou drogados, jovens ou idosos, entravam, no começo por curiosidade, e depois voltando regularmente para procurar, à sua maneira, seu equilíbrio interior, em troca de alguns dólares.

Assinalemos ainda, de passagem, que um psicanalista clássico só pode tratar, durante toda sua carreira, de um número *restrito* de pacientes (a maioria de uma mesma camada social): este número raramente ultrapassa uma ou duas centenas — à razão de três a quatro sessões por semana, durante quatro a cinco anos em média. Um gestaltista, por sua vez, praticando terapia individual ou *em grupo*, pode conhecer e tratar de um a vários *milhares* de pessoas — à razão de, por exemplo, um grupo por semana ou de um laboratório intensivo por mês, por um ou dois anos em média — paralelamente a uma clientela individual.

Após essas diversas críticas à psicanálise, lembremos agora alguns pontos em que Perls *se mantém próximo de* Freud:

A compulsão de repetição

Perls retém a noção freudiana de compulsão de repetição, mas esta tendência estaria ligada, segundo ele, às necessidades insatisfeitas, às "Gestalts inacabadas" — cuja propensão intrínseca a se "fecharem" foi mostrada por Zeigarnik.

A ambivalência

O tema freudiano da ambivalência — desenvolvido, aliás, por Jung — tem seu corolário, em Gestalt, no trabalho de *integração de "polaridades"* opostas, tais como: amor/ódio, violência/ternura, autonomia/dependência, aventura/segurança, masculinidade/feminilidade etc.

O sonho

Já assinalamos que o sonho é largamente utilizado nas duas abordagens, embora de formas diferentes: em análise, ele serve de base às *associações verbais* e, eventualmente, dá margem a uma *interpretação*.

Em Gestalt, a *identificação* sucessiva com os diversos elementos do sonho também acarreta associações, em geral acompanhadas de reações emocionais, eventualmente ampliadas por uma *atuação* psicodramática deliberada.

As resistências

"Durante toda sua vida, Freud não deixou de considerar a *interpretação da resistência, e a da transferência*, como características *específicas* de sua técnica. Mais ainda, a transferência deve ser parcialmente contida por uma resistência, na medida em que substitui a exteriorização repetida pela lembrança verbalizada...

Freud distingue cinco formas de resistência: o recalque, a resistência à transferência, o benefício secundário da doença, a resistência ao inconsciente e ao superego".[6]
(Laplanche e Pontalis)

Também em Gestalt é evocada a noção de *resistência*, mas sua definição é diferente. "Em nossa perspectiva, a resistência merece ser levada em consideração: *ela não é um muro a ser derrubado, mas uma força criadora* na abordagem de um mundo difícil."[7]

---

6. Quanto aos *mecanismos de defesa*, Anna Freud relaciona vários deles: recalque, regressão, formação reacional, isolamento, anulação retroativa, projeção, introjeção, retorno sobre si, reviravolta, sublimação, negação fantasiosa, idealização, identificação com o agressor etc.
7. Polster, E & M. *Gestalt therapy integrated*. Nova York. Vintage Books, 1973.

Assinalemos ainda, por enquanto, a interpretação *oposta*, quanto aos *desvios* do cliente em relação à *instrução* terapêutica básica ou "regra":
* em psicanálise, o *gesto* é geralmente considerado uma resistência à verbalização: *acting-out* ou exteriorização durante a sessão, prejudicando a análise verbal.
* em Gestalt, pelo contrário, em geral é a *verbalização prematura* que é considerada uma resistência contra se deixar levar pelo sentimento, que permitiria a emergência da vivência profunda associada (*"racionalização defensiva"*).

A catarse por ab-reação emocional

De fato, o trabalho em Gestalt se ancora em geral na *sensação corporal* do "aqui e agora", mas esta evoca em geral cenas passadas, que "sobem à superfície" e são *revividas* no presente.

Enquanto, em psicanálise, é a evocação verbal de uma lembrança que pode induzir uma emoção atual, em Gestalt, é principalmente a *sensação corporal presente que induz a emoção*, a qual, por sua vez, evoca uma lembrança:

> **Robert**: Sinto uma opressão no peito...
> **Terapeuta**: Guarde essa impressão... *Intensifique-a... Descreva-a.*
> **Robert**: Sinto-me esmagado... Sufocado... Sinto-me impotente... Tenho medo...
> **Terapeuta**: Tente fechar os olhos... Continue a sentir essa sensação de opressão e esses sentimentos ainda *mais forte...* Deixe vir o que vier...
> (*Robert fecha os olhos; sua respiração se acelera; dir-se-ia que sufoca; seus braços se estendem, dedos afastados...*)
> **Robert**: Sinto-me sufocado... Não posso mais respirar — como em minhas crises de asma...
> **Terapeuta**: Deixe vir tudo... *sem tentar compreender por enquanto...* Deixe seu corpo agir: deixe as mãos se moverem...
> (*Suas mãos exploram ao redor, tateando*)
> **Robert**: Estou sufocado... Tenho medo... Estou no escuro... Me sinto como que fechado em uma cela... *Quando eu era pequeno, minha mãe me fechava sempre em um quarto quando eu fazia alguma besteira.* Uma vez, eu devia ter uns seis anos, ela me esqueceu lá — ou me deixou de propósito — por toda a noite...
> **Terapeuta**: Sim... *Fale no presente*: você *tem* seis anos, você *está aí*, sozinho num quarto escuro... e se sente sufocado...
> **Robert**: Sim... Tenho medo... Me sinto abandonado (*suspiro*)... Vou morrer...
> **Terapeuta**: Você ainda tem seis anos... Diga tudo isso *diretamente* à sua mãe: "Mamãe, vou morrer, não me abandone..."

Robert: *(Gritando)* Mãe! Onde está você? Deixe-me sair! Estou sufocando! Estou sufocando!... Vou morrer!...
Terapeuta: Mais alto! Não tenha medo de gritar, se quizer... Chame-a mais, se tiver vontade... *Diga-lhe tudo o que lhe vem na cabeça...*
(...Segue-se um longo trabalho (cerca de uma hora) de "revivescência" de uma situação infantil traumatizante e outras seqüências associadas.)

De fato — assim como na psicanálise — pouco importa se as lembranças são exatas ou reelaboradas: o importante é que a situação seja vivida *com uma intensidade emocional* suficiente, despertando as angústias ocultas, *associadas a sensações corporais atuais.*[8]

O próprio Freud declarou, em 1893, antes de ficar chocado com as reações catárticas de alguns de seus clientes, que ele não sabia controlar: "A revivescência de uma lembrança traumatizante *só é curativa se for emocional*: assim, o efeito catártico reside em uma ab-reação afetiva".

Gestalt, psicanálise e comportamentalismo

A Gestalt se situa, com toda a corrente chamada de "humanista", em uma "terceira via" em relação à psicanálise e ao comportamentalismo:

• Assim por exemplo, em **psicanálise** tradicional, o sintoma é às vezes relegado ao segundo plano, considerado de certa forma como uma simples sinalização no caminho da autodescoberta. Busca-se a conscientização progressiva do recalcado por uma abordagem global da personalidade profunda, por meio da análise da transferência e das resistências e graças à interpretação. A "cura" viria, supostamente, "por conseqüência" e Freud recomendava desconfiança do "furor de curar".

A visão do homem é *subjetiva* e principalmente *pessimista* (determinismo esmagador da primeira infância, tendências "perversas polimórficas" naturais etc.).

• Na abordagem **comportamentalista**, pelo contrário, só o sintoma é tratado, devido à preocupação com a eficácia e "por respeito à demanda explícita do cliente", que veio consultar-se por causa disso e, em geral, não pede mais nada. Não se propõe um terno completo e caro ao cliente que entrou para comprar uma gravata!

Técnicas precisas de *descondicionamento* e de *dessensibilização* (Wolpe) permitem, em geral, o desaparecimento rápido do sintoma, por

---
8. Ver, no capítulo 11, nossas hipóteses sobre uma *"fenda límbica"* no cérebro, ligada à revivescência emocional de lembranças.

exemplo, no caso de fobias ou problemas sexuais, mas isso sem remodelação global da personalidade. Acrescentemos, de passagem, que os *"deslocamentos sintomáticos"* (aparecimento de novos sintomas em substituição), às vezes apontados, são, estatisticamente, bem mais raros do que os analistas levam a supor. Apontam-se, pelo contrário, freqüentes "reações em cadeia" positivas.[9]

A visão do homem se pretende *objetiva e realista* (pressão forte — mas modificável — do meio e das aprendizagens).

• Em **Gestalt**, o sintoma é considerado um *chamado* específico da pessoa: é a linguagem que ela "escolheu", mesmo inconscientemente. Nós o ouvimos, assim, com atenção e respeito. Encorajamos mesmo sua expressão máxima, *intensificando-a para melhor escutá-lo*. O sintoma, especialmente o corporal, será geralmente a "porta de entrada" que permite um contato mais profundo com o cliente.

A visão do homem é aqui *intersubjetiva* e deliberadamente *otimista*, acentuando a riqueza do *potencial* explorável em cada um.

A Gestalt como "prolongamento da psicanálise"?

Pode-se dizer, afinal de contas, que a Gestalt, longe de *opor-se* à psicanálise, retoma esta última em sua fonte e *dá continuidade* a ela segundo sua ótica original — que o contexto cultural da época, assim como a personalidade de Freud não permitiam explorar mais a fundo? É uma posição sedutora...

De fato, Perls propunha *"uma revisão da teoria de Freud"* — de acordo com o subtítulo inicial de sua primeira obra, *Ego, hunger and agression*, publicada pela primeira vez em 1942, na África do Sul.[10]

No entanto, se nos referirmos às *condições mínimas colocadas pelo próprio Freud*, a Gestalt não pode ser considerada, honestamente, uma abordagem psicanalítica. De fato, Freud escreveu, em 1922, num artigo intitulado *As pedras angulares da terapêutica psicanalítica:*

> "A afirmação concernente à existência de processos mentais inconscientes, a adesão à teoria da resistência e do recalque, a importância atribuída à sexualidade e ao complexo de Édipo: esses são os pontos essenciais de que trata a psicanálise, e também os fundamentos de sua teoria. *Quem não os aceita de forma global, não poderá se incluir no rol dos psicanalistas"*.

---

9. Assim, por exemplo, a cura de uma impotência sexual pode ser seguida do desaparecimento de acidentes de carro (ligados a um mal-estar do esquema corporal) e de crises de cólera (que davam uma ilusão de poder).
10. Este subtítulo foi suprimido na *segunda edição*, publicada em Londres (1947), e nas seguintes, publicadas nos EUA (1966 e 1969).

Eis Perls riscado da lista, sem apelação!... Mas, afinal, ele não foi o único "excomungado" pelo Mestre: Adler, Jung, Stekel, Rank, Reich e vários outros compartilharam a mesma sorte!

Hoje, no entanto, a psicanálise está em plena evolução e até podemos imaginar, daqui a algum tempo, uma "recuperação" da Gestalt-terapia em seu seio...

Alguns colaboradores, sucessores ou dissidentes de Freud

O âmbito desta obra infelizmente não me permite discutir o *conjunto de suas contribuições*; assim, limitar-me-ei a lembrar, num quadro muito sumário (ver página seguinte), *alguns pontos específicos* relativos ao nosso tema: este quadro não visa, assim, *de forma alguma, resumir o essencial de suas obras*, mas simplesmente apontar algumas *analogias com a teoria e a prática da Gestalt-terapia*.

Depois disso, voltarei mais detalhadamente aos trabalhos de quatro autores próximos da Gestalt: Ferenczi, Jung, Winnicott e Reich.

Sàndor Ferenczi (1873-1933)

Agrada-me contribuir para a reabilitação desse "mal-amado" entre os psicanalistas, cujos escritos controvertidos datam de mais de 50 anos e tratam de temas atualmente no cerne da pesquisa psicanalítica. Parece-me, de fato, como já disse, que ele é um dos *verdadeiros precursores da Gestalt-terapia*, o "avô" da Gestalt.

Infelizmente, por muito tempo sua lembrança foi empanada pelas querelas internas relacionadas sobretudo à "análise leiga" ou "profana",[11] assim como pelo ciúme de Ernest Jones,[12] biógrafo oficial de Freud.

Não resisto ao prazer de citar longos trechos de um texto de Sàndor Lorandt, extraído do livro de Einsenstein *Psychoanalytic Pioneers*:[13]

"Ferenczi era o 'romântico' entre os psicanalistas, considerado como 'criança rebelde' por seus colegas; Freud chamava-o de 'meu querido filho'. Freud considerava suas contribuições 'ouro puro'...
A partir de 1908, eles se tornaram amigos íntimos, o que duraria até o fim da vida de Ferenczi. Ele fez sua análise pessoal com Freud e

---

11. Ou seja, destinada a *não-médicos*. Ferenczi acreditava realmente que os educadores deveriam fazer uma análise e não colocava objeções a que um educador se tornasse um terapeuta qualificado. Essas posições lhe custaram muitas inimizades, sobretudo nos EUA.
12. Ernest Jones acreditava que Ferenczi "conspirava contra ele"... Chamava-o de "o louco de Freud" — enquanto este o considerava "seu grão-vizir secreto" (Freud, 1929).
13. Eisenstein F. & M. *Psychoanalytic pioneers*. Nova York. Ed. Nova York/Londres. Basic Books, 1960.

Alguns psicanalistas e a Gestalt

psicanalistas	nasc.	morte	idéias e práticas análogas à Gestalt-terapia
Sigmund Freud	1856	1939	(*ver acima...e por todo o livro!*)
Georg Groddeck	1866	1934	abordagem *holística e psicossomática* do doente; o corpo está nas palavras e inversamente; o inconsciente é somático *acompanhamento* do cliente, evitando qualquer interpretação; não há limite normal/patológico: doença = criação positiva.
Alfred Adler	1870	1937	terapia "educativa" que visa desenvolver a autonomia e a afirmação pessoal
Sàndor Ferenczi	1873	1933	atenção às reações do corpo do cliente: funda a *bioanálise; neocatarse; técnica ativa; atuação corporal*; gratificação; maternagem (para casos *borderline* ou psicóticos); importância da *introjeção*; *elasticidade técnica*: cada um procura seu próprio estilo.
C. G. Jung	1875	1961	atitude ativa e *envolvida* do terapeuta; "espelho" e parceiro; importância da equação pessoal do terapeuta (estilo próprio); abordagem mais clínica e *humanista* do que teórica; inconsciente = reservatório de *potencialidades* e não passado recalcado; procura a *individuação*; recurso ao diálogo interno; experiência vivida, atenção dada ao processo; auto-regulação; orientalismo, simbolismo, imaginário; polaridades.
Melanie Klein	1882	1960	importância das pulsões *orais agressivas* precoces; importância do corpo e da *contratransferência corporal*; introdução da *terapia pelo jogo*; ambivalência amor/ódio, objeto bom/objeto mau (polaridades).
Otto Rank	1884	1939	abreviar a duração do tratamento (ab-reação do trauma de nascimento); elementos do *sonho* como projeções do adormecido; neurose = obra de arte fracassada: daí a terapia da *criatividade*.
Karen Horney	1885	1952	importância do *meio* cultural, dos fatores atuais; angústia existencial básica; daí o clima caloroso de segurança; perspectiva *finalista*: benefícios secundários dos distúrbios.
Donald Winnicott	1896	1971	esclarecimento *fenomenológico*: processo, experiência vivida; relação precoce com o *meio*: noção de necessidades; utilidade das intervenções de apoio (*holding, handling...*); lugar do jogo, da criatividade, *objetos e espaços transicionais*; o *self* (e o *falso-self*).
Wilhelm Reich	1897	1957	lembranças e emoções registradas no corpo (que "fala") reunificar as partes separadas; *sexualidade genital e agressividade* como pulsões vitais; primado do *como* sobre o *porque*, da forma sobre o conteúdo, da experiência do *aqui e agora* sobre o passado.

© Serge Ginger. 1986.

passaram juntos muitos verões...[14] Em 1909, Freud pediu a Ferenczi que o acompanhasse aos EUA... Lá, com muita freqüência, caminhavam juntos pela manhã, antes da conferência de Freud, e muitas vezes Ferenczi lhe sugeria o tema do dia (Freud, 1933).
De todos os discípulos de Freud, Ferenczi foi aquele que deu o maior número de contribuições originais à psicanálise. Não foi só um grande mestre que, como dizia Freud, 'fez de nós todos seus alunos', mas também um organizador ímpar".

Foi ele que propôs, em 1910, por sugestão de Freud, a criação da Associação Psicanalítica Internacional. Ele criou também a primeira cátedra mundial de ensino universitário de psicanálise.

Mas é preciso voltar à Gestalt, enumerando rapidamente *algumas* das inúmeras idéias e práticas de Ferenczi, emprestadas, desenvolvidas ou recuperadas por Perls e seus sucessores.

Em 1908, Ferenczi enunciou o conceito de *introjeção*, retomado por Freud em 1921.

Ferenczi era *muito atento ao corpo*: observava os pequenos movimentos, as modificações corporais, as mudanças de voz que acompanham as associações e interpretações verbais. Sem dúvida, foi o primeiro a falar de *inconsciente biológico* e fundou o que chamou de *"bioanálise"*. Não hesitou em propor exercícios *físicos* durante o tratamento — entre os quais o "enraizamento" ou "*grounding*", caro aos bioenergéticos (e alguns gestaltistas). Praticou a *neocatarse* e seus clientes chegavam a níveis próximos do *transe*.[15]

Ferenczi sempre enfatizou que o psicanalista devia trabalhar com os componentes próprios à sua personalidade, com *"elasticidade técnica"*. Este princípio continua sendo caro a todos os Gestalt-terapeutas, que buscam deliberadamente seu *"estilo"* pessoal específico.

Em 1920, a conselho de Freud, ele inaugurou sua *"técnica ativa"*, que lhe valeria depois muitas críticas: de fato, suas intervenções eram orientadas de *acordo com as necessidades do cliente* e quase sempre apresentadas sob a forma de sugestões abertas ou proposições de dramatização corporal simbólica das fantasias. É preciso destacar que Ferenczi especializou-se progressivamente em casos difíceis, casos limite ou *"borderline"*, recusados pela maioria de seus colegas analistas[16] e que requeriam, evidentemente, adaptações específicas da técnica ortodoxa de tratamento.

---

14. E viajaram muitas vezes juntos aos EUA, Holanda, Itália e França. Sabemos que Freud, no início, não separava a psicanálise de suas relações pessoais. Aliás, ele analisou sua própria filha, Anna, assim como Jung analisou sua própria mulher.
15. "Transe", do latim *trans-ire* : "ir ao outro lado, ultrapassar". Trata-se de uma *transição*, de uma *passagem*, de uma espécie de iniciação, e não, forçosamente, de uma crise histeriforme.
16. Muitos de seus clientes já tinham feito, com outros analistas e sem sucesso, longas terapias de mais de dez anos.

É preciso lembrar aqui que o próprio Freud estava longe de ser sempre *neutro* ou *frustrante*: ele falava bastante durante as sessões, eventualmente dava conselhos... e, às vezes, até ajuda financeira! Ele entrava em controvérsia a esse respeito com Ernest Jones, que considerava "muito radical" e escreveu, em 1918:

> "Não podemos evitar receber em análise pessoas tão fracas de caráter, tão incapazes de se adaptarem à vida que nos obrigam a associar, em função delas, a influência *educativa* à influência *analítica*. (...) Para a maioria de nossos pacientes, nos vemos obrigados a agir, às vezes, como educadores e conselheiros".[17]

Assim, a partir de 1927, Ferenczi renunciou à posição tradicional sistematicamente frustante, para aparecer, ao contrário, se fosse o caso, como uma imagem *gratificante*, deliberadamente positiva, até *maternal*, e dava aos seus clientes sinais de afeição *verbais e físicos*, que podiam chegar à troca de beijos, numa ternura erotizada, propondo-lhes assim experiências narcísicas "reparadoras", compensando uma carência precoce de ternura.

Durante sua análise didática com Landauer e Hitschmann, Fritz e Laura Perls foram iniciados nas técnicas ativas de maternagem e "reparentagem", principalmente para clientes gravemente perturbados, e Laura Perls praticava-as nos anos 1940 no contexto de suas psicanálises.

Encontramos atitudes mais ou menos similares em Winnicott (*holding*), em Casriel (*bonding*), em Frans Veldman (*haptonomia*), e em vários gestaltistas (principalmente aqueles formados na Califórnia).[18]

Talvez não seja inútil, para finalizar essa relação, assinalar que foi ainda Ferenczi que mais insistiu[19] na instauração da *análise obrigatória* pessoal, chamada de "didática", *para todo futuro analista*, vendo aí "a segunda regra fundamental da psicanálise" (1927). Inclusive instituiu exigência de um controle ou de uma *supervisão* para os clínicos iniciantes.

Carl Gustav Jung (1875-1961)

Conheceu Freud em 1907 e foi "fulminante". Tornou-se seu amigo, seu discípulo preferido e depois seu "delfim". Freud o escolheu (com

---

17. Freud, S. "Os novos caminhos da terapêutica".
18. O *bonding* consiste em encostar em alguém por um certo tempo, corpo contra corpo, em posição em pé ou deitada. A *haptonomia* ("ciência do toque") visa obter um sentimento de *segurança básica* por um contato não-verbal, que pode se estabelecer, principalmente, com o feto no útero.
Assinalemos, de passagem, que Jacques Lacan, sem falar muito disso, não parou de praticar também o "contato físico protetor", assim como C. G. Jung. Sacha Nacht, analisado por Freud em 1936, desenvolve a idéia da "bondade incondicional do médico" e, citando Ferenczi, da importância para o doente de encontrar no analista "o amor que lhe faltou nos pais".
19. A idéia inicial parece ter sido sugerida por C. G. Jung.

Ferenczi) para acompanhá-lo aos EUA por sete semanas... Mas, em 1912, veio o rompimento.

Não cabe aqui resumir sua obra monumental (mais de *20 volumes*), mas devemos assinalar a importância particular de seu impacto sobre os gestaltistas de hoje, que encontram nele inúmeras noções e conceitos que lhes são mais ou menos familiares, tais como:

• a *atitude ativa* do terapeuta, ao mesmo tempo "espelho" e *parceiro*, que se permite sair de sua reserva e dialogar com o cliente, informando-o *sobre o que sente*. O paciente não é para ele "um ser subordinado, que estendemos num divã enquanto nos mantemos atrás, como um deus, que de vez em quando pronuncia uma palavra". Ele é um ser humano, que podemos ajudar e amar, inclusive fora do tratamento. Pode-se dizer que "a psicologia de Jung é uma psicologia da *mãe*, enquanto a de Freud é a do *pai*".[20]

• o psicanalista junguiano *trabalha com "sua equação pessoal"*, da qual não deve procurar livrar-se mas, pelo contrário, deve se esforçar para levá-la em consideração: ele mesmo pàrticipa da experiência e não procura uma objetividade ilusória, mas uma *subjetividade esclarecida*.

• a abordagem *clínica e humanista* prevalece sobre a metapsicologia *teórica*. A terapia vai ao encontro do desenvolvimento pessoal e da busca da sabedoria. Ela é possível em qualquer idade: "A psicoterapia não trata de neuroses, mas de *seres humanos*".[21]

• no que diz respeito à *neurose*, sua posição é semelhante à de Perls: "Uma neurose é sinal de um acúmulo de energia no inconsciente, a ponto de se tornar uma carga capaz de explodir".[22] Para ele, a neurose está ligada à recusa em reconhecer a autonomia e a *riqueza criadora do inconsciente* individual e coletivo. A cura decorre de uma reunificação da pessoa ou *individuação*. Aqui — como em Gestalt — o inconsciente é considerado um *reservatório de potencialidades* futuras e não um depósito de material passado recalcado.

• Jung se aproximou das *filosofias orientais*: estudou longamente o budismo zen, o taoísmo, o tantrismo, o *Livro Tibetano dos Mortos*, o *I Ching*. Os traços dessa proximidade natural com o Oriente podem ser encontrados em sua obra sob várias formas:
• concepção *não-voluntarista*, não puramente intelectual do trabalho pessoal;
• ênfase na *experiência vivida*;

---

20. Expressão relatada por A. Nataf, em *Jung*. Col. "Le monde de...", Paris, M. A. ed., 1985.
21. Jung, C. G. *A cura psicológica*.
22. Jung, C. G. *Metamorfoses e símbolos da libido*.

- receptividade aos *sinais* exteriores, como reflexos das disposições interiores;
- referência constante à *complementariedade dos opostos*;
- pensamento simbólico *em imagens*, mais do que em conceitos;

Para terminar essa relação bem incompleta, cito ainda rapidamente alguns outros pontos comuns no domínio dos *métodos e técnicas*:

- Jung — como Perls — interessava-se mais pelo *processo* psíquico em curso do que pelas estruturas profundas.

- Atribuía um lugar central à *projeção*, da qual a transferência pode ser uma manifestação.

- Preconizava o *diálogo interior*, numa espécie de "teatro interior" com as partes "personificadas" do cliente: por exemplo, personagens dos sonhos ou ainda o *animus* e a *anima*.

- Poder-se-ia evocar ainda a utilização do *sonho-desperto*, das *"mandalas"*, dos símbolos, as técnicas de *amplificação* preconizadas no trabalho com sonhos, a *inflação* do eu como etapa do tratamento (cf. *egotismo*, em Gestalt), assim como, de maneira mais geral, todo o interesse pelo *sintoma* como linguagem atual significativa, pela *auto-regulação* interna (*homeostase* dos biólogos, termo amplamente retomado por Perls) e pela dialética entre a pessoa e o mundo exterior (*fronteira de contato* da Gestalt)...

Donald W. Winnicott (1896-1971)

Um dos psicanalistas contemporâneos cujas teses são as mais próximas das teses da Gestalt.

Emprestarei de J. Marie Delacroix[23] a formulação de alguns elementos comuns entre as duas abordagens:

"Fica claro, na obra de Winnicott, que ele:
- é influenciado pela fenomenologia;
- baseia sua clínica nas relações entre a criança pequena e seu meio;
- concede tanto espaço, senão mais, às necessidades quanto às pulsões (e por isso foi rejeitado por certos psicanalistas);
- dá um valor significativo à experiência, ao seu desenrolar, e, assim, ao processo;
- atribui um certo lugar ao corpo real e não considera, forçosamente, como "exteriorização" agir no contexto terapêutico;
- usa a interpretação com prudência e parcimônia;

---

23. Delacroix, J.M. "De la psychanalyse selon Winnicott à la psychothérapie gestaltiste" in *La Gestalt en tant que psychotérapie*. Bordeaux. S.F.G. 1984.

- privilegia o jogo e a criatividade, e, com isso, um certo tipo de relação entre ele e seu cliente;
- nunca faz referência ao mito edipiano (menciona-o apenas uma vez ou outra)."

Winnicott é muito atento à maneira como o paciente se expressa (e não somente ao *conteúdo* do que diz): um discurso bem estruturado, com uma voz artificial, "desabitada", pode denunciar um *"falso self"*, adaptado e submisso, simples casca que tenta substituir um núcleo frágil para protegê-lo.

Winnicott, como Karen Horney, enfatiza a necessidade primordial de *segurança* e de aprovação, que *antecede* qualquer aspiração à independência e precede a "capacidade de ser só" (que para o bebê é a certeza interior do retorno iminente da mãe).

Partindo da mesma hipótese implícita, encontramos sempre, nos grupos contínuos de Gestalt, a preocupação de criar, nas primeiras sessões, um *clima caloroso de confiança e segurança*,[24] que permite, posteriormente, um eventual "risco" maior nos profundos "mergulhos" *regressivos* ou ainda nos confrontos *agressivos* no "aqui e agora" do grupo. Assim como ao escalar uma montanha ou numa excursão espeleológica, nos aventuramos mais facilmente na exploração de um caminho novo quando temos confiança no guia e nos camaradas de corda e quando estamos previamente seguros da solidez do vínculo — representado pela corda.

Enfim, lembrarei o conceito winnicotiano de *objeto transicional* (bicho de pelúcia, ponta do cobertor etc.), que representa a mãe. Parece-me que a utilização eventual, em Gestalt, de uma almofada ou de um objeto que pode representar um personagem ausente, investido afetivamente (um dos pais, por exemplo — ou o cônjuge), tem certa analogia com essa noção.

Assim, em suma, os pontos de convergência entre Perls e Winnicott são múltiplos, tanto no plano *teórico* quanto *metodológico* ou *técnico* e pode-se considerar que ele estabelece "uma ponte" entre psicanálise e Gestalt; nosso amigo gestaltista espanhol, Alberto Rams, não hesita em propor uma síntese dessas duas abordagens no que ele batiza de *terapia transicional* (1983).

Wilhelm Reich (1897-1957)

Começou muito jovem como psicanalista, pois era ainda estudante de medicina e tinha somente 23 anos quando foi admitido, em 1920, na Sociedade Psicanalítica de Viena, pouco depois de ter encontrado Freud.

---

24. Que não deve, é claro, "resvalar" para uma "ilusão grupal" (Anzieu) *fusional*, favorecendo a *confluência*, em vez de preparar a *segurança* necessária à independência.

Como isso era comum na época, logo recebeu seus primeiros clientes, muitos deles enviados pelo próprio Freud.

Mais tarde, como vimos, seria o quarto analista de Perls, logo antes da sua exclusão da Sociedade Psicanalítica Internacional (1934).

Nessa época, ele ainda se considerava fiel a Freud — que, aliás, lhe confiara pessoalmente a *responsabilidade pela formação didática de psicanalistas* — mas logo ele se sentiu "traído pelo Freud pós 1920", enquanto seguia com obstinação os passos de seu próprio Mestre, dando à sexualidade — no sentido próprio — a importância que conhecemos. Ele atribuiu ao acúmulo de *tensão sexual genital* a origem da agressividade e das *neuroses* e insistiu na *"função do orgasmo"*.

Mas preocupava Reich o fato de que, muitas vezes, no fim de uma análise, o *esclarecimento do sentido inconsciente de um sintoma não acarretava automaticamente seu desaparecimento*, e isso parecia não incomodar nem um pouco a maioria de seus colegas psicanalistas!

Propôs então a *"análise do caráter"* e procurou dissipar a *couraça* do *caráter* ou *couraça muscular* — resistência constituída contra a angústia — e restabelecer a livre circulação do fluxo energético.

Achava que é preciso *encorajar uma forma de expressão total* do cliente e não só seu discurso verbal, mas, ao contrário de seu aluno, Alexander Lowen, fundador da análise bioenergética,[25] *nunca intervinha corporalmente* durante o tratamento: o paciente ficava deitado no divã. Reich observava atentamente sua respiração, sua postura, as inflexões de sua voz, mas só excepcionalmente tocava em seu maxilar ou seu esterno.

Insistia também na primazia do *como* sobre o *porquê*, na *forma e não só no conteúdo* das mensagens.

A obra de Reich é muito conhecida para que eu a desenvolva aqui; quis somente lembrar o parentesco evidente com o trabalho de Perls.

Conclusão: Gestalt, prolongamento, revisão ou traição à psicanálise?

Com a multiplicação dessas referências eu quis mostrar a *relação ambígua* da Gestalt com as diversas correntes psicanalíticas:

> *ela tanto se inspira quanto se opõe a elas.*

Seria vão, aliás, estabelecer uma competição entre essas diversas abordagens, cada vez mais *complementares* e cujas *indicações* específicas deveriam ser precisadas.

---

25. Reich analisou Lowen de 1942 a 1945, ou seja, dez anos depois de Perls. Lowen era então advogado.

Cabe assinalar que, atualmente, inúmeros gestaltistas têm uma formação psicanalítica, seja ela *prévia*, seja *posterior* à sua formação em Gestalt.[26]

Infelizmente, para aumentar os muitos equívocos, os "jargões" técnicos alimentam a ambigüidade e dão margem a confusões permanentes, devido ao emprego dos mesmos termos com significados — ou conotações — diferentes, conforme o autor. Mas essas querelas teóricas são relativamente "acadêmicas", progressivamente relegadas ao segundo plano pela maioria dos gestaltistas contemporâneos, da chamada "terceira geração":

• a **"primeira geração"** é constituída pelos *"fundadores"*, ou seja, Fritz e Laura Perls, assim como Goodman — que precisavam afirmar a especificidade de seu método... às vezes, às custas de algumas caricaturas!

• a **"segunda geração"** compreende os *"teóricos"* dos anos 50 a 70, que tentaram extrair de uma prática, ainda em parte empírica, alguns princípios fundamentais, elaborados em uma teoria coerente, firmando um método e técnicas específicos. Podemos citar os pioneiros dos Institutos de Cleveland e de Nova York: Isadore From, Erving e Miriam Polster, Joseph Zinker, assim como Jim Simkin, Joel Latner e alguns outros.

• a **"terceira geração"** é a dos profissionais atuais — entre os quais me situo. Tentamos prosseguir a elaboração da *teoria, integrando* ao mesmo tempo nossa *formação* (na maioria das vezes, oriunda de escolas diferentes) e nossa *prática clínica*. Assim, cada um de nós, a partir da própria personalidade e de sua clientela habitual, interessa-se especialmente por um ou outro aspecto: corpo, expressão das emoções, *hot seat*, expressão verbal, criatividade, interrupções no ciclo de contato-retração, trabalho com os sonhos, trabalho individual ou em grupo etc.

No que me concerne, essa riqueza e variedade de estilos me alegram, porque insisto na idéia, já assinalada, que

> ao contrário da psicanálise,
> a Gestalt não reivindica o estatuto de *ciência*,
> mas orgulha-se de permanecer uma *arte*.

Qual de nós pode pretender praticar uma Gestalt "pura e ortodoxa" — se é que ela pode ser assim definida?

A genialidade de Perls foi justamente integrar *múltiplas influências* em uma *"Gestalt" coerente* e nova, alimentando uma prática eficaz, que

---

26. Por exemplo, foi este o caso, em 1991, de *um terço* dos gestaltistas profissionais, membros *titulares autorizados* pela Sociedade Francesa de Gestalt (S.F.G.). No que me diz respeito, fiz análise *freudiana* clássica *antes* de me orientar para a Gestalt; Anna, minha mulher, fez análise *junguiana, depois*.

associa as principais correntes terapêuticas e filosóficas desta segunda metade do século.

Quanto à especificidade e à solidez, a teoria da Gestalt ainda é objeto de certas contestações: uns acham-na perfeitamente elaborada; outros, bastante confusa — até decepcionante.

A mim, esse estado, de fato, tranqüiliza, pois

> "Tudo começa no entusiasmo...
> e acaba na organização" (E. Herriot)

e desconfio da *rigidez dogmática* que ameaça qualquer teoria e só pode, afinal, levá-la à esclerose e à morte...

Quanto a mim, adoro explorar os espaços vazios de um mapa cujo traçado é incerto, desde que disponha de alguns pontos de orientação que me proporcionem segurança, mesmo que ao longe.

CAPÍTULO 5

O parentesco oriental

Costumamos ouvir que Perls emprestou muitas coisas das *filosofias orientais*, mas é raro que digam o quê, exatamente! No jogo tão difundido de apropriação de filhos naturais, até encontram para ele inúmeros pais putativos: psicanálise, psicodrama, bioenergética etc.
Mas fiquem tranqüilos! Não vou me lançar numa tentativa de análise exaustiva de todas as influências detectáveis — aliás, melhor seria dizer, *interferências* —, porque *ninguém pode dizer exatamente quem influenciou quem*... assim como se ignora, na maioria das vezes, quem foi o primeiro a atirar, num conflito internacional!
É claro que houve e continua a haver inúmeros "cruzamentos" entre a Gestalt e as várias correntes já enumeradas. Mas pouco importa, afinal, distribuir senhas de prioridade, tanto é verdade que *cada uma* das escolas se enriqueceu e continua a se enriquecer, no contato com *todas* as outras.

O que nos importa não é descobrir
de qual mina foi extraída uma pedra preciosa,
mas se ela encontrou seu lugar no colar:
é a coerência e não a origem das técnicas
que constitui o valor dos métodos.

Hoje, ninguém mais ignora que a mestiçagem das raças é fonte de dinamismo!,[1] por mais que a estrutura social impeça a integração. Para evitar qualquer polêmica estéril entre os irmãos inimigos da psicolo-

---

1. Exceto o célebre Groddeck! Ele ousou escrever: "Nossos contemporâneos não hesitam em corromper o sangue puro com casamentos mistos com raças de cor.(...) O casamento

gia, prefiro voltar-me de início e resolutamente para um ancestral menos controvertido: o *pensamento oriental* — que demonstra, no mundo inteiro, um rejuvenescimento incontestável, apesar de sua história milenar... pois acaba de se casar, recentemente, com a jovem física quântica contemporânea.

O Tao da Física[2]

Sabemos que alguns dos grandes físicos contemporâneos estão mudando completamente os conceitos mais clássicos, tais como os de matéria, objeto, espaço, tempo, causa e efeito etc., indo assim ao encontro ao pensamento tradicional dos místicos orientais — que nunca dissociaram a matéria do espírito e sempre conceberam todos os objetos e todos os fenômenos do mundo como aspectos diferentes, mas estritamente interdependentes, de uma mesma realidade dinâmica última, "em eterno movimento, viva, orgânica, ao mesmo tempo espiritual e material" (Capra).

> *O peixe não pode ser concebido sem a água.*

A visão holística da Gestalt se insere, é evidente, nessa percepção do mundo — que poderíamos qualificar de taoísta — em que nunca interessa ao terapeuta um sinal isolado, um gesto ou uma palavra, até um comportamento complexo mais elaborado, mas antes a *interconexão* permanente do indivíduo global com seu meio geral, social e cósmico, o todo num fluxo incessante que só podemos apreender por uma vigilância constante, no aqui e agora, com seu cortejo ininterrupto de Gestalts que se formam, se realizam e se dissolvem num processo em perpétua turbulência.

Sabemos que não há repouso na natureza, que todos os corpos, do infinitamente grande ao infinitamente pequeno estão, ao mesmo tempo, em vibração intrínseca incessante, e são levados por um movimento cósmico vertiginoso que associa a presença à ausência,[3] ou seja, o *corpúsculo* de matéria à *onda* de probabilidade, a manifestação aparente à energia que a move, assim como o gesto visível do paciente só adquire sentido pela energia imperceptível subjacente e que escapa a qualquer medida, refugiada no aleatório da liberdade.

---

que mistura as cores é uma blasfêmia, que deveria ser expiada pelo menos com a perda dos direitos civis dos esposos e seus filhos (...). O sangue dos malásios está mais próximo do sangue dos macacos do que do sangue do homem. Ainda seria preciso provar isso em relação aos chineses, aos negros e aos japoneses, e afixar em todas as esquinas..."
2. Fritjof Capra (professor de física das partículas elementares na Universidade de Berkeley, Califórnia): *The tao of physics*, ed. americana, 1975, e *The turning point*, Nova York, 1983.
3. Ou, mais exatamente, a presença *real* à presença *potencial*.

Os maiores físicos contemporâneos, alguns anos depois dos fenomenologistas e dos gestaltistas, reencontram assim alguns temas caros aos chineses da Antigüidade e sabem agora que não há, na natureza, fenômeno material independente do pensamento e do olhar humano: eles decidiram — embora lamentando — abandonar o mito do *observador* neutro e objetivo, para reconhecer nele o estatuto de participante comprometido.

"A idéia-mestra da teoria quântica é que o observador é necessário não só para *observar* as propriedades de um fenômeno atômico, mas ainda para *provocá-las*.(...) O elétron não tem propriedade objetiva independentemente de meu espírito." (F. Capra)

É também a opção deliberada do terapeuta gestaltista perante seu cliente, do qual ele não observa o comportamento "em si", mas com quem entra em *inter-relação*, explícita ou implícita, num envolvimento controlado, num espaço entremeado, movendo os fios discretos do *Eu/Tu* de Buber, eles mesmos envolvidos no "*Eu/Isso*" do universo.

O tema gestaltista do *continuum de consciência* e da "sucessão de Gestalts", aparecimento e desaparecimento das figuras sobre um fundo, lembra o do mundo *fluido*, em permanente transformação, simbolizado pelo *I Ching*, o *Livro das Mutações* chinês.

É bem evidente que a análise mecanicista de tipo newtoniano, considerada como a única "científica", não tem mais validade num universo mutante — em que "todas as coisas estão vinculadas a todo o resto" e onde "se considerarmos uma porção qualquer, suas propriedades não obedecem nenhuma lei essencial, mas são determinadas pelas propriedades de todas as outras" (Capra).

Convém entretanto especificar que, em todos os tempos, a maioria dos pesquisadores científicos pressentiu esse estado de coisas: Newton, que estabeleceu a gravitação universal, explicou o fenômeno das marés, inventou o telescópio e isolou as cores, escreveu mais sobre... alquimia do que sobre a mecânica e a ótica juntas! Freud declarou, em 1921, que se tivesse que refazer sua vida, ele a *consagraria ao estudo dos fenômenos ocultos*.

Enfim, Einstein, por sua vez, interessava-se muito pela parapsicologia e pelos chamados fenômenos *paranormais*: chegou a prefaciar um livro de Upton Sinclair sobre telepatia (*Mental Radio*).

É inevitável tentar uma apreensão global dos fenômenos, sintética, pela experiência da *intuição* — com a aprovação "*poética*" de nosso *hemisfério direito* e não sob a vigilância desconfiada e tirânica de nosso cérebro esquerdo, ávido por classificações obsoletas.

Ouçamos Hubert Reeves, diretor de pesquisas do Centro Nacional de Pesquisas Científicas da França e do Instituto de Astrofísica:

"O homem antigo falava com um universo que lhe respondia. A ciência de hoje pretende que o universo seja vazio e mudo. Era esta a mensagem de Monod, que foi seu principal intérprete, assim como de vários outros racionalistas. Pessoalmente, não creio que o universo seja mudo, mas que a ciência tenha problemas de audição.

No entanto, é surpreendente que sejam os físicos, tão tipicamente na vanguarda da conduta racional, a sentirem inicialmente esse mal-estar, no próprio âmbito de sua conduta. Aos biólogos que lhes dizem: 'Ajudem-nos a encontrar no elétron as raízes da consciência', os físicos respondem hoje: 'Mas estamos procurando as raízes do elétron na consciência!...'

(...) No presente, é preciso reconciliar em nós as duas condutas; não negar uma pela outra, mas proceder de tal modo que o olho que investiga, analisa e disseca, viva em harmonia com aquele que contempla e venera.(...) Precisamos agora aprender a viver praticando, ao mesmo tempo, ciência e poesia, precisamos aprender a manter os dois olhos abertos ao mesmo tempo".[4]

Mas aqui não posso me estender mais, apesar da tentação, sobre as relações entre ciência e filosofia, física e metafísica, e volto, então, à *tradição oriental* hinduísta, chinesa, tibetana e japonesa, e vou tentar deduzir certas convergências e algumas especificidades entre o taoísmo, o tantrismo e o zen — limitando-me, uma vez mais, a alguns pontos *relacionados com a filosofia gestaltista* desenvolvida por Perls.

O taoísmo

O *Tao Té Ching* ou *Livro do Caminho Perfeito* teria sido escrito por Lao-Tsé, contemporâneo de Confúcio, por volta do fim do século V a.C. É o livro mais traduzido no mundo, depois da Bíblia! O taoísmo é uma metafísica da espontaneidade, da tolerância, da liberdade. Esta última é obtida quando se desposa o amplo movimento natural do universo, não atrapalhando a harmonia do mundo, cultivando o *wu-wei* — não intervir no curso das coisas, deixar-se levar.

Ao contrário do *confucionismo*, não apregoa uma ética particular e não se concentra na busca do Bem — pois *tudo é natural*, tanto o Bem como o Mal, pois os *contrários* emergem automaticamente um do outro: assim que alguma coisa é nomeada, seja lá o que for, seu oposto aparece de imediato.

Assim sendo, há, especialmente, dois grandes princípios fundamentais inseparáveis:

• **o yin** — *feminino* — simbolizando a Beleza, a doçura, a quietude, a terra, a Lua etc., às vezes representado por um quadrado, exprimindo a *estabilidade*;

---

4. Colóquio de Córdoba, outubro de 1979, in *Science et conscience*. Paris. Stock. 1980.

* **o yang** — *masculino* — simbolizando a Verdade, forte e penetrante, o céu, o Sol etc., às vezes representado por um círculo, exprimindo o *movimento*.

Sabemos que em sua representação mais clássica, os dois estão separados por uma linha sinuosa e "enlaçados", de modo que o contorno de cada um deles coincide com o contorno total dos dois, e que a metade *yin* (negra) contém um ponto *yang* (branco) e vice-versa: são dois contrários fundamentalmente complementares.

Esse tema das *polaridades* opostas e *complementares*, já apontado — agressividade/ternura, masculinidade/feminilidade, autonomia/dependência, perfeccionismo/espontaneidade etc. — é freqüentemente "trabalhado" em Gestalt.

O taoísta venera o *corpo*, que não considera uma "prisão" para o espírito, mas sua morada: ele não se entrega à *ascese* (que abrigaria a alma num corpo devastado), mas procura, pelo contrário, práticas *vivificantes*. Aliás,

"um esforço só é frutífero se realizado com alegria".

Trata-se de viver intensamente o *"aqui e agora"*, porque "o passado é um peso morto e só o *presente* está vivo".

O *tao* tem nutrido todo o pensamento chinês e oriental há séculos, e exerceu uma influência considerável sobre as diversas correntes budistas posteriores.

No que se refere à Gestalt, só lembrarei aqui rapidamente, para evitar repetições, o estreito parentesco desses conceitos com:

* a expressão livre e *espontânea* (no sentido "daquilo que vem...");
* a importância do *corpo* como "morada" do espírito;
* a libertação das *"introjeções"* moralizantes ("devemos...");
* o trabalho de integração das *polaridades* contrárias;
* a concentração no *aqui e agora*;
* a *"teoria paradoxal da mudança"* (Beisser, 1970) que implica, num primeiro momento, a aceitação "daquilo que é";
* o princípio do *continuum de consciência*, fluxos permanentes de construção e destruição de Gestalts.

Por outro lado, ao contrário da Gestalt, o *taoísmo* valoriza o inacabado, considerando que

> *tudo que é imperfeito é mobilizador de mudança,*[5]

e, por outro lado, não se interessa pelas imagens fornecidas *pelos sentidos* e considera que toda *emoção* exacerbada rompe a harmonia natural, e propõe, então, que o homem se torne "imperturbável — mesmo que todo o universo desmorone!"

O tantrismo

Sem entrar em detalhes, gostaria de lembrar agora, em algumas palavras, o "caminho" relativamente pouco conhecido na Europa (e em geral caricaturado) — do budismo *vajrayana* ou *tantrismo*, que, assim como o budismo zen, busca a iluminação (o *satori*) "aqui e agora", mas, diversamente do precedente, apóia-se em vários *suportes* sensoriais:

- os *yantras* (representações geométricas lineares do cosmos);
- os *mantras* (sílabas ou sons rituais, vibrações sagradas: OM etc.);
- as *mandalas* (composições gráficas mais complexas, baseadas no círculo[6] — em geral contido em um quadrado — utilizadas como suporte simbólico da instrução e da meditação);
- os *mudras* (gestos rituais sagrados — em geral com as mãos) etc.

"O método tântrico tem algo de único:[7] a riqueza das técnicas utiliza para esse fim todas as coisas, boas ou más. Como no judô, o adepto aprende a servir-se do peso do antagonista em seu próprio benefício. Os obstáculos convertem-se em instrumentos para fornecer o prodigioso impulso necessário. Na maior parte dos outros caminhos espirituais, é preciso voltar-se das trevas para a luz, enquanto os ioguis do *vajrayana* acolhem anjos e demônios como seus aliados.

...A conduta de um adepto será sem dúvida bem pouco ortodoxa: determinado a empregar *tudo* na vida como *meio* de realização, ele não exclui os processos animais, como comer, dormir, evacuar e (se não for monge) ter relações sexuais. A energia dos desejos e das paixões não deve ser perdida (...). Este aspecto do budismo tântrico levou ao grande erro de confundi-lo com licenciosidade de costumes. Embora todas as coisas sirvam como meio, devem ser empregadas de forma correta.

---

5. Que corresponde ao *efeito Zeigarnik*, de "pressão de uma tarefa inacabada".
6. *Mandala* significa "círculo" em sânscrito. A coexistência do círculo e do quadrado simboliza *a quadratura do círculo*, arquétipo da totalidade e do equilíbrio (*quaternidade*).
7. ...mas muito próximo de certas práticas da Gestalt!

...O simbolismo sexual, amplamente utilizado nos textos e a na iconografia tântrica — fonte de numerosos malentendidos —, deve ser compreendido como uma franca aceitação do sexo como a mais poderosa das forças que motivam os seres vivos... Ele simboliza a união dos opostos, a doutrina que forma a própria base de todo o sistema tântrico."[8]

Trata-se, de fato, de despertar todas as energias disponíveis no corpo, nas emoções e no espírito:

"O elo vital de acesso à Verdade é o corpo humano, com o conjunto de seus sentidos e sua experiência do mundo exterior".
(Tantrismo)

Poder-se-ia crer estar lendo uma definição da Gestalt!

Para finalizar essa rápida abordagem do *tantrismo* — que me intrigou e seduziu vivamente durante nossa estadia no Nepal,[9] não resisto à tentação de reproduzir uma última citação da notável análise de John Blofeld:

"Os budistas determinados a seguir o caminho da libertação se preocupam mais com o *como* da prática do que com os *porquês* da existência.(...) O espírito humano, em seu estado de consciência comum, provavelmente, é incapaz de perceber os mistérios derradeiros da vida, e o tempo gasto na especulação seria melhor utilizado em progredir para alcançar a iluminação".[10]

O zen

O *Ch'an*[11] é uma outra corrente de budismo — importada da China pelo hindu Bodhidharma, no século VI d.C. (ou seja, *mil anos após o nascimento do taoísmo*). Seiscentos anos mais tarde, no século XIII, ela chegou ao Japão, onde adotou o nome, mais conhecido no Ocidente, de *zen*. Sete séculos depois, está aparecendo por aqui!... Certas ideologias caminham com calma!

O livro que C. G. Jung lia em seu leito de morte era sobre o zen, e estava tão entusiasmado que pediu expressamente à sua secretária que escrevesse para o autor e lhe dissesse que "ele mesmo poderia ter dito exatamente a mesma coisa".

---

8. John Blofeld: *Le bouddhisme tantrique du Tibet*. Paris, Seuil, 1976.
9. Devo assinalar que meu pai — de origem judaica — era orientalista e budista praticante e militante.
10. Cf. as expressões provocadoras, caras a Perls, para qualificar a especulação: *bullshit* (cocô de vaca), *fucking mind* (masturbação intelectual) etc.
11. Ch'an significa, em chinês, *"meditação"*.

A seguinte frase foi atribuída a Martin Heidegger: "Se é que compreendo corretamente o ensinamento zen, é o que tentei dizer em todos os meus escritos!".

O *zen* ensina que o *despertar (satori)*[12] é o resultado final da "espera-atenta" (*smrti*), que deve ser uma "*vigilância sem objeto*". "Não há nada a esperar: o que acontece, acontece. Não há leis, regras e fins na natureza ou nos pensamentos".

Reconhecemos nisso uma postura análoga à atitude fundamental do gestaltista em *awareness*, confiante e atento:

> "*Don't push the river: it flows by itself.*"
> (Barry Stevens)[13]

Basta praticar a "não-ação" e "passar sem cessar de uma coisa a outra, a cada instante, com total desapego" (cf. *ciclo de contato-retração* da Gestalt). Aliás, como poderíamos nos apegar a um mundo em perpétua transformação?

> "Nada é permanente: só a impermanência é permanente."
> "Não podemos nos banhar duas vezes no mesmo rio".

Aceitar a *realidade* — que é essencialmente *impermanente* — é também um princípio fundamental e uma experimentação do zen, na prática da *concentração do zazen*[14] e na vida cotidiana. Observar a emergência e a fuga de seus próprios pensamentos, *não fugir de nada e nada procurar*.

> "Não fugir das ilusões. Não procurar a verdade."

Voltamos a encontrar aqui a oposição assinalada por Perls entre *isism* e *shouldism*.

> "Mesmo que amemos as flores, elas murcham."
> "Mesmo que odiemos o joio, ele cresce."

O zen cultiva, por outro lado, o *hishiryo*, o "não-pensamento", que parece emanar das camadas profundas, subconscientes, do cérebro central (funcionando então em ritmo alfa). Esse exercício compreende de

---

12. *Buda* significa "*o Desperto*"... Ou seja, aquele que está em permanente *awareness*. O zen comporta duas escolas principais: o *rinzai*, que espera a iluminação *súbita*, e o *soto*, que procura a iluminação *progressiva*, *gradual*.
13. *Don't push the river, it flows itself* (*Não apresse o rio*: *ele corre sozinho*, São Paulo, Summus, 1978), título do livro de Barry Stevens, onde ela descreve sua estadia no *Gestalt-Kibutz* do lago Cowichan (Canadá) durante os últimos meses da vida de Fritz Perls.
14. *Zazen*: postura básica daquele que medita: sentado em *posição de lótus* em uma almofada espessa, a coluna vertebral ereta, sem rigidez nem relaxamento; a imobilidade deriva de movimentos ínfimos.

exercício compreende de fato três tempos: deixar acontecer a produção mental, concentrar a atenção no que sobrevém — sem forçar nada — abandonar o fenômeno assim que ele se dissipa.

Encontramos aqui a sucessão ininterrupta de "formações e destruições de Gestalts" no *continuum* de consciência".

Um dos objetivos da surpreendente disciplina dos *koans*[15] visa dissolver progressivamente o espírito lógico do discípulo, para permitir que ele tenha acesso ao pensamento "translógico" e unificador do *zen* — que reencontramos, diga-se de passagem, na filosofia e na ciência contemporâneas, por exemplo, no fenomenologista Merleau-Ponty, que definiu

> *"o espírito como o outro lado do corpo"*

ou ainda no "físico-poeta" J. Charon, que não hesita em declarar que "toda matéria é portadora de espírito".[16] Essa unificação acontece "na total presença de si, na concentração sem limite do corpo e do espírito, na plenitude do *aqui* e *agora*, em que o instante pode tornar-se eternidade, pois passado e futuro são só sonhos e imaginação, quimera."

Não é Perls que diz... mas o mestre zen Deshimaru.

"No *zen*, dizemos que o homem só conhece o frio e o quente pelo contato com as coisas. Aqui, tudo se explica pela *experiência vivida*" (Kosho Uchiyama).

E o mestre Suzuki acrescenta:[17]

"A abordagem zen da realidade consiste em penetrar diretamente no coração do próprio objeto, em apreendê-lo do *interior*, tal como ele é realmente:

> Conhecer a flor é *tornar-se* a flor,
> florir como ela e, como ela, usufruir do sol e da chuva.
> Então a flor nos fala, nos entrega toda sua vida,
> tal como ela é, vibrante no mais fundo dela mesma.

O *zen* mergulha na fonte da criatividade... O sábio mata, mas o artista tenta recriar, pois sabe que a realidade não pode ser atingida pela dissecação.

---

15. *Koan*: enigma ou paradoxo, insolúvel pela lógica. Existiriam 1.700 (!).
16. Jean Charon."La Physique identifie l'esprit", in *L'Esprit et la Science*. Colóquio de Fez. Paris, Albin Michel, 1983, ou ainda *J'ai vécu quinze milliards d'année*, Paris, 1983.
17. Suzuki D. T. "Le Bouddhisme Zen", in *Bouddhisme zen et psychanalyse*. 1971. Relatório do seminário internacional sobre zen e psicanálise, Universidade de Cuernavaca, México.

Não se pode pedir a todos que se tornem *sábios*, mas, por natureza, *todos podemos ser artistas*, não no sentido estrito do termo, pintor, escultor, músico, poeta, mas no sentido amplo, artista da vida...
"*O artista da vida*" não precisa procurar fora dele mesmo. Seu ser total — corpo e espírito — será a matéria e o instrumento de seu trabalho."

Encontramos aqui temas amplamente desenvolvidos pelo psicanalista Otto Rank, em *A arte e o artista*, livro que Perls e Goodman apreciavam particularmente.

Afinal, quais seriam as *diferenças* principais entre o zen e a Gestalt? Não me sinto muito qualificado para analisá-las, mas arriscarei fazer as seguintes observações:

• é difícil conceber o procedimento zen sem a ajuda de um mestre (guru) e ele comprende um período de *total submissão* à sua autoridade — embora tenha sido escrito, para os discípulos mais "avançados":

"*Se você encontrar Buda em seu caminho, mate-o*"[18]

o que constitui, em suma, um alerta contra a *introjecção* de qualquer modelo!

O processo de Gestalt pressupõe, em princípio, a *responsabilidade* autônoma do cliente, desde o início... que, é preciso reconhecer, parece às vezes um pouco utópico!

• o zen insiste na riqueza da *imobilidade* (equilíbrio dinâmico do *zazen*), enquanto a Gestalt valoriza mais o *movimento*.
• a prática do zen requer uma *disciplina* constante (mesmo quando visa, em ultima instância, favorecer a "não-ação" e um abandono do *ego*, enquanto a Gestalt às vezes autoriza um certo *hedonismo*, eventualmente podendo até passar por períodos de *egotismo* — caricaturado de forma provocadora pela famosíssima "oração de Perls"![19]

...quanto a saber se o zen é também um método "terapêutico", e se a Gestalt é também uma "filosofia de vida"... o debate continua em aberto e, afinal, envolve definição dos termos!

---

18. Esse adágio foi retomado como título em um livro sobre psicoterapia, escrito por S. Kopp: *If you meet the Buddha on the road, kill himm!*: *The pilgrimage of psychotherapy patients*. Palo Alto, Sc. and Behavior Books, 1972.
19. Ver capítulo 8.

CAPÍTULO 6

A psicologia humanista e a Gestalt
Visita a Esalen

Histórico da psicologia humanista

Por ter uma rica "hereditariedade", formada por vertentes filosóficas diversas, a Gestalt participou da corrente precursora daquilo que se convencionou chamar de *psicologia humanista*; mas devemos assinalar que Perls nunca militou pessoalmente nesse movimento.

A "psicologia humanista" nasceu, informalmente, nos anos 50, em torno de Abraham Maslow (1908-1970), Rollo May (psicanalista didático de origem vienense), Carl Rogers (1902-1987), Charlotte Buhler (1893-1973), Allport, Anthony Sutich e alguns outros, a maioria fortemente influenciada pela corrente *existencialista européia* — sobretudo alemã e francesa (Heidegger, Buber, Binswanger, Sartre, Merleau-Ponty, Gabriel Marcel etc.).

Para eles, tratava-se de

> *"recolocar o homem no centro da psicologia"*,
> que se tornara cada vez mais "*científica*",
> fria e *"desumanizada"*.

O objetivo era criar uma *"terceira força"*, que permitisse delimitar, ao mesmo tempo, os dois imperialismos invasores, da *psicanálise* ortodoxa e do *comportamentalismo* (behaviorismo) —, ambos acusados de tratar o homem como *produto* de sua bioquímica celular e de seu meio familiar e social e de tê-lo reduzido a um *objeto* de estudo, em vez de conferir-lhe um estatuto de *sujeito*, responsável por suas escolhas e crenças.

Era preciso muita coragem, nessa época, nos EUA, para ousar desafiar o *stablishment* psicanalítico, que conquistara todos os postoschave do setor de saúde mental e para ir contra o comportamentalismo, que invadira as universidades, arrogando-se o papel de única abordagem *científica*, estritamente "objetiva", com resultados estatisticamente controlados.

Aliás, nenhum editor americano aceitava o risco de publicar um livro "anticientífico" e "retrógrado" — que não interessaria a ninguém! As primeiras publicações circularam, então, em forma de documentos mimeografados que deixavam sorrisos condescendentes em seu rastro... mais agressivos do que a falsa indiferença atualmente demonstrada por alguns psicanalistas em relação às "novas terapias", ainda consideradas, às vezes, "modismo"...

O movimento *tomou corpo em 1954*, quando *Maslow* reuniu uma lista de endereços de pessoas interessadas (umas 30, no início, uma centena algum tempo depois) — às quais ele enviava um pequeno boletim periódico, em forma de circular mimeografada.[1]

Em 1957, Maslow acertou com Sutich a publicação regular de uma revista — cujo primeiro número sairia quatro anos depois, *em 1961* (ou seja, sete anos depois da primeira circular), com o título de *Journal of Humanistic Psychology*.

De fato, a *psicologia humanista* nunca foi objeto de uma *definição* rigorosa. Pelo contrário, é apenas uma orientação, uma *tendência* geral, que — por princípio — se mantém "aberta", para poder adaptar-se à evolução dos valores e *se nega a se fixar em qualquer doutrina* precisa demais, que acabaria caindo — como várias outras — num dogmatismo escolástico, condenado rapidamente a se tornar anacrônico.

O primeiro congresso internacional ocorreu em 1960, mas, de fato, já em 1958, no Congresso Internacional de Psiquiatria Existencial, em Barcelona, Rollo May, Moreno e Binswanger já tinham desenvolvido publicamente os principais conceitos da psicologia humanista.

Como "ninguém é profeta em sua terra", os psicólogos humanistas enfrentaram uma oposição feroz de seus colegas psicólogos. O apoio chegou, de forma inesperada, do *setor industrial*: as conferências de Maslow sobre o desenvolvimento do *potencial criativo* chamara a atenção, no início dos anos 50, dos dirigentes da indústria — sobretudo no setor *da eletrônica*, em plena expansão, e foi assim que as técnicas de criatividade logo se tornaram um setor florescente da pesquisa, de início na indústria, depois na *educação*, e enfim no setor *psicológico e terapêutico*.

Uma ramificação de métodos

Editado em 1971, nos EUA, *A catalog of the ways People grow*, de Severin Peterson,[2] já detalhava cerca de *quarenta* métodos princi-

---

1. Guardadas as devidas proporções, tomei uma iniciativa comparável, 27 anos mais tarde, *em julho de 1981*, endereçando uma circular a cerca de 30 terapeutas, visando constituir a Sociedade Francesa de Gestalt (S.F.G.) — que hoje distribui um boletim a mais de 200 membros e organiza colóquios nacionais e internacionais regularmente.
2. Peterson, S. *A catalog of the ways people grow*. Nova York, Ballantine Books. 1971.

pais. Edmond Marc, em *Le guide pratique des Nouvelles Thérapies*, publicado na França em 1982, citava, por sua vez, uma quantia equivalente.[3]

Na realidade, podemos contar hoje, nos EUA, várias *centenas* de métodos — ou variantes mais ou menos específicas — cada uma com um nome original (tais como *Radix, Arica, Synanon* etc.).

Para recapitular, aqui estão, em ordem alfabética, alguns dos métodos hoje mais difundidos na Europa, de meu conhecimento:

- Análise transacional (Eric Berne)
- Arte-terapia (desenho, música, dança etc.)
- Biodinâmica (Gerda Boysen)
- Bioenergética (Alexander Lowen)
- Co-conselho (reavaliação ou apoio mútuo — H. Jackins)
- Eutonia (G. Alexander)
- Gestalt-terapia (F. Perls)
- Grupos de encontro (Carl Rogers, W. Schutz)
- Ginásticas leves (principalmente Alexander, Feldenkrais, Mèzieres etc.)
- Haptonomia (F. Veldman)
- Hipnose ericksoniana (Milton Erickson)
- Iluminação (sessões intensivas para a) (C. Berner)
- Integração postural (J. Painter)
- Massagens (reichianas, californianas, orientais, *do-in*, *shiatsu* etc.)
- Meditação (estáticas ou dinâmicas, orientais ou ocidentais...)
- Método Gordon
- Método Vittoz
- Psicodrama (Jacob Levy Moreno)
- Psicologia transpessoal (Stanislav Grof)
- Psicossíntese (R. Assagioli)
- Psicoterapia existencial (L. Biswanger, Rollo May)
- Programação neurolingüística (John Grinder e Richard Bandler)
- *Rebirthing* (L. Orr)
- Relaxamento (sobretudo E. Jacobson etc.)
- Sonho-desperto-dirigido (R. Desoilles)
- *Rolfing* ou integração estrutural (I. Rolf)
- Semântica geral (A. Korzybski)
- Sexoterapia (Masters & Johnson, Michel Meignant etc.)
- Sofrologia (A. Caycedo)
- Sugestopedia (G. Lozanov)
- Técnicas orientais (meditação, *tai-chi-chuan*, *yoga*, *zen*, *tantrismo* etc.)
- Terapia familiar (sistêmica, psicanalítica, gestaltista etc.)
- Terapia do grito primal (A. Janov)
- Treinamento autógeno (J. H. Schultz)
- Vegetoterapia (W. Reich)
- Visualização (Carl Simonton)

---

3. Marc, E. *Le guide pratique des nouvelles thérapies*. Paris, Retz, 1982.

O humanismo

O que há então em comum entre esses métodos ou "abordagens", chamados de "novas terapias"? O que nos autoriza a classificá-los juntos no *movimento do potencial humano*, chamado também de *psicologia humanista*? Não haveria uma redundância inútil nesse título: pode-se imaginar uma psicologia que não seja "humanista"?[4]

E, antes de mais nada, por que a escolha do termo *humanismo* — que dá margem à confusão e, principalmente, lembra à maioria o período do Renascimento? Esse termo foi finalmente adotado em 1961, *após longos debates*, na ocasião da escolha do título da nova revista.

O *humanismo* é "qualquer teoria ou doutrina que tenha como objetivo a pessoa humana e seu desenvolvimento".

Inúmeros humanistas balizaram a história da filosofia e das letras. Contentar-me-ei em lembrar rapidamente algumas grandes figuras:

Entre os *antigos*, Sócrates e Protágoras (século v a.C.), para os quais "*o homem é a medida de todas as coisas*"; o poeta latino Terêncio (século II a.C.), a quem devemos a célebre fórmula: "*Sou homem e nada do que é humano me é estranho*".

Mas é claro que o humanismo desabrochou durante *o Renascimento*, período de otimismo e de fé renovada no ser humano, na riqueza inexplorada de todas as suas possibilidades. Podemos citar, especialmente: Rabelais, Montaigne e vários outros...

Mais próximo de nós, citemos o filósofo inglês Schiller, em seus *Estudos sobre o humanismo*. E Marx escreveu, em 1844: "O homem é o bem supremo para o homem". Ele achava que o *comunismo* pressupunha, acima de tudo, "o desenvolvimento livre e completo de todos os indivíduos"...

Em 1946, Sartre publicou uma obra-chave: *É o existencialismo um humanismo?* No ano seguinte, 1947, Heidegger publicou *Carta sobre o Humanismo*. Uma dezena de anos mais tarde, foi o filósofo alemão Marcuse que denunciava a "sobre-repressão" cultural que visava transformar o homem em "máquina" de produção social confiável, *esmagando a vida emocional e corporal, a espontaneidade e a criatividade individuais*. Ele seria uma das figuras marcantes da onda mundial de libertação humanista de *maio de 68*, que seguiu o "verão do amor" (*The Summer of love*) de 1967.

Eu gostaria de destacar agora *o estreito parentesco* entre os valores periodicamente defendidos por pensadores de todos os tempos, que se proclamavam humanistas, e a atual corrente da *psicologia humanista* (*P.H.*), também chamada de *novas terapias* — e, muito particularmente, a Gestalt:

---

4. Acabamos de ver que era justamente isso que acontecia, sobretudo nos Estados Unidos, e foi então de forma deliberadamente *provocadora* que os promotores dessa tendência mantiveram esse termo.

É uma forma de devolver ao homem toda sua dignidade, seu direito ao respeito *em todas as suas dimensões*:

* direito de valorizar *seu corpo e suas sensações, satisfazer suas necessidades* vitais fundamentais, expressar suas *emoções*;
* direito de *construir sua unicidade*, respeitando a especificidade de cada um (*direito à diferença*);
* direito de se desenvolver e *se realizar*, sem limitar-se ao "ter" e ao "fazer", de criar seus próprios fins, de ultrapassar sem cessar seus próprios limites, de elaborar *seus próprios valores* individuais, sociais e *espirituais*.

Para Will Schutz, fundador dos "grupos de encontro aberto" em Esalen, *as necessidades fundamentais do homem* são:

* *alimentação e abrigo*;
* *inclusão* (pertencer ou integrar um grupo onde se sinta em seu lugar);
* *controle* (necessidade de competência, de domínio — ou, pelo menos, de controle da situação em que se encontra);
* *afeição* (desenvolvimento de relações de intimidade e sentimento de ser digno de amor).

Abraham Maslow estabeleceu, em 1954, sua célebre *hierarquia das necessidades*, em que cada categoria aparece quando as necessidades — mais poderosas — de nível inferior estão suficientemente satisfeitas:

* necessidades *orgânicas* (respiração, sede, fome, necessidade de urinar etc.);
* necessidade de *segurança* ou de proteção (material e psicológica);
* necessidade de *pertencer* a um grupo ("inclusão");
* necessidade de *estima* e de reconhecimento social (competência, prestígio, sucesso);
* necessidade de *realização* pessoal e de seu potencial.

É surpreendente observar a *importância das necessidades não materiais*, mas psicológicas, sociais ou morais — freqüentemente negligenciadas em psicologia clássica.

O normal e o patológico

Para Freud, o homem "normal" ou "curado" é aquele *"que ama e trabalha"*... Bem podemos avaliar a relatividade e a variabilidade dos valores culturais, prisioneiros do tempo e do espaço! Os trabalhos dos antropólogos culturais americanos (R. Benedict, M. Mead, A. Kardiner, G. Bateson etc.) apontaram a *fragilidade do conceito de normalidade*, variável de um país a outro, de uma época a outra.

Assim, esqueceríamos facilmente, por exemplo, que os atletas olímpicos competiam completamente nus — daí o termo "ginástica" (de *gymnos* = nu) — ou, ainda, que na França, no começo do século, chegava-se a operar jovens que se masturbavam[5] e tratava-se as mulheres... que tinham orgasmo, pois a frigidez era então considerada norma física e moral, e qualquer manifestação de prazer na mulher era considerada sintoma de "histeria"!... Lembremos que ainda ontem, na União Soviética, a homossexualidade era passível de condenação a cinco anos de prisão.

Quando a *normalidade* foi questionada, os contornos da *patologia*, por sua vez, se tornaram fluidos. A psicologia humanista vai então *abandonar qualquer categorização nosográfica* e se interessar pela gama quase ilimitada dos comportamentos individuais, considerados "normais" *por princípio*.

Essa atitude alimentaria o movimento humanista da *antipsiquiatria*, nascido nos anos 60, na Inglaterra, em torno de Laing, Cooper e alguns outros, em estreita relação com os Estados Unidos e também relacionados com os filósofos existencialistas (Kierkegaard, Heidegger, Sartre).

Esse movimento prosperaria sobretudo na Itália, com Bassaglia e sua equipe, e levaria a uma corrente mundial de "desinstitucionalização" da psiquiatria, cujo exemplo mais espetacular seria dado por... Ronald Reagan, então governador da Califórnia, que reduziu para 7.000 o número de internos em psiquiatria, em 1974 (contra 37.500, em 1956 — ou seja, uma *redução de 80%* (sic) *dos doentes mentais*, em menos de vinte anos!), simplesmente... para reduzir os impostos e implementar o falido mercado de motéis, onde foram amontoados, sem cuidados, os doentes saídos dos manicômios![6]

Mas voltemos à psicologia humanista: ela dedicou-se, portanto, à *"terapia dos normais"* — no sentido amplo da palavra *terapia*.

Assim, enquanto a psicanálise inicialmente se interessou pela psicopatologia dos doentes, para depois extrapolar suas descobertas para a personalidade dos normais, a psicologia humanista, ao contrário, renunciou a essa clivagem — por princípio — e se interessou

---

5. Cabe lembrar a Lei de 1923, do estado do Missouri (EUA):
"Quando alguém for culpado por assassinato, violação, roubo em estradas, *roubo de galinhas*, uso de explosivo ou roubo de carros, o juiz de instrução designará *imediatamente* um médico competente, residente na região onde o delito foi cometido, para fazer uma vasectomia ou salpingectomia para *esterilizar* o culpado, tirando para sempre o poder de procriar."
Assim, *até 1944*, e se só levarmos em consideração os números *oficiais*, foram feitas cerca de *42.000 esterilizações* legais nos EUA. Mas também um número quase idêntico de *lobotomias* pré-frontais entre... 1945 e 1955 e várias centenas ainda em *1970!* (números citados por Castel, F.& R. e Lovell, A. em *La société psychiatrique avancée: le modèle américain*. Paris, Grasset, 1979).
6. É preciso acrescentar que uma pesquisa mostrou que sua evolução, nessas novas condições não foi... *melhor nem pior do que no hospital psiquiátrico!*

de imediato pelo desenvolvimento máximo individual. Perls gostava de repetir que

> *"A Gestalt-terapia é um método muito operante para ser reservado unicamente aos doentes!"*.

Após superar a clivagem *sujeito/objeto* da ciência tradicional e a clivagem *normal/patológico* do modelo médico, a psicologia humanista renunciaria também à clivagem cartesiana *causa/conseqüência*, para adotar um ponto de vista *sistêmico*, em que todos os fenômenos são considerados em interdependência *circular*: o homem é um sistema global aberto que inclui subsistemas (órgãos, células, moléculas etc.) e está, ele mesmo, incluído em sistemas mais amplos (família, sociedade, humanidade, cosmo) — em suma, tema bem antigo, já ilustrado, por exemplo, no século XIII, pelo poeta místico persa Rumi:

> "Se abres um grão de areia,
> encontrarás nele o sol e os planetas".

Chegamos assim a uma abordagem global totalizadora, que integra todo o universo: é a orientação *transpessoal* — que busca a unidade subjacente ao homem e ao mundo e apregoa o desenvolvimento de uma *consciência planetária*:[7] é "uma pesquisa interdisciplinar que tende a mostrar que o homem só pode ser compreendido participando de um Real transpessoal". Nesse novo humanismo ampliado podem ser encontrados pesquisadores em psicologia, física, biologia, mas também filósofos, escritores, teólogos e místicos, que procuram dar um sentido à vida *unindo* fenômenos díspares na aparência.

Esalen

Essa busca de novos valores de síntese deu lugar a um grande número de "centros de crescimento" ou de "desenvolvimento pessoal" (*Growth Centers*), que associam o desenvolvimento do corpo e do espírito, a mística oriental e a tecnologia ocidental, a religião, a arte e a ciência.

Agora convido vocês para que nos acompanhem, Anne e eu, a um verão dos *anos 70*, a Esalen, o mais célebre desses centros, considerado como berço da psicologia humanista.

---

7. Cf. por exemplo, Joel de Rosnay: *Le cerveau planétaire*. Paris. Olivier Orban. 1986. O autor considera que o conjunto dos homens representa um organismo gigante e que "somos os neurônios da terra"... "As redes de comunicação via satélite ou da telemetria pessoal surgem entre os primeiros circuitos do sistema nervoso da sociedade."

Viajamos do aeroporto de São Francisco num pequeno avião, que deixamos 200 km ao sul, em Monterey. Lá, uma "limusine" (táxi coletivo) de Esalen veio nos buscar.

Perto de nós, um jovem loiro e bronzeado, de sandálias de couro com sola de madeira, vestido com uma túnica de linho branco e colar de bronze no pescoço: não é preciso ser especialista para reconhecer um dos inúmeros estudantes alemães de Gestalt, que viera se aperfeiçoar em Esalen. O Instituto Fritz Perls de Dusseldorf, criado em 1972, foi o primeiro "produtor" mundial de gestaltistas profissionais: já formou (em quatro anos de estudos), mais de 1.500 psiquiatras, psicólogos e trabalhadores sociais.

Uma hora por uma estradinha beirando o penhasco íngreme, com suas enseadas arenosas e cunhas rochosas... mas ninguém se banhava no oceano Pacífico, cuja superfície ondulada se movia majestosamente: a água estava congelada pelas correntes vindas do Alasca.

A 280 km, ao sul de São Francisco, fica Big Sur, pequena cidade de artistas e escritores — entre eles o romancista "maldito" Henry Miller, censurado nos EUA até 1960. Já passamos pela placa de sinalização há 20 km, e nada de cidade! Big Sur, assim como Los Angeles (guardadas as devidas proporções!), é mais uma região do que uma cidade: não há centro. Apenas algumas casas esparsas, aqui e acolá, a maioria delas dissimuladas atrás das colinas e bosques.

A chegada

E eis uma estradinha que mergulha na direção do penhasco: chegamos ao domínio de Esalen (do nome de uma antiga tribo indígena que ocupava o local), que Michel Murphy herdou em 1962. Ele voltava então de uma permanência de 18 meses num *ashram* na Índia, onde se apaixonara pela tradição oriental e pela meditação. Decidira transformar a magnífica propriedade em um centro permanente de desenvolvimento do potencial humano e, para isso, se associou com seu ex-colega da Universidade de Stanford, Richard Price, objetivando uma síntese da mística oriental com a tecnologia ocidental.

Esalen foi o primeiro dos grandes centros de desenvolvimento que viriam a se multiplicar na costa oeste, e depois no conjunto dos EUA, antes de chegar à Europa.

Aqui estamos, no gramado de recepção, onde *hippies* meio nus espalharam comida para vender aos visitantes, dedilhando o violão enquanto uma ninhada de crianças bronzeadas rolam pela grama...

Mais abaixo, a piscina ao ar livre, onde homens, mulheres e crianças se divertem, inteiramente nus, enquanto outros, no mesmo local, se douram sobre a grama californiana, muito especial, espessa e compacta como um tapete de lã.

À beira da piscina, diante do oceano negro que dormita 30 metros abaixo, os estagiários, na contraluz, como sombras, dançam em câmera lenta um rito estranho dedicado ao sol: são adeptos do *tai-chi-chuan*, que ninguém conseguiria distrair de sua meditação dinâmica.

A recepção

Entramos na sala da recepção: teremos direito, desta vez, por sorte, a um quarto confortável, com banheiro, na ex-casa privada de Fritz Perls, um chalé redondo de madeira que dá para as termas sulfurosas e sua varanda para massagens.

A distribuição dos quartos — a maior parte com duas camas — é feita por ordem de chegada. Foi assim que, em outra estadia, em que vim sozinho, me deram uma chave na recepção e, ao entrar no quarto, fui recebido por uma charmosa psicóloga americana, que fazia a sesta nua na cama! Não levam em conta o sexo, na distribuição dos quartos.

Nessa época, Esalen podia alojar cerca de uma centena de estagiários, instalados em 15 construções de madeira espalhadas pela propriedade, cada qual com vários quartos, cujo conforto era muito desigual. Desde a abertura, *mais de 600 mil estagiários* passaram por Esalen — que se mantém como pólo de atração mundial há quase 30 anos.

Atividade do maior centro de desenvolvimento *"in the world"*

O centro fica aberto durante todo o ano: propõe, simultaneamente, de um a cinco *laboratórios* (*work-shops*) diferentes, que funcionam com um número variado de participantes (de quatro ou cinco... a 50 ou mais!).

Todos os anos Esalen convida cerca de *200 especialistas* diferentes, quase todos americanos, na maioria bem conhecidos, ainda que de valor desigual.

As sessões costumam durar de dois a cinco dias:

- nos *fins de semana* (de 18:00 h de sexta feira às 13:00 h de domingo);
- durante a *semana* (de 18:00 h de domingo às 13:00 h de sexta-feira).

mas alguns estágios excepcionais de formação são bem mais longos (de 15 dias a um mês).

E já que estou diante de minha coleção de catálogos, e tenho, na cabeça, minha necessidade enciclopédica e minha obsessão pela exaustividade e, no coração, inúmeras lembranças maravilhosas e o desejo de dividi-las com vocês, vamos folheá-los juntos por alguns momentos para satisfazer os curiosos e futuros "peregrinos".

Vejamos agora *alguns títulos de estágios* propostos, em grande variedade e desordem deliberada:

- Massagens intensivas avançadas (teoria e prática)
- Laboratórios para casais (de Gestalt)

- Práticas xamanísticas dos índios americanos
- Sabedoria do corpo (integração de Gestalt, *rolfing*, massagens etc.)
- Introdução prática à revolução informática doméstica
- A física quântica e o teorema de Bell
- Hipnose e parapsicologia
- Cidadãos da era solar: pensamento global e ação local
- Gestalt e sonhos
- A transferência em terapia analítica junguiana
- A astrologia: mapa da psique
- Laboratório para homens de negócios
- Morte e ressurreição
- Gestalt e hipnose
- As técnicas do sagrado
- A aula viva (Gestalt e psicossíntese)
- Tratamentos de urgência das crises existenciais e transpessoais
- O sistema energético do homem e a Gestalt
- Laboratório para celibatários
- O mundo da física contemporânea
- Sexualidade, feminismo e homossexualidade
- Balanço do programa de pesquisas soviético-americano de Esalen
- Gestalt e integração estrutural
- Teatro Gestalt e psicodrama
- Para uma sexualidade criativa
- Medicina holística (homeopatia, acupuntura etc.)
- A Gestalt e a arte
- Laboratórios para homossexuais (sós ou em casais)
- Práticas transpessoais (Jung, Gestalt, xamanismo tibetano etc.)
- A Gestalt e Gurdjef
- Laboratório para divorciados
- Gestalt e consciência do corpo

Paro por aqui, antes que fique zonzo, pois há cerca de *400 laboratórios por ano!*

Os laboratórios de Esalen são válidos para os cursos de ciências humanas de algumas *universidades* americanas, assim como para escolas de enfermagem e *faculdades de medicina.*

O contexto material

E eis o momento da refeição: temos escolha entre o refeitório interno — cujos vidros são transformados em estufas para plantar mudas de ervas de todo tipo — ou mesas colocadas sob o sol, no terraço de tábuas.

Um *self-service*, com uma longa mesa de "saladas" locais, com raízes e brotos: a alimentação é essencialmente vegetariana e macrobiótica.

Pode-se ir também "colher" algumas verduras no pé, com tesouras, e temperar com um dos numerosos "molhos" originais e saborosos.

A refeição — assim como a estadia e o conjunto dos serviços — está incluída no preço do estágio.[8]

Hoje, depois do almoço, nosso grupo vai aos banhos: são fontes termais naturais, levemente sulfurosas, conhecidas desde os tempos antigos e transformadas em *hot-tubs* — grandes cubas ou banheiras coletivas que podem acolher, cada uma, dez estagiários. A água é bem quente e corrente.

Todos se banham inteiramente nus e em grupos. Há, ao todo, umas dez cubas ou minipiscinas. Uma ala do edifício é reservada ao silêncio e à meditação durante a imersão em uma água à temperatura amniótica. Na outra ala, pelo contrário, ressoam gritos, risos e soluços de estagiários que relaxam ou "trabalham" a partir de suas emoções profundas.

Acima das termas fica o terraço das massagens: mesas estofadas estão alinhadas e uma dezena de massagistas trabalha com aplicação, untando os corpos com óleos perfumados e propondo, à escolha dos clientes:

• massagens *californianas*, chamadas ainda de massagens *sensoriais*, *euforizantes* ou *"sensitive-Gestalt-massages"*;
• massagens *Trager* (à base de vibrações);
• massagens *psíquicas* (a distância, sem contato com a pele);
• *rolfing* (massagem dos tecidos profundos para a integração postural).

Ir ou não ir?

Eu poderia prosseguir por muito tempo ainda minhas lembranças dos passeios por Esalen, de tão ingenuamente apaixonado fiquei por essa ilha paradisíaca nesta terra atormentada, um jardim do éden onde os homens teriam encontrado, por algum tempo, suas supostas relações originais...

No entanto, não ignoro as críticas justificadas: sim, tornou-se um *negócio* comercial muito lucrativo.. Sim! São permanentes os riscos de resvalar para o misticismo... Sim! Lugares assim sustentam um mito elitista e perigoso, distante da dramática realidade econômica e política do Terceiro Mundo e também dos excluídos de nossa sociedade, dita civilizada... Sim! É um *parêntese artificial* (ou seja, etimologicamente, *"feito com arte"*)... Sim! mesmo em Esalen, a morte se infiltrou — com suas overdoses e seus suicídios no abismo... Sim! Sim! Sim!...

---

8. Como referência, eis as tarifas de 1990, incluindo alojamento: fim de semana, US$ 325. Estágios de cinco dias, US$ 630.

Tudo isso é verdade, e outras coisas mais!

E, no entanto, continua sendo fundamental que sobrevivam lugares onde se possa manter a oscilante chama da fé no homem e em seus recursos, e não é inútil ter experimentado, ainda que uma vez, por alguns instantes fugazes, uma *peak-experience* ("experiência extática") de *satori* (iluminação) que permita saber para sempre que há em você alguma coisa *além* e que basta assoprar a brasa para reanimá-la...

CAPÍTULO 7

Abordagem sistêmica e Gestalt
O pentagrama de Ginger

A revolução sistêmica

Essa síntese necessária entre o oriente e o ocidente, entre arte, religião e ciência, entre tradição secular e tecnologia contemporânea, entre corpo, coração e cabeça, entre o homem e seu meio social e cósmico, essa síntese de nosso tempo, necessária e atual, promovida especialmente pela corrente humanista da psicologia, parece-me particularmente bem ilustrada pela Gestalt.

Em minha perspectiva, não é uma abordagem eclética, que empresta daqui e dali contribuições mais ou menos fecundas; não é tampouco uma simples combinação harmoniosa de elementos complementares que se somam ou se enriquecem mutuamente; é mais do que isso: é uma visão nova do homem e do mundo em interação permanente, uma concepção *sistêmica* — revolucionária em relação ao *paradigma* cartesiano-newtoniano,[1] cuja perspectiva mecanicista dominou a ciência por mais de três séculos.

Não se deve subestimar a importância dessa *revolução do pensamento* — que invadiu sub-repticiamente a maioria das ciências contemporâneas, sem que se tenha ainda realizado o salto *qualitativo*, não mais quantitativo, este já realizado.

Assim, por exemplo, ainda ensinam nas faculdades cada ciência *separadamente*: física num prédio, biologia em outro, psicologia ou so-

---

1. *Paradigma* = "conjunto de hipóteses fundamentais e críticas, com base nas quais teorias e modelos podem ser desenvolvidos", ou "conjunto de convicções compartilhadas pela comunidade científica mundial" (Thomas Kuhn) que servem de base à compreensão do mundo.

ciologia em uma faculdade diferente! Enquanto isso, nenhum pesquisador ignora mais a que ponto essas disciplinas estudam fenômenos comparáveis e, sobretudo, estreitamente interdependentes.

Como *"com-preender"* — quer dizer, *"prender junto"* — a respiração do homem ou do animal sem a fotossíntese do vegetal, se uma não pode funcionar sem a outra?[2] Como compreender a inflação econômica sem levar em consideração os fatores psicossociológicos da Bolsa?... É como descrever um quadro analisando apenas as cores!

Não são mais os fatos nem a estrutura das coisas que nos interessam, *mas suas interações,* não são mais os ex-corpúsculos isolados da matéria, mas a energia que os anima: a verdade não está mais na *materialidade* das coisas, mas no *espaço-tempo que as faz viver, as separa e as une,* não está mais nas palavras cristalizadas do dicionário, mas nas idéias fugidias dos homens, ela não está em nossos órgãos, mas em seu funcionamento, em nosso *estar-no-mundo* que condiciona nossa saúde ou nossa doença... Sabemos que para a física quântica pós-einsteiniana "as partículas subatômicas não são 'coisas', mas interconexões entre as coisas" (Capra, 1983) existentes num *universo quadridimensional de espaço-tempo* ou que certas partículas (as "antipartículas") não hesitam em se deslocar do futuro para o passado, sem nenhuma cadeia linear de causa e efeito. Sabemos agora que a *massa* nada mais é do que uma forma de *energia* e que não é mais associada a uma substância material. Assim, as *partículas* não podem mais ser descritas como *objetos* tridimensionais, nem como *bolas de bilhar* ou *grãos de areia.* As partículas materiais podem ser criadas e destruídas, sua massa pode ser transformada em energia, e *vice-versa.* Enfim, os átomos não são senão "uma dança perpétua da energia".[3]

Gregory Bateson,[4] um dos líderes da *escola de Palo Alto* — que introduziu explicitamente o pensamento *sistêmico* na *psiquiatria* —, considera que as recentes descobertas da física transformarão radicalmente nossa forma de pensar, pois "cada coisa deverá ser definida, não pelo que *ela é* em si mesma, mas por *suas relações* com outras coisas". Em uma perspectiva semelhante, Edward Hall relata que "os japoneses só se interessam pelas *intersecções,* deixando de lado as linhas que as determinam. No Japão, são os cruzamentos que têm nome, e não as ruas. Em vez de serem ordenadas no espaço, as casas são ordenadas no tempo e numeradas pela ordem de construção".[5]

---

2. Cf. Joel de Rosnay: *Les chemins de la vie.* Paris. Seuil. 1983.
3. Fritjof Capra: *Le temps du changement* (Col. "L'esprit et la matière"). Mônaco. Ed. du Rocher. 1983.
4. Gregory Bateson: *Vers une écologie de l'esprit.* Trad. franc. Paris, Seuil. 1977.
5. Edward Hall: *La dimension cachée.* 1966. Paris. Seuil. 1971.

As ciências do complexo

A justaposição dos conhecimentos não basta. Como enfatiza Joel de Rosnay:

> "Hoje, as disciplinas determinantes para o futuro de nossas sociedades chamam-se, de fato: economia, ecologia, biologia. Elas levam em consideração os *sistemas de extrema complexidade* que formam as empresas, as sociedades, os ecossistemas ou os organismos vivos. O raciocínio analítico não tem influência sobre elas. A complexidade das interdependências impede qualquer solução parcial."[6]

Como interagem as *60.000 bilhões de células de nosso corpo* com nossos pensamentos, nossos desejos e nosso meio?... E não esqueçamos que *cada uma dessas células* é uma "usina" complexa, reunindo várias *centenas de milhares* de elementos distintos, cada um deles compostos, por sua vez, de milhares de outros elementos!

Causalidade/Finalidade. Análise/Síntese

Que valem hoje as tentativas simplistas de explicações *causais lineares*?

Assim, como eu poderia explicar porque me tornei gestaltista? O acúmulo de causas virtuais possíveis das minhas escolhas profissionais ou ideológicas nunca poderia ser suficiente para explicá-las: todas as minhas condutas estão em múltiplas interações e formam uma *rede inextricável*, em que se misturam fatores físicos e afetivos, escolhas racionais conscientes, circunstâncias sociais fortuitas, preferências arbitrárias, opções filosóficas ou espirituais profundas...

Puxando ingenuamente qualquer fio do enredado novelo de minhas motivações, eu só chegaria a entrelaçá-lo ainda mais!

Precisamos abordar a realidade múltipla em *todos os seus aspectos simultaneamente*, quer dizer,

começar pela síntese e não pela análise,

como, aliás, faço espontaneamente:

• quando reconheço um rosto familiar, não me dei ao trabalho de analisar seus traços previamente, um a um;
• quando escuto uma sinfonia, não distingo detalhadamente o timbre de cada instrumento ou a sucessão das notas;
• quando me apaixono, meu sentimento não é precedido de uma análise rigorosa e ponderada das qualidades do "objeto amado"...

---

6. Joel de Rosnay, J. *op. cit.*

Na realidade, e seja lá o que diga o método *dialético* tradicional, tão apregoado, não passo meu tempo a pesar os prós e contras, e a abordagem hegeliana, que procede por *tese, antítese e síntese*, por mais sedutora que seja, se confirma totalmente imprópria à realidade da vida — que opera de forma *inversa*, ou seja: de uma primeira impressão sintética à sua justificativa analítica a *posteriori*.

Como indica sua própria etimologia, a *com-preensão* de um fenômeno ou de um objeto não provém, geralmente, nem da análise de seus componentes ou de sua estrutura, nem da busca hipotética de suas causas, mas, bem pelo contrário, da *síntese* — geralmente intuitiva — de seu conjunto, assim como da concepção de sua utilidade *teleológica*.[7]

Não é o estudo da união do cabo com a lâmina que me faz compreender a *faca*, mas sobretudo sua utilização posterior. *Conhecer* é, portanto, representar um objeto *significante*, quer dizer, não analisar a realidade, mas conceber um modelo em *funcionamento*. É assim ainda que poderemos identificar o objeto chamado de faca, mesmo se mudamos seu cabo e sua lâmina... que, no entanto, continua sendo o mesmo objeto: uma faca![8]

Mas não devemos nos *deter* na síntese, sair de um *reducionismo* para cair em outro: passar do *mecanicismo*, que imaginava que o conhecimento de todas as partes e de todas as leis permitiria um dia compreender o funcionamento do todo, ao *holismo*, que pretende que o conhecimento do todo explica o funcionamento de cada parte. Vejamos, a esse respeito, alguns trechos da obra epistemológica fundamental de Edgard Morin: *La Méthode de la méthode*, que desenvolve amplamente as noções básicas já esboçadas em *Paradigme perdue*. Parece-me que a leitura dessas obras[9] se impõe a todos os gestaltistas preocupados em refletir profundamente sobre seu próprio método.

> "A decomposição analítica em elementos decompõe também o sistema, cujas regras de composição não são aditivas, mas *transformadoras*.(...) Mas, acreditando superar o reducionismo, o *holismo*, de fato, operou uma redução ao todo: daí, não apenas sua cegueira em relação às partes enquanto partes, mas sua miopia em relação à organização como organização, sua ignorância da complexidade no âmago da unidade global.(...) O todo não é tudo. O todo é bem mais do que forma global.(...) O todo, sozinho, nada mais é do que um buraco (*whole is a hole*).

---

7. Teleológica: do grego *télos* (objetivo) = "orientada para uma meta, uma finalidade".
8. Cf. Le Moigne: *La théorie du système* général. *Théorie de la modélisation*. Paris. PUF. 1977.
9. Edgard Morin : *Le paradigme perdue: la nature humaine*. Paris, Seuil, 1973, e *La méthode*, cinco volumes, publicados a partir de 1977, por Seuil: *La nature de la nature, La vie de la vie, La connaissance de la connaissance, Le devenir du devenir, L'humanité de l'humanité*.

O sistema não diz respeito nem à "forma", nem ao "conteúdo", nem aos elementos considerados isoladamente, nem ao todo sozinho, mas a *tudo isso interligado* na e para a *organização* que os *transforma*. (...) O observador também faz parte da definição do sistema observado, e o sistema observado faz também parte do intelecto e da cultura do observador-sistema. Cria-se, na e através de uma tal interrelação, uma nova totalidade sistêmica que engloba um e outro (...)"

O Discurso do Método (Descartes, 1637)

Trata-se aqui, como mostra de modo brilhante Jean Louis Le Moigne, em sua notável *Théorie du Système Général*,[10] de um questionamento *radical* de todo o pensamento cartesiano, que se apóia em quatro preceitos lógicos — *hoje ultrapassados*, embora tenham fundamentado o chamado pensamento *"científico"* até o início do século XX:

• o preceito de *evidência* (só admitir como verdadeiro aquilo que for evidentemente verdade);
• o preceito *reducionista* (dividir cada uma das dificuldades em tantas parcelas quantas forem possíveis);
• o preceito *causal* (compreender, na ordem, as relações de causa e efeito);
• o preceito de *exaustão* (fazer em tudo arrolamentos tão completos e revisões tão profundas que se esteja certo de nada omitir).

Darei só um exemplo: o segundo preceito do *Discurso do Método* preconiza "dividir cada uma das dificuldades em tantas parcelas quantas forem possíveis... para melhor resolvê-las" e esta *análise* quase se tornou sinônimo de *método*! Ora, ao dividir o problema em partes impróprias, arrisca-se muito, pelo contrário, aumentar sua dificuldade!...

Atualmente, *os objetos a serem explicados são considerados mais partes de todos maiores do que todos que se devem decompor em partes*. Então justifica-se passar, para vê-las melhor, do microscópio tradicional ao "macroscópio" de Joel de Rosnay. "Enquanto na mecânica clássica as propriedades e o comportamento das partes governam aqueles do todo, a situação é *inversa* em mecânica quântica: é o todo que determina o comportamento das partes" (Capra). É natural que o mesmo ocorra, geralmente, com o organismo humano, e a Gestalt sempre enfatizou isso.

A direção do tempo

Do mesmo modo, a hipótese tão difundida de leis naturais que acarretariam conseqüências idênticas, *"todas as coisas iguais por outra via"*

---

10. Le Moigne, J. L.: *La théorie du système* général (já citado). Ver também: von Bartalanffy: *General system theory*. Nova York, 1949; de Rosnay, J. *Le macroscope*. Paris. Seuil. 1975; Capra, F. *The turnig point*. op. cit.; Edgard Morin, já citado etc.

(terceiro preceito), não é mais do que uma *aproximação* simplificadora, pois *nada nunca é igual*, pois a *direção do tempo* é irreversível em nossa escala cotidiana e imprime sua marca em todas as coisas e em todas as idéias. Assim, *as mesmas causas não provocariam sempre e exatamente os mesmos efeitos.*

Desde 1912, os psicólogos *gestaltistas* (Wertheimer) já tinham mostrado que uma "combinação, no tempo e no espaço, de estímulos diversos conduzia a experiências cujos resultados não podiam ser preditos a partir do conhecimento de cada estímulo".

Prosseguindo sua reflexão sobre o impacto do fator tempo, Koestler acrescenta:

> "Se os acontecimentos não são rigorosamente governados pelos impulsos e pressões do passado, não poderiam eles ser influenciados, de alguma forma, pela *'tração'* do *futuro*, que é uma forma de dizer que a 'meta' poderia ser um fator físico concreto da evolução do universo?"

Chegamos assim a uma hipótese *finalista*, conferindo uma lógica interna, não apenas aos seres vivos, mas também às idéias e aos objetos. Essa perspectiva *teleológica* é muito seriamente considerada pelos físicos contemporâneos.

Seja lá como for, encontramos aí, em suma, uma experiência cotidiana banal:

meu comportamento é, no mínimo, tanto "causado"
pelo *futuro* quanto pelo passado.

Se, por exemplo, durmo cedo essa noite, talvez seja porque estou cansado após um dia cheio, mas pode ser também *porque* prevejo um dia sobrecarregado *amanhã*; ou ainda, se você lê este livro, é porque você o comprou, mas é sobretudo *porque* você deseja saber o que ele contém ("tração do futuro").

"Passado e futuro coexistem, mas não no mesmo tempo,
assim como América e Europa coexistem,
mas não no mesmo espaço."[11]

Assim, em vez de procurar no passado o "porquê" das perturbações (perspectiva *causal*), poderíamos antes perguntar sobre sua manutenção atual, seu *"para quê"*, sobre os benefícios secundários trazidos ou sustentados pela doença (perspectiva *finalista*).

---

11. Costa de Beauregard (Diretor de Pesquisa no C.N.R.S.).

"A objetividade — observa, como que à sua revelia, Jacques Monot[12] — obriga-nos a reconhecer o caráter *teleonômico* dos seres vivos, a admitir que, em suas estruturas e desempenhos, eles realizam e perseguem um *projeto*."

Joel de Rosnay define um *sistema* como "um conjunto de elementos em interação *dinâmica*, organizados em função de uma *meta*".

A Gestalt enfatiza sem cessar a interdependência *sistêmica* entre o homem e seu meio (o homem em seu "*campo*") assim como a *polissemia* de todo comportamento, processo dinâmico multifatorial.

Parece-me que a recentração permanente da Gestalt no aqui e agora — ou, mais exatamente, no *agora e como (now and how)* — enfatiza a *prevalência do fator tempo*: mesmo uma lembrança antiga que emerge na consciência é transformada, de fato, dia a dia, até de hora em hora. Sua conotação emocional é diferente conforme o *contexto* espacial, temporal e social, e, portanto, seu tratamento deve ser diferenciado para continuar eficaz.[13]

Só a tomada de consciência isolada, racional e histórica, pode apenas reclassificar a lembrança nas estruturas mentais mais acessíveis, mas sua *transformação* duradoura implica que ela seja "remodelada" *no contexto do momento*, com uma participação *multidimensional* do corpo, da emoção, da afetividade, da razão e sob o olhar reconfortante de outrem.

De fato, o sentido emerge tanto do contexto como do texto...

O erro de Latner

Evidentemente, a Gestalt está muito próxima do pensamento sistêmico, cujos princípios fundamentais acabo de recordar brevemente, mas devo, sem mais demora, insistir no fato de que mais de um gestaltista de boa fé foi *induzido em erro* por um longo artigo polêmico de Joel Latner,[14] autor do *The Gestalt Therapy Book* (1973), membro da equipe de redação do *Gestalt Journal* e responsável pela formação

---

12. Monod, J. Prêmio Nobel de Medicina: *Le hasard et la necessité. Essai sur la philosophie naturelle de la biologie moderne*. Paris. Seuil. 1970. Suas teses se contrapõem, em especial, às de Teilhard de Chardin, um dos precursores do pensamento sistêmico.
13. Outros métodos psicológicos e psicoterapêuticos referem-se à abordagem sistêmica; em geral, aliás, mais explicitamente do que a Gestalt, a tal ponto que para o grande público, elas se confundem com a própria sistêmica! É o caso da Escola de Palo Alto (Gregory Bateson, Paul Watslawick etc.). Essa escola desenvolveu especialmente uma *terapia familiar sistêmica*.
14. Joel Latner. "This is the speed of light: field and systems theories in Gestalt Therapy" in *The Gestalt Journal*, Vol.VI, n.º 2, 1983. Tradução de Robine J.M., Bordeaux, I.G.B., 1985.

de inúmeros Gestalt-terapeutas na Califórnia e na região de Nova York. Esse artigo baseia-se inteiramente, em minha opinião, numa *leitura equivocada ou tendenciosa da sistêmica*, que ele distorce completamente de início, para depois criticar asperamente — aliás, num procedimento comum (utilizado sobretudo por Perls em relação à psicanálise)! Sua leitura me parece, no mínimo, surpreendente: julgue-mo-la!

Latner associa a física *clássica* (e não a física *contemporânea*) e a mecânica *newtoniana* à teoria dos sistemas... quando, justamente, *esta foi concebida para opor-se a elas!* Ele escreve:[15]

> "A teoria dos sistemas é uma maneira de pensar as inter-relações entre os objetos mecânicos e humanos (...) é uma elucidação da noção de mundo como *máquina*.(...) Suas características são a ordem, a *causalidade*, a noção de fronteira dos objetos, uma concentração nos *objetos* (e não no *espaço* entre eles), um isolamento *dual* dos objetos no mundo, separação de suas propriedades (...), a existência de *absolutos* independentes do contexto, o *isolamento* daquilo que é observado dos efeitos da presença do observador (...). O comportamento é dividido, *atomizado*. As paixões deslocam as pessoas como um taco de bilhar desloca a bola (etc.)" (*sic!*).

Não se poderia definir melhor *contra o quê* se ergue o pensamento sistêmico!

Já desenvolvi amplamente essas noções, mas voltemos às fontes: Ludwig von Bartalanffy, em geral considerado um dos fundadores do pensamento sistêmico (cuja denominação ele propôs), escreve:

> "(...) De tudo o que precede decorre uma visão entorpecedora, a perspectiva de uma concepção *unitária* do mundo, até então insuspeita." (1961)

Mais adiante, Latner definiu aquilo que chama de "*teoria do campo*" (hoje fala-se mais *de* teorias *dos* campos — e, especialmente, de *teorias quânticas dos campos*, as quais hoje levam em consideração a descoberta da "antimatéria" e das partículas elementares pesadas, ou *hadrons*, mas não permitem ainda explicar as massas das partículas):

> "(...) O espaço não é vazio, (...) é um campo, (...) os objetos nele contidos são concentrações de energia no interior do campo. (...) Os campos são os estados físicos do espaço; eles participam dos acontecimentos. (...) O campo é uma concepção não-dual do espaço. O campo está em toda parte (etc.). Na teoria do campo, o essencial não é a figura, *mas a figura no interior do campo*."

---

15. Não sem tomar alguma precaução: "Se ler física (...) o leitor competente reconhecerá com facilidade a insuficiência de minha compreensão nesse domínio" (...)

Como ter-se-á percebido, tudo isso *se refere, de fato, à teoria geral do sistema*... na qual estão *incluídas* as teorias dos campos: com efeito, estas últimas não passam de casos particulares da primeira, no âmbito da física contemporânea, enquanto que a *teoria geral dos sistemas* ou, melhor, a *teoria geral do sistema* é uma conceituação metodológica *interdisciplinar* concernente à epistemologia do conjunto das ciências e que se desenvolve ao mesmo tempo em física, química, cibernética, biologia, psicologia, psicoterapia, lingüística, sociologia, economia política etc. É claro que uma teoria não exclui a outra. Como assinala Einstein:

> "Construir uma *teoria nova* não é construir um arranha-céu no lugar de uma casa velha; é mais como subir uma montanha e ter, pouco a pouco, uma vista diferente, mais ampla, descobrir relações inesperadas entre nosso ponto de partida e seu rico arredor. Pois o ponto de onde partimos continua a existir e permanece visível, embora pareça menor e não seja mais do que uma pequenina parte de nossa visão ampliada".[16]

Dessas premissas falsas sobre a teoria sistêmica, Latner extrai considerações tendenciosas sobre as diversas correntes americanas de Gestalt e valoriza, é claro, sua escola atual (que eu não poderia desaprovar), a de Nova York, mas em detrimento das outras, as de Cleveland e da costa oeste, que ele trata com uma certa superficialidade. Em contrapartida, eu não poderia ficar calado diante do que considero uma *caricatura* da abordagem sistêmica, caricatura que Latner ajudou a divulgar entre alguns de nossos colegas.

O simbolismo

Para tornar mais clara esta abordagem sistêmica multidimensional, creio ser útil recorrer ao simbolismo.

Para além da linguagem verbal, que utiliza *sinais* — cujo sentido obedece *convenções*, em geral arbitrárias —, a representação *simbólica*, sobretudo quando traduzida de maneira visual, permite, por uma mobilização de nosso hemisfério direito, uma visão *sintética* e unificadora, uma abordagem *polissêmica* do homem e do mundo e de suas redes de relações, em geral, inusitadas.

O símbolo[17] seria então um verdadeiro *esperanto mental*, linguagem universal, ao mesmo tempo *infra* e *supraverbal*, em comunicação

---

16. Citado por Marilyn Ferguson, in *Les enfants du verseau*. Paris, Calmann-Levy. 1981.
17. Lembremos que "sim-bólico" se opõe a "*dia-bólico*"! De fato, *dia-ballein*, em grego, quer dizer "jogar entre, *separar,* desunir". Enquanto que *sum-ballein* significa "jogar ou pôr junto", de onde *sumbolon*: "sinal de reconhecimento" (objeto cortado em dois, cujas duas metades eram guardadas por duas pessoas: ao serem reunidas, comprovavam sua relação anterior).

direta com as camadas profundas de nosso ser, o que lhe confere, simultaneamente, uma função mediadora, uma função socializante e uma função terapêutica.

O pentagrama de Ginger

Há vários anos tentei encontrar um emblema simbólico que traduza e torne aparente para todos, sem esforço de análise, *a abordagem multidimensional do homem que me parece caracterizar a Gestalt*, e adquiri o hábito de recorrer ao *pentagrama estrelado* — que simboliza o homem, de acordo com uma longa tradição, que remonta a Pitágoras e foi divulgada, sobretudo, pelo célebre desenho de Leonardo Da Vinci.

Cabe especificar que, segundo a Tradição, o pentagrama "ativo" com uma *ponta para cima* representa o *Homem em pé*, sua cabeça, seus braços abertos e suas duas pernas. Invertido, com a ponta para baixo, ele representa o diabo (homem caído), sob a forma de uma cabeça de bode, seus dois chifres, suas duas orelhas e sua barbicha: ele é, neste caso, considerado "passivo" e maléfico.[18]

Porque uma estrela de *cinco pontas*? A polissemia do número *cinco* é particularmente rica e seu significado simbólico é universalmente admitido, seja na China, na Índia ou no Japão, em terras do Islão, dos ameríndios (astecas, maias, incas...) ou ainda entre os celtas, antigos gregos ou franco-maçons...

Em todas as partes o cinco representa o *Homem*, síntese vital do princípio da vida, da energia das forças complementares, radiante e transformadora: *feminino* (o *dois,* número par e feminino do equilíbrio) e *masculino* (o *três,* número ímpar e masculino do dinamismo).

Ele evoca também, é claro, *os cinco sentidos* clássicos que ligam o homem ao mundo, assim como os *cinco dedos* da mão — simbolizando a integração do indivíduo ao grupo.[19]

No simbolismo *pitagórico*, retomado especialmente pelos maçons nas catedrais góticas, o pentagrama ou "*Estrela Rutilante*" fica no centro da cruz dos outros elementos: ele é a "*quintessência*", a "quinta-essência", ou seja, o princípio essencial e puro.[20]

O cinco simboliza a realização, a *união equilibrada e a harmonia*. É o número do *Centro*, situado entre os quatro pontos cardeais do Mundo.

---

18. O pentagrama *ativo* (*e vermelho*) foi escolhido como emblema pela URSS, enquanto a Ordem *militar* soviética tem como emblema o pentagrama *invertido*! Os EUA escolheram como símbolo o pentagrama *branco*. Registrei a presença de um ou vários pentagramas na bandeira nacional de... 53 países!
19. Em persa, a mesma palavra (*daste*) significa "mão" e "grupo".
20. Ver Jules Boucher: *La symbolique maçonnique*. Paris. Dervy. 1948.

No centro da estrela de cinco pontas, representando o homem, coloca-se, de acordo com as Tradições, o coração, o sexo ou a letra "G".[21]

Na Grécia antiga, o pentagrama estrelado era consagrado a *Hygia*, a deusa da saúde e do bem-estar e sua mensagem começava por uma estrela de cinco pontas à guisa de saudação — com uma letra do nome da deusa em cada uma das pontas — tradição retomada pelos *latinos*, nas cinco letras do "salve" ("saúde").[22]

Levado por esse impulso, também coloco, por minha iniciativa, letras gregas, mas como iniciais convencionais de palavras francesas, que representam aquilo que considero *as cinco principais dimensões da atividade humana* — que, para mim, a Gestalt exprime e unifica particularmente bem:

---

1) **dimensão física** (φ): corpo, sensorialidade, motricidade, sexualidade...
2) **dimensão afetiva** (α): "coração", sentimentos, relação amorosa, o outro...
3) **dimensão racional** (ρ): "cabeça" (com seus dois hemisférios!), idéias e imaginário criador...
4) **dimensão social** (σ): relação com os outros, o meio humano, cultural...
5) **dimensão espiritual** (ω): lugar e sentido do homem no meio cósmico e no ecossistema global...

No centro da estrela, coloco o "G", para mim, inicial da palavra *Gestalt*, simbolizando a *inter-relação* das cinco dimensões fundamentais.

É claro que a *ordem* na qual dispus as diversas "dimensões" não é fortuita:

Em meu esquema, o homem se ergue sobre suas duas *pernas*: física e *metafísica*,[23] que asseguram sua "ancoragem" na terra e no mundo.

Seus dois *braços* lhe permitem entrar em relação com *"o outro"* e com *os* outros, relação *afetiva* privilegiada com o braço *esquerdo* (lado do coração) e relações *sociais* variadas, com o braço *direito* (mais ativo).

Notaremos que a parte *esquerda* do pentagrama é concernente à vida *interior* do homem (seu corpo, seu coração, sua cabeça), enquanto a parte *direita* é concernente ao seu *meio* próximo (social) ou global (cósmico).

Se passarmos de uma ponta a outra, no sentido horário, encontramos, *sucessivamente*:

---

21. *Quinta* consoante de nosso alfabeto — que representa, conforme o autor, a Terra (*Géo*), Deus (*God*), o *Graal*, a *Geração* etc... e, por que não, a Gestalt!
22. Cf. Serge Ginger: "La Gestalt-terapie et quelques autres approches humanistes dans la pratique hospitalière", in *Former a l'hôpital*, org. Honore, B. Toulouse, Privat. 1983.
23. Situei a dimensão metafísica e espiritual *perto do chão*, e não "na cabeça", para mostrar que, para mim, é uma *raiz* fundamental *imanente* e não uma força que transcende o homem.

O PENTAGRAMA DE GINGER

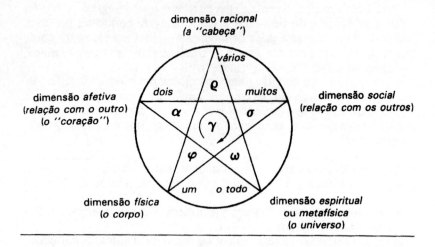

1. minha relação com meu próprio corpo, que só diz respeito a mim (solidão);
2. minha relação afetiva com uma pessoa privilegiada (casal);
3. minhas trocas intelectuais (com várias pessoas);
4. minhas trocas sociais mais amplas com grupos humanos (comunidade);
5. meu pertencimento ao Todo (Universo — que simbolizei por ω).

ou seja, uma relação que se *amplia progressivamente*: um, dois, vários, muitos, todo. O homem deve se esforçar para manter, durante a vida, um *equilíbrio* entre os *tempos*:

• de relação consigo (reflexão, leitura, meditação...);
• de relação a dois (amizade, amor, sexualidade...);
• de relações com o grupo (estudos, trabalho, cultura...);
• de relações com a sociedade (economia, política...);
• de relação com o mundo (ecologia, filosofia, espiritualidade, religião...).

É também a ordem da *ontogênese*, de acordo com a qual o homem se desenvolve, do nascimento à morte:

1. o bebê está principalmente centrado em seu próprio corpo;
2. depois ele estabelece relações afetivas privilegiadas com a mãe;
3. a criança depois amplia suas relações na escola, na "idade da razão";

4. depois, o adolescente e o adulto participam ativamente da vida social;
5. enfim, o homem idoso é confrontado com sua morte e se interessa cada vez mais pela vida espiritual.

Subentenda-se que meu comportamento é induzido *pelo conjunto dessas cinco dimensões*: por meu organismo e minhas sensações, meus desejos e relações, minhas idéias ou decisões, assim como pelo meio social que me cerca e que me condicionou parcialmente; ele está também em interdependência com todo o universo: o clima, a estação, a gravitação da Terra ou a luz do Sol... sem falar do inconsciente coletivo ou de Deus.

No entanto, *cada cultura* valoriza mais especialmente algumas dessas dimensões:

• assim, por exemplo, na França, dão primazia às dimensões racional, afetiva e social, e nos "mutilamos" deliberadamente, ao manter um certo *tabu* tanto em relação à dimensão *física* do corpo quanto à dimensão *metafísica* do espírito. Efetivamente, uma *censura* tenaz reina em relação às trocas físicas: a ternura, por exemplo, é reservada à intimidade familiar — enquanto o *contato corporal* e cutâneo é fundamental para todos os seres humanos:[24] e a nudez — apesar de natural — continua proscrita. Mas uma censura reina também sobre as trocas *espirituais ou ideológicas* (logo suspeitas de proselitismo tendencioso e freqüentemente proibidas nos locais de trabalho e nas associações).

• Outras culturas, inversamente, valorizam essas duas dimensões: exemplo disso é a *Índia*, com seus exercícios corporais e espirituais (*hata-yoga* e meditação). Outras ainda dão ênfase a diferentes dimensões: assim, os *EUA* e a *URSS* se ocupam mais do desenvolvimento do corpo, da inteligência e das relações sociais (que curiosamente se traduz, no meu esquema, em uma ponta!)

Esquema das dimensões valorizadas por:
FRANÇA   ÍNDIA   USA E URSS

---

[24]. Podem ser lidos com interesse, a esse respeito, os estudos de Harlow sobre bebês-macacos confrontados com "mães artificiais": 95% procuram carinho pelo *contato* com o pêlo ou a pele da mãe, mais do que por uma mamadeira oferecida por uma "mãe" de metal.

Ver também os célebres trabalhos sobre "vínculo", do psicanalista J. Bowlby, assim como os estudos mais recentes de Montagu: *La peau et le toucher*. Paris. Seuil. 1979. (*Tocar*, São Paulo, Summus). Ler também as pesquisas já clássicas de Spitz e vários outros, como Winnicott, Pages, Anzieu (*Le moi-peau*. Paris. Dunod. 1985).

Algumas abordagens terapêuticas

Constatamos o mesmo fenômeno nas principais abordagens terapêuticas clássicas: todas visam, em princípio, uma compreensão *global* e um desenvolvimento *harmonioso* do homem, mas, de fato, a maioria delas privilegia sobretudo duas vias particulares:

• por exemplo, a *bioenergética* utiliza sobretudo uma abordagem física e afetiva (emocional), buscando o vínculo entre o corpo e os traumas afetivos nele "inscritos";

• a *psicanálise*, visa, especialmente, uma conscientização maior (em parte intelectual) da vida afetiva;

• a *dinâmica de grupo* esclarece (dimensão racional) as inter-relações sociais;

• as *religiões* e certas formas de *meditação* constituem abordagens coletivas da dimensão espiritual;

• as *medicinas naturais*, a acupuntura, mas também o *yoga*, o *tai-chi* e muitas outras técnicas dão ênfase aos estreitos vínculos entre o corpo e as energias cósmicas ou espirituais.

ALGUMAS ABORDAGENS TERAPÊUTICAS

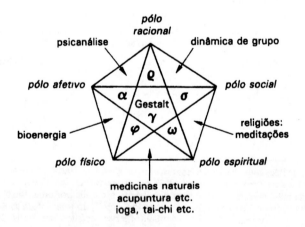

Eu situo a Gestalt no *meio* desse esquema porque ela se esforça para manter uma abordagem *multidimensional efetiva* por intermédio de uma abordagem

> *simultaneamente* física, afetiva, racional,
> social e espiritual do homem,

considerando não só todos esses aspectos, mas, principalmente, suas *inter-relações mútuas*, propondo não uma análise, mas uma visão *sintética global*, mais vinculada ao esclarecimento do *"como* isso funciona agora" do que do *"porque* isso funciona assim".
Poder-se-ia dizer ainda, de forma mais simbólica, que

> a Gestalt reabilita as funções do hemisfério direito,
> enquanto nossa cultura nos fez "hemiplégicos", utilizando
> sobretudo nosso cérebro esquerdo, analítico e racional.

Ora, retomando o aforismo de Edgar Morin, já citado, "o sonho de um homem totalmente racional é totalmente irracional"; e, além disso,

> "o real não é racional; ele é improvável e milagroso".[25]

Para uma "sócio-Gestalt"

Queria agora assinalar que evidenciar os cinco pólos principais, que distribuí pelas cinco pontas de meu pentagrama estrelado, só concerne o desenvolvimento harmonioso do homem *isolado*, mas que esta representação pode ser *extrapolada* para várias outras situações, tais como o casal, a família, uma instituição, uma empresa, toda a sociedade ou até um simples objeto — como este livro que estou escrevendo ou que você está lendo. Basta *transpor cada um dos cinco temas*, conservando aquilo que constitui sua essência fundamental.

Para mim, não é, de modo algum, um simples *jeu d'esprit*, nem um esquema pedagógico de explicação para uso de meus alunos, mas uma *ferramenta funcional* de trabalho — com infalível valor heurístico[26] — e que sempre utilizo pessoalmente, desde que o elaborei, tanto para diagnóstico como para tratamento de qualquer situação.

Começo assim examinando se certas dimensões são *super* ou *sub* desenvolvidas, depois tento imaginar uma *estratégia* que possa harmonizar a situação.

---
25. Michel Serres. *Le parasite*. Paris. Grasset. 1980.
26. Heurístico = que favorece a descoberta

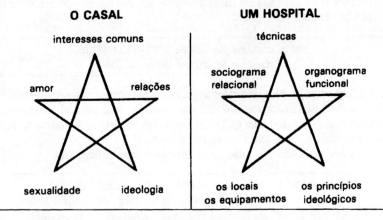

Ver, a título de exemplo, o quadro abaixo,[27] que ilustra os cinco pólos em alguns casos.

Assim, certa vez, fui convidado para uma jornada de *intervenção institucional* num internato para crianças desajustadas que vivia um *período de crise* sua história e estava ameaçado de fechar.

Após passar algumas horas no local, me pareceu que dois dos cinco eixos fundamentais estavam particularmente negligenciados:

os 5 pólos	o homem	o casal	um hospital	uma empresa	este livro
físico ou material	o corpo	relação física (sexual)	contexto material: arquitetura, instalações, equipamentos	os meios materiais: locais, equipamentos, capital...	sua apresentação material: capa, papel...
afetivo ou relacional	o coração o outro	relação afetiva (amorosa)	sociograma relacional espontâneo vínculos e vida da equipe de trabalho	o clima relacional: o ambiente do trabalho de equipe...	o prazer de ler: estilo, imagens, contato com o autor
racional ou intelectual	a cabeça as idéias	comunhão de idéias e interesses	técnicas de tratamento, ensino...	técnicas de produção e de distribuição	idéias desenvolvidas: sua clareza e interesse
social ou cultural	os homens os outros	círculo de amigos, relações e ativ. sociais	organograma funcional estruturado: hierarquia	as estrut. sociais: hierarquia, vida sindical...	influência do meio sobre o livro: impacto profissional
espiritual ou ideológico	o mundo	compromissos ideológicos partilhados	princípios ideológicos perante a morte, a verdade etc.	objetivos subjacentes: filosofia social da empresa	correntes filosóficas e ideológicas desenvolvidas.

• as *instalações* destinadas às crianças estavam completamente degradadas e dando impressão de tristeza e abandono (pólo *físico ou material*);

---

27. Quadro a ser lido, de preferência, no sentido vertical.

- por outro lado, os educadores não acreditavam muito no *valor* de seu próprio trabalho, achando que de nada servia "disfarçar" sem parar as inúmeras falhas — cuja responsabilidade quase total eles imputavam "à sociedade" (pólo *ideológico*);
- no entanto, as relações informais dentro da equipe são calorosas (pólo *afetivo*);
- não faltam idéias (pólo *racional*) para atividades ou "experiências" pontuais... nas quais, aliás, não se acredita! ("poderíamos fazer isso ou aquilo... mas de qualquer forma, não servirá para nada!"...);
- as relações *sociais* instituídas são aceitáveis — tanto no plano do organograma interno (divisão de funções) quanto no das trocas com o meio (famílias das crianças, vizinhos...).

Esse rápido panorama me permite concentrar meus esforços imediatamente nos dois eixos que me parecem os mais fracos: *o contexto material e o investimento ideológico.*

É claro que, em minha intervenção, inspirada no que batizei de *"sócio-Gestalt"*, não me entrego deliberadamente a uma análise institucional das *supostas causas históricas* da situação preocupante desse estabelecimento: mesmo se chegasse a levantar hipóteses plausíveis que explicassem a degradação atual, isso não levaria a nada, ao contrário, *deprimiria ainda mais* a moral da equipe, ao "justificar" posteriormente as dificuldades experimentadas: "depois de tudo o que aconteceu, como poderia ser de outro modo?".

Procuro, ao contrário, favorecer a *awareness* da situação atual: uma tomada de consciência mais clara do *presente* e do que se poderia *experimentar.*

Me detenho aqui na evocação dessa intervenção um pouco específica. É claro que inúmeras adaptações e transposições são possíveis, tanto da *filosofia* geral quanto das *técnicas* específicas da Gestalt, em uma situação em que o "cliente" não é mais *um indivíduo isolado* em dificuldade, mas *uma instituição inteira em disfunção.*

Afinal de contas, com um pouco de imaginação, percebemos que é possível *extrapolar a maioria dos princípios e métodos da Gestalt.*[28] Assim, por exemplo, podemos explorar:

- *a fronteira de contato* entre o estabelecimento e a sociedade;
- *os mecanismos de evitação* (*introjeção* de princípios institucionais mal-integrados e *confluência* desmobilizadora das ideologias, *projeções* das

---

28. Arnold Beisser, em 1970, afirmava em seu conhecido artigo sobre *La theorie paradoxal du changement*, que essa mesma teoria da mudança era aplicável aos *sistemas sociais...* "Isso pressupõe que o sistema tome consciência de seus fragmentos alienados, internos e externos, para poder reintegrá-los em seu funcionamento principal, por um processo similar à conquista de identidade pelo indivíduo".
Pode-se ler também, de S. Herman e M. Korenich: *Authentic management: a gestalt orientation to organization and their development.* EUA. Addison-Wesley. 1977.

dificuldades no meio ou na sociedade, *retroflexão* quase "suicida" da agressividade, que levou a instituição à beira do fechamento etc.);
- *a imagem* que esse internato construiu de sua própria "personalidade" etc.);
- podemos fazer ainda as diferentes partes da instituição *dialogarem entre si*, restaurar a comunicação entre diversas instâncias ("cabeça" e "corpo") ou favorecer a *expressão emocional* dos subgrupos etc. Falar *com*... e não falar de...
- trabalhar com os *sonhos* coletivos (fantasias institucionais...);
- patentear as *Gestalts inacabadas* (por exemplo, decisões tomadas e sem resultados) e as disfunções do *ciclo de contato-retração* de qualquer experiência;
- buscar a *integração das polaridades* contrárias (respeito pela especificidade de cada um e inserção social etc.);

Todo este trabalho sempre é feito, é claro, *a partir da awareness do que emerge no aqui e agora da situação.*

Aquilo que chamo de *"sócio-Gestalt"* não é, portanto, a aplicação da Gestalt *em uma* instituição ou empresa, mas

---

a aplicação da Gestalt à instituição (ou empresa) considerada como um "organismo " global em interação com seu meio.

SEGUNDA PARTE

MÉTODOS E TÉCNICAS DA GESTALT

CAPÍTULO 8

A teoria do *self*

Goodman e a teoria do *self*

Para Perls, a *neurose* está vinculada ao acúmulo de "*gestalts inacabadas*", de necessidades não satisfeitas (ou cuja satisfação foi prematuramente interrompida), ou seja, de repetidas dificuldades de *ajustamento entre o organismo e seu meio*.

O processo permanente de adaptação criadora do homem ao seu meio — interior e exterior — constitui aquilo que Paul Goodman (1911-1972), considerado o primeiro teórico da Gestalt, chama de *sêlf*.

A *teoria do self* está exposta no volume II de *Gestalt-therapy*, publicado em 1951 e atribuído a Perls, Hefferline e Goodman. Esta obra ainda constitui a Bíblia de um certo número de Gestalt-terapeutas de hoje. De fato, o volume II foi inteiramente organizado e redigido por Goodman, a partir de esparsas notas manuscritas de Fritz Perls — do qual ele foi um dos primeiros colaboradores. Goodman foi o principal teórico do "Grupo do Sete". Foi ele que assumiu posteriormente a direção dos dois primeiros institutos de Gestalt, o de Nova York (aberto em 1952) e o de Cleveland (1954).

Paul Goodman era romancista e poeta, crítico e anarquista polêmico, bem conhecido nos meios da extrema esquerda nova-iorquina, por suas posições provocadoras — que até o próprio Reich achava excessivas. Goodman não tinha nenhuma experiência clínica como terapeuta na época em que redigiu esse ensaio, mas fora analisado por um aluno de Reich: Alexander Lowen, um ex-advogado que se tornara médico e que viria a fundar a bioenergética. Parece que ele foi apresentado a Perls por Isadore From, o qual, aliás, não deixou de desenvolver suas idéias até os dias atuais e revalorizou recentemente sua *teoria do self* — caída em desuso há muitos anos, deixada de lado por muitos "grandes" da Gestalt-terapia, como os Polster[1] ou Claudio Naranjo, e até mesmo explicitamente contestada por alguns outros autores, como, por exemplo, Jim Simkin, um dos primeiros e mais fiéis colaboradores de Perls, que escreveu (em correspondência recente com Joel Latner):

> "Entre 1982 e 1983, tentei em várias ocasiões ler o volume dois de *Gestalt-therapy* — mas sem êxito. O cuidado de Goodman é evidente, mas sou incapaz de captar alguns de seus saltos. Uma boa parte desse material tem, para mim, no máximo, uma relação tangencial com a Gestalt-terapia, e parece mais fundamentalmente psicanalítica. Não recomendo absolutamente o volume II aos estudantes que tentam aprender Gestalt-terapia, e compartilho com eles minhas próprias dificuldades com este volume."[2]

O que é então o *"self"*?

Em Gestalt, esse termo adquiriu um sentido muito *específico*, diferente do que significa em psicanálise tradicional, assim como para Winnicott, Kohut e outros. É também, com freqüência, objeto de malentendidos.

Acrescentemos a isso que Goodman, dizem, teria procurado deliberadamente permanecer um pouco esotérico, para que seu método não fosse emprestado por terceiros que não tivessem feito um sério trabalho de experimentação pessoal. Ele não hesita em declarar na introdução: "O leitor se encontra aparentemente diante de uma tarefa impossível: para compreender este livro, ele precisa ter uma mentalidade gestaltista... e para adquirir esta mentalidade, precisa compreender este livro!"

É verdade que a obra não teve nenhum sucesso na ocasião de seu aparecimento. Entretanto, o essencial da Gestalt já aparece nela.

O *self*, portanto, não é uma entidade fixa nem uma instância psíquica — como o "Eu" ou "Ego" — mas um *processo* especificamente pessoal e característico de sua maneira própria de reagir, num dado momento e num dado campo, em função de seu "estilo" pessoal. Não é o seu "ser", mas seu "ser no mundo" — variável conforme as situações.

Para ilustrar isso, Goodman evoca o *artista* no trabalho ou a criança no *jogo*: eles *são ao mesmo tempo ativos e passivos*, num permanente *ajustamento criador*, numa *awareness* tanto de suas sensações externas provenientes do meio, quanto de suas pulsões criadoras internas, provenientes de seu organismo.

---

1. Embora tenham sido, eles mesmos, formados por Isadore From; para Latner, entre os gestaltistas ainda vivos, foram os Polster que mais alunos formaram, tanto nos Estados Unidos quanto no exterior.
2. Relatado em The Gestalt Journal, Vol. VI, n? 2. Outono de 1983.

> "O *self* é nossa maneira particular
> de estarmos envolvidos em qualquer processo,
> nosso modo de expressão individual
> em nosso contato com o meio...
> Ele é o agente de contato com o presente,
> que permite nosso ajustamento criador."
> (J. Latner)

A fronteira de contato

"A *psicopatologia*, diz Goodman, é o estudo da interrupção, da inibição ou outros acidentes no processo do ajustamento criador."

E Perls especificou: "O estudo da maneira como uma pessoa funciona em seu meio é o estudo do que acontece *na fronteira de contato entre o indivíduo e seu meio*. É nessa fronteira de contato que os eventos psicológicos têm lugar. Nossos pensamentos, nossas ações, nosso comportamento, nossas emoções são nosso modo de experiência e de encontro com esses eventos de fronteira".[3]

A fronteira entre eu mesmo e o mundo chama-se *"fronteira de contato"*.

Como já lembrei, a *pele* é uma ilustração concreta e ao mesmo tempo uma metáfora: por um lado, ela *me protege* e me delimita (ela é minha fronteira) mas, por outro lado, é um *órgão de trocas* com meu meio, através das terminações nervosas e dos poros (ela é um órgão de contato).

O id, o eu e a personalidade

O *self* dos gestaltistas funciona em três *modos*: o "id", o "eu" e a "personalidade".

• *A função "id"* é concernente às pulsões internas, às necessidades vitais e, especialmente, sua tradução *corporal*: assim, o "id" me indica se tenho fome, se sufoco ou se estou relaxado. Ele funciona em meus atos *automáticos*: respirar, andar, até conduzir um carro pensando em outra coisa. Meu "id", de certa forma, age sobre mim, quase à minha revelia.

• *A função "eu"*, pelo contrário, é uma função ativa, de escolha ou rejeição deliberada: é *minha própria responsabilidade* limitar ou aumentar o contato, manipular meu meio a partir de uma *tomada de consciência* de minhas necessidades e de meus desejos. As perturbações eventuais

---
3. Perls, F. *The Gestalt approach*. Palo Alto. Science & Behavior. Books. 1973.

desta função se traduzem pelo que Goodman chama de *"perdas da função ego"*, que alguns compararam com os mecanismos de defesa do eu ou com os mecanismos de *evitação*, e muitos gestaltistas — após os Polster — chamam pelo termo ambíguo de *"resistências-adaptação"*.

• *A função "personalidade"* é a representação que o sujeito faz de si mesmo, *sua auto-imagem*, que lhe permite se reconhecer como responsável pelo que sente ou pelo que faz.

É a função *"personalidade"* de meu *self* que assegura a integração de minhas experiências anteriores, a assimilação do que vivi ao longo de toda minha história, é ela que constrói meu sentimento de identidade.

• *Em suas três funções*, o *self* aparece com uma intensidade ou uma precisão *variável conforme os momentos*: assim, às vezes, eu não me reconheço em uma reação que não é habitual em mim, como quando um momento de afeto "me invade". Em outros momentos, meu *self* "se dissolve" numa intensa *"confluência"*: dança, êxtase, orgasmo... ou, ao contrário, num estado de "férias" interior, de "vazio fértil", antes da emergência de uma nova figura que mobilizará minha atenção.

A psicose, a neurose e a "saúde" mental

• *A psicose* seria, sobretudo, segundo Goodman, uma perturbação da *função "id"*: a sensibilidade e a disponibilidade do sujeito às excitações externas (perceptivas) ou internas (proprioceptivas) são perturbadas: ele não responde claramente ao mundo exterior nem às suas próprias necessidades. Ele está *cortado da realidade*: nele não há mais *ajustamento criador* do organismo ao meio.

• *A neurose*, pelo contrário, seria uma perda da *função "ego"* ou da função "personalidade": a escolha da atitude adequada é difícil ou desadaptada. O mundo exterior e as necessidades internas são percebidas pelo "id", mas a resposta do "eu" não é satisfatória: o *ajustamento criador* do comportamento não está de acordo com a necessária "hierarquia das necessidades". As respostas não são *atualizadas*. A neurose é pois um conjunto de *respostas obsoletas ou anacrônicas*, em geral enrijecidas numa estrutura de caráter que reproduz comportamentos adquiridos em outros tempos e em outros lugares.[4]

---

4. Esquematizando ao extremo, poderíamos assim resumir as hipóteses relativas à *etiologia da neurose* entre os seguintes autores:
• para Freud; recalque das pulsões libidinais, proibidas pelo superego;
• para Reich: proibição social de expressão das pulsões sexuais genitais;
• para Horney: solução econômica provisória — que se torna anacrônica — trazendo um máximo de benefícios secundários numa situação de tensão;
• para Perls: acúmulo de necessidades interrompidas ou Gestalts inacabadas;
• para Goodman: perda da função eu (ego) de ajustamento criador.

A *fluidez* normal das emoções, do pensamento, do comportamento, no decorrer do *ciclo de experiência*, em sua *alternância incessante de contatos e retrações*, é perturbada.

• *O estado saudável* se caracteriza, de fato, para Perls, por um processo permanente de *homeostase interna* (manutenção dos equilíbrios bioquímicos vitais) e de *ajustamento externo* às condições — sempre flutuantes — do meio tanto físico quanto social.

O ciclo de contato-retração

Perls e, principalmente, vários de seus colaboradores, como Goodman, Zinker, os Polster etc., analisam em detalhes o desenvolvimento normal, ideal, do *"ciclo de satisfação das necessidades"*, que ainda pode ser chamado, conforme o autor, de "ciclo de auto-regulação organísmica", "ciclo de experiência", *"ciclo de contato-retração"* — até, de maneira mais elíptica, *"ciclo da Gestalt"*.

O homem saudável identifica sem esforço a necessidade dominante no momento, sabe fazer escolhas para satisfazê-las e está assim *disponível para a emergência de uma nova necessidade*: ele está sob o efeito de um *fluxo permanente de formações e, depois, de dissoluções de "Gestalts"*, movimento ligado à hierarquia de suas necessidades perante o aparecimento sucessivo de *"figuras"*, em primeiro plano sobre o fundo de sua personalidade.

Cada autor subdivide este *ciclo de contato* em um certo número de *fases* principais, cujo recorte, pode, aliás, prestar-se à discussão.

Assim, por exemplo, os Polster distinguem *oito etapas* — emergência da necessidade, expressão, luta interna, definição, impasse, acme, iluminação, reconhecimento; enquanto Zinker (1977) isola *seis* delas — sensação, tomada de consciência, mobilização da energia ou excitação, ação, contato, retração; e Michael Katzeff (1978), por sua vez, distingue *sete*, ou seja, uma suplementar: a "realização" (entre o contato e a retração) — o que lhe permite associar o número de etapas do ciclo aos sete principais chakras dos orientais.

No que me concerne, em minha *prática clínica efetiva* — tanto em terapia individual quanto em sessões em grupo — confesso não perceber grande interesse em tais *subdivisões, que "atomizam" excessivamente a realidade*, nem sempre trazendo um refinamento aproveitável no plano terapêutico.

O principal interesse em tais recortes residiria em se poder melhor *localizar a fase do ciclo onde se produz uma interrupção, um bloqueio* ou qualquer outra perturbação: por exemplo, não percepção de uma sensação ou de uma necessidade (num psicótico) ou ainda identificação da necessidade, mas ausência de mobilização energética (num neurótico apático) ou, ainda, impossibilidade de retração (num neurótico ansioso e insaciável ou num histérico fusional), ou ainda aceleração com derrapagens...

Goodman assinala que o *momento* da interrupção condiciona o *tipo* de "perda das funções do ego". Assim, segundo ele:

- antes da excitação, teríamos a *confluência*.
- durante a excitação, a *introjeção*;
- no momento de enfrentar o meio, a *projeção*;
- durante o conflito e a destruição, a *retroflexão*;
- durante o contato final, o *egotismo*.

Zinker consagra um longo capítulo às diversas localizações possíveis das disfunções, mas propõe um recorte diferente. Pierret, por sua vez, especifica o tipo de *"resistência"* própria a cada momento de interrupção do ciclo... mas não as situa nos mesmos pontos que os dois autores precedentes!

Estas classificações, embora um pouco *dogmáticas*, afinal mais me parecem *jogos intelectuais*, que procuram dar uma ilusória coerência a comportamentos individuais singulares, que, *felizmente*, fazem parte de todas as construções racionais generalizantes.

Quanto aos fatos, podemos constatar o aparecimento da maioria dos mecanismos de evitação (introjeção, projeção, retroflexão, confluência etc.) *em diversos momentos* do ciclo.

Para esclarecer, retomamos aqui a divisão inicial de Goodman, em *quatro fases principais*, que apresenta a vantagem de ser fácil de reter. Ele distingue:

- pré-contato;
- tomar contato (*contacting*);
- contato pleno ou contato "final";
- pós-contato (ou retração).[5]

A cada etapa do ciclo, o *self* funciona de acordo com um *modo* diferente e o centro de interesse se desloca: uma nova *figura* — ou "*Gestalt*" — emerge do *fundo* e mobiliza a atenção.

1. O *pré-contato* é essencialmente uma fase de sensações, durante a qual a percepção ou a excitação nascente em meu corpo — geralmente por um estímulo do meio — tornar-se-á a *figura* que solicita meu interesse. Assim, por exemplo, meu coração se põe a bater mais forte com a visão da pessoa amada. Meu coração é a *figura* e meu corpo é o *fundo*.

---

[5]. Eu, pessoalmente, prefiro diferenciar dois *momentos críticos*, em que se define a sessão terapêutica (ou a relação, na vida cotidiana): uma fase de *comprometimento* (análoga ao *contacting*) e uma fase de *descomprometimento* (após o pleno contato e *antes* da retração) — que leva "meu" ciclo a cinco fases principais.

O *self* funciona essencialmente no modo *"id"* ("isso acontece").

2. O *"contato"* ou, melhor, o *"tomar contato"* (*contacting*) constitui uma fase *ativa*, no decorrer da qual o organismo vai enfrentar o meio. Trata-se, aqui, não do contato estabelecido, mas do estabelecimento de contato, de um *processo* e não de um estado. É o objeto desejado (ou ainda as possibilidades entrevistas) que vai definir a *figura*, enquanto a excitação do corpo vai se encontrar progressivamente como *fundo*. Geralmente, essa fase é acompanhada de uma emoção.

O *self* funciona no modo *"eu"*, permitindo uma escolha ou uma rejeição das diversas possibilidades e uma ação *responsável* sobre o meio.

No exemplo citado, eu vou empreender uma ação (verbal ou corporal) para entrar em contato com a pessoa que é objeto de meu desejo.

3. O *"contato final"* ou, melhor, o *"contato pleno"* é um momento essencial de confluência saudável, de indiferenciação entre o organismo e o meio, entre o *eu* e o *tu*, um momento de abertura ou de abolição da *fronteira de contato*. A ação é unificada no *aqui e agora*: há coesão entre a percepção, a emoção e o movimento.

O *self* ainda funciona no modo *eu*, mas, desta vez, não mais de forma ativa, mas no modo "médio":[6] ao mesmo tempo ativo e passivo, sujeito e objeto.

Estabeleceu-se um "contato pleno" fusional, uma *confluência* saudável entre os dois corpos e a fronteira *sujeito/objeto*, entre eu e o outro, se detém. A intensidade do *self* decresce.

4. O *pós-contato ou retração* é uma fase de *assimilação*, que favorece o crescimento. Minhas experiências são "digeridas".

O *self* funciona no modo *"personalidade"* integrando a experiência na *vivência* da pessoa, ressituando o *aqui e agora* na dimensão *histórica* própria a cada um. Ele perde, pouco a pouco, sua acuidade: a consciência diminui progressivamente e o sujeito está novamente *disponível* para uma outra ação: a *Gestalt* é fechada, um *ciclo* está terminado. Voltamos à "estaca zero", ao *vazio fértil* da *indiferença criadora* (Friedlaender), de onde poderá emergir uma nova experiência.

Essas quatro fases clássicas do ciclo de contato-retração podem ser esquematizadas como no quadro seguinte (a ser lido *horizontalmente*):

---

6. No sentido da "voz média" da conjugação grega, da qual decorre o pronome reflexivo: *eu me alegro* = ao mesmo tempo a situação me alegra (passivo) e dela participo com prazer (ativo).

FASES DO CICLO	pré-contato excitação	contato	contato final pleno contato	pós-contato retração
função dominante do *self*	id		eu	personalidade
modo de funcionar do *self*	modo passivo	modo ativo	modo médio	diminuição progressiva do *self*
"figura" central	o sujeito eu (me)	o objeto tu (te)	sujeito/ objeto (nós)	pessoa global em sua história

(um quadro das fases do ciclo, segundo os diversos autores, será encontrado no final do capítulo)

As "resistências"

Na prática, as coisas não acontecem de modo assim simples: são numerosas as *Gestalts inacabadas*, os ciclos interrompidos por uma perturbação na *fronteira de contato*, perturbação de origem interna ou externa ao sujeito, que não permite o *desabrochar do self*.

Esses mecanismos de defesa ou de evitação do contato podem ser *saudáveis* ou *patológicos*, conforme sua intensidade, sua maleabilidade, o momento em que intervêm e, de uma maneira mais geral, sua oportunidade.

Reina uma certa confusão quanto à sua *denominação*: de fato, vários autores os definem com vocábulos diferentes: *mecanismos neuróticos* ou *perturbações neuróticas* na *fronteira de contato* (Perls), *perdas da função ego* (Goodman), *defesas do Eu* (André Jacques), *resistências-adaptação* (Polster), *distúrbios do self* ou *interferências na awareness* (Latner), *interrupções no ciclo de contato (Zinker), mecanismos neuróticos de evitação* (Marie Petit).

Seja lá como for, Goodman distingue *quatro* mecanismos principais: a *confluência*, a *introjeção*, a *projeção* e a *retroflexão*. E descreve uma quinta: o *egotismo*, mas seu estatuto é um pouco diferente.

Outros autores acrescentam a *deflexão*, a *proflexão* etc. — que mais parecem constituir combinações dos primeiros do que processos originais.

A *observação* desses mecanismos — cada um implica, em princípio, uma estratégia terapêutica específica — constitui uma preocupação essencial para o praticante da Gestalt.

Cabe especificar, porém, logo a princípio, que a Gestalt-terapia, contrariamente a certas outras abordagens, não visa atacar, vencer ou "superar" as resistências, mas, principalmente, torná-las mais *conscientes*, mais *adaptadas* à situação do momento. O terapeuta procurará então, em geral, *patenteá-las* para torná-las *mais explícitas*. É claro que essas *resistências* podem ser normais e necessárias ao equilíbrio psicossocial:

elas são, no mais das vezes, uma reação saudável de adaptação. Somente suas exacerbações e, principalmente, sua *cristalização* em momentos impróprios constituem um comportamento neurótico.

1. A confluência

É um estado de *não-contato*, de fusão por *ausência de fronteira de contato*. O *self* não pode ser identificado.

A criança pequena está em confluência *normal* com sua mãe (*simbiose*), assim também o amante com a amante, e também o adulto com sua comunidade, e até o homem com o universo, por pouco que se sinta em harmonia mística com ele (sentimento "oceânico" de comunhão ou êxtase).

A confluência é, em princípio, seguida da *retração*, permitindo ao sujeito reconquistar sua fronteira de contato, *reencontrar sua própria identidade*, marcada pela singularidade e a diferença. Quando essa retração se mostra difícil, quando a confluência se torna *crônica*, então o funcionamento pode ser qualificado de patológico (neurótico, até psicótico).

Exemplo disso é a inibição que impede romper qualquer equilíbrio conquistado e qualquer ação responsável. Encontramo-la também entre inúmeros casais em que nenhum dos parceiros se autoriza a menor atividade separada, vivida então como "traição".

No plano social, a confluência impede qualquer confronto e qualquer contato verdadeiro (que implica *diferenciação entre duas pessoas distintas*), portanto, qualquer evolução social. Podemos percebê-la entre certos fanáticos ou sectaristas, identificados com suas crenças ou suas seitas, enquistados num sistema dogmático rígido, com o qual se confundem, seja sistema religioso, político, metodológico ou outro. Toda *ruptura brutal da confluência* acarreta então uma viva ansiedade — em geral, acompanhada de culpa — podendo chegar até a decomposição psicótica.

A atitude terapêutica consistirá especialmente em *trabalhar nas fronteiras* do self, no "território" de cada um, com sua especificidade, com os limites temporais, com a fluidez das relações (alternância de contatos e rompimentos). Isso implicará um clima de confiança e de segurança suficiente, autorizando o "confluente" a se emancipar sem o temor de se sentir abandonado ou "dissolvido".

Vários exercícios clássicos de Gestalt (corporais, verbais ou simbólicos) favorecem essa afirmação de identidade: expressão dos limites corporais, do próprio ritmo num grupo, busca do lugar específico, de uma representação gráfica simbólica da pessoa por uma *mandala*, confronto físico com um parceiro etc.

Foi precisamente para denunciar a confluência que Perls compôs sua famosa "Oração da Gestalt" — que fez correr muita tinta e lhe atraiu muitas críticas daqueles que não souberam discenir o espírito dela:

> "Eu sigo meu caminho, você segue o seu.
> Eu não estou neste mundo para corresponder
> às suas expectativas,
> E você não está neste mundo para corresponder às minhas.
> Você é você e eu sou eu...
> E se, por acaso, nos encontramos, é maravilhoso!
> Se não, nada podemos fazer!"

2. A introjeção

Ela é a própria base da educação da criança e do crescimento: nós só podemos crescer assimilando o mundo exterior, certos alimentos, certas idéias, certos princípios...

Mas se nos contentamos em engolir esses elementos exteriores sem os "mastigar", eles não são "digeridos", ficam em nós como corpos estranhos parasitas. *Toda assimilação começa por um processo de destruição, de desestruturação*:

> nós mastigamos a maçã antes de a ingerir,
> nós criticamos uma idéia antes de a adotar.

A introjeção *patológica* consiste em "engolir inteiras" as idéias, os hábitos ou os princípios, sem ter o cuidado de os *transformar* para assimilá-los.

Por exemplo, todos os *"é preciso"*, *"você deve"* de nossa infância, incorporados passivamente, sem seleção nem assimilação, no contexto da educação judaico-cristã tradicional. Lembremos que o primeiro livro de Perls, *Ego, hunger and agression* insistia no lado *agressivo* necessário a toda assimilação. Lembremos que foi especialmente este tema, da agressividade *oral* — oposta à agressividade anal —, que provocou sua ruptura com Freud. Para Perls, assim como para o etologista Konrad Lorens, Prêmio Nobel de fisiologia e de medicina, a agressividade é um instinto *positivo*,[7] necessário à seleção natural e à sobrevivência das espécies.

Uma vez mais, a etimologia, depositária da sabedoria dos povos, precedeu os eruditos, pois ela nos lembra que a *a-gressão* (de a*d-gredere*: "ir em direção a, diante" do outro) é uma *pro-gressão* ("ir adiante") que se opõe à *re-gressão* ("ir para trás") assim como à *trans-gressão* ("andar através").

---

7. Cf. Lorenz, Konrad. *L'agression, une histoire naturelle du mal*. Paris. 1969.

Em Gestalt, busca-se explicitamente desenvolver a *independência* do cliente, sua *responsabilidade*, sua *assertividade* e, portanto, procura-se explicitar qualquer refúgio ilusório na introjeção... aí compreendida a introjeção dos princípios da própria Gestalt, tais como "devemos expressar livremente todas as emoções", ou ainda, mais substancialmente paradoxal: *"Nunca se deve dizer devemos!"*. Claudio Naranjo lembra, a esse respeito,[8] uma tirada de Joe Wysong, redator-chefe do *Gestalt Journal*: "Fritz ajudou os outros sendo *ele mesmo* — e, como sempre acontece, alguns de seus discípulos, em vez de seguirem seu exemplo e serem *eles mesmos*... se tornaram Fritz!"

Eis alguns outros exemplos comuns de introjeção — que merecem ser "mastigados" com a cabeça descansada.

- "devemos amar e respeitar os pais"
mas... "devemos 'matar' os pais para podermos crescer..."

- "devemos sempre dizer a verdade ao cônjuge"
mas... "não devemos fazer o cônjuge sofrer inutilmente"

- "devemos saber nos privar em função dos filhos"
mas... "devemos, principalmente, estar felizes e satisfeitos para darmos aos filhos um exemplo de desenvolvimento"[9]

- "sejam espontâneos"
mas... "não acreditem no que digo" (exemplo clássico de *double-bind*)

3. A projeção

Perls define-a como o inverso de *introjeção*: "enquanto a *introjeção* é a tendência a tornar o *self* responsável pelo que, de fato, cabe ao meio, a *projeção* é a tendência a atribuir ao meio a responsabilidade por aquilo que tem origem no *self*"; em outros termos, enquanto na *introjeção* o *self* é invadido pelo mundo exterior, na *projeção* é, pelo contrário, o *self* que "transborda" e invade o mundo exterior.

A *projeção* é um mecanismo bem conhecido de todos os psicólogos, mecanismo culminante no *paranóico* desconfiado e persecutor que acusa todo o seu meio da *agressividade que ele mesmo projeta sobre os outros*.

Entretanto, a *projeção saudável* continua sendo *indispensável*: é ela que me permite o contato e a compreensão do outro. Eu não posso, de

---

8. 3ª Conferência Internacional de Gestalt, in *The Gestalt Journal*, Vol. V, n° 1, 1982.
9. A introjeção de prescrições paradoxais (*double-bind* ou dupla obrigação), segundo Bateson, seria a causa de certas psicoses!

fato, imaginar o que o outro sente se não me coloco mais ou menos em seu lugar. A *empatia* se alimenta, em certa medida, de projeção. Quanto aos meus projetos concernentes ao futuro, eles também são projeções daquilo que eu imagino. É ainda a projeção que alimenta a *criação artística* do pintor, do escultor, do escritor que se identifica com sua obra ou com seu herói.

A projeção só pode ser qualificada de *patológica* se for *sistemática*, se ela se torna um mecanismo de defesa *habitual e estereotipado*, independente do comportamento efetivo e atual dos outros. Isso se traduz, em geral, pela reunião arbitrária destes últimos sob um termo genérico: "*vocês* não me escutam", "nunca me *compreendem*" — ao invés de "*eu* acho que *você* não me compreendeu bem *agora*" —, ou ainda, "*nunca se pode* confiar em *ninguém*" — ao invés de "eu tenho a impressão de que *você* quis me enganar *aqui, desta vez*".

Assim, na projeção, "o mundo exterior torna-se o campo de batalha no qual se enfrentam os conflitos internos da pessoa" (Perls).

Esta é ainda uma perturbação na fronteira de contato, pois atribuímos a outrem aquilo que acontece, na verdade, em nosso interior: "Estou vendo que vocês estão cansados", diz a seus alunos o professor que desanimou...

A **intervenção terapêutica** é muito facilitada pelo trabalho *em grupo*. De fato, é possível então "confrontar" as posições da pessoa em questão com as dos outros membros do grupo. Assim, quando uma pessoa declara "Estou sentindo que aborreço vocês" ou ainda "Vocês me rejeitam porque sou homossexual", será esclarecedor fazê-la nomear precisamente *quem*, no grupo, exprime esse sentimento e em *quais sinais* precisos ela se apóia para sua "constatação".

Graças ao costumeiro clima de autenticidade instaurado nas sessões de Gestalt, é raro que os membros de um grupo "trapaceiem" ou superprotejam um outro participante. Na prática, é comum constatar então a surpresa do "projetor", que acaba por reconhecer: "Ora! É! De fato, eu não encontro nenhum sinal objetivo do que estava afirmando: isso deve acontecer na minha cabeça!..."

Jogos psicodramáticos com *troca de papéis* ("*monodrama*") permitem também, com freqüência, tais tomadas de consciência.

Em terapia *individual*, certos mecanismos projetivos podem alimentar a *transferência*, atribuindo ao terapeuta diversas qualidades que lhe são estranhas, dotando-o de um suposto saber ou de um poder imaginário, que o terapeuta não deixará de confrontar com a realidade da relação interpessoal *no aqui e agora*.

É claro que os mecanismos transferenciais continuam freqüentes e inevitáveis, mas eles *não são mantidos ou cultivados* — como na *neurose de transferência*, em psicanálise —, e o terapeuta aponta suas manifestações à medida que aparecem, confrontando a fantasia com a situação atual perceptível.

4. A retroflexão

Ela consiste em voltar contra si mesmo a energia mobilizada, *fazer a si aquilo que gostaria de fazer aos outros* (exemplo, mordo os lábios ou cerro os dentes, para não agredir) ou ainda *fazer a si aquilo que gostaria que os outros fizessem* (exemplos: a masturbação ou ainda a lisonja). Perls resume esses diversos comportamentos:

- "o *introjetor* faz o que os outros querem que ele faça;
- o *projetor* faz aos outros o que os acusa de lhe fazer;
- aquele que sofre de *confluência* patológica não sabe *quem* faz o que a *quem*;
- e o *retroflexor* faz a si o que queria fazer aos outros".

Assim:

- na confluência, a fronteira de contato é abolida;
- na introjeção, o mundo exterior me invade;
- na projeção, eu invado o mundo exterior;
- na retroflexão, eu invado meu próprio mundo interior.

Por exemplo:

- "nós nos amamos com loucura", é uma *confluência*;
- "deve-se amar o parceiro, e só ele", é uma *introjeção*;
- "ninguém me ama", é uma *projeção*;
- "eu me amo", traduz uma *retroflexão*.

É claro que a retroflexão *saudável* é necessária: ela é sinal de educação social, de maturidade e de *auto-controle*: eu não posso me permitir a expressão espontânea, até "selvagem" de todas as minhas tendências agressivas, nem de todos os meus desejos eróticos, e a sociedade cultiva em mim, para isso, princípios e sentimentos de *culpa* que moderarão minha raiva ou meu desejo, sentimentos que eu, em parte, vou "engolir".

Assim como cada uma das outras *resistências*, a retroflexão só se torna *patológica* quando é *crônica* ou *anacrônica* e resulta numa permanente inibição masoquista das pulsões ou, inversamente, numa exacerbação das satisfações narcísicas.

Não são raras as mães que se proíbem qualquer repouso e lazer para se consagrar inteiramente aos filhos — os quais, aliás, não deixam de censurá-la um dia, pois sabem, meio confusamente que

---

"o melhor que podemos fazer por aqueles que amamos,
ainda é ser feliz. (Alain)[10]

---

10. Alain, E. *Propos sur le bonheur*. Paris. 1925.

Manifestar alegria e compartilhá-la, em vez de alardear sacrifícios pessoais, não será um altruísta *"dever de ser feliz"* mais valioso do que o tradicional e egoísta "direito à felicidade"?

A retroflexão, com freqüência, pressupõe a incessante *luta interior* entre duas instâncias da personalidade, que Perls chamou de *top dog* ("chefe"), guardião de meu dever, e de *under dog* ("subordinado"), refém do meu prazer.[11]

Enquanto, para Freud, o *princípio de realidade* prepondera sobre o *princípio do prazer*, para Perls, o princípio do prazer é a realidade: nada de construtivo pode ser elaborado na angústia, na frustração ou no sacrifício. É a reabilitação da *criança em nós*, que deixa então de ser o "perverso polimorfo" potencial, mas uma fonte de *impulso vital* espontâneo e criador.

A retroflexão *crônica* estará na origem, especialmente, de *somatizações* diversas: espasmos no estômago, até uma úlcera, de tanto dominar minha raiva ou meu rancor. Conhecemos o trabalho de Laborit sobre a *inibição da ação*[12] e os de Simonton sobre os cânceres, os quais atingem, em proporção estatisticamente muito significativa, as pessoas *muito controladas*, que não manifestam muito explicitamente suas emoções, nem as *"negativas"* (raiva, tristeza), nem as *"positivas"* (alegria, entusiasmo), *acumulando* assim *desgastes* e usando os recursos de seus mecanismos imunológicos.

A terapia consistirá então em incentivar qualquer *expressão das emoções*, *amplificar* estas últimas e, se for o caso, até uma *catarse* libertadora, graças, eventualmente, ao recurso a "objetos transicionais" simbólicos que representem um dos pais — ou parceiro — amado ou odiado, ao qual poder-se-á assim expressar os sentimentos em sua intensidade máxima.

Estas seqüências são freqüentes em Gestalt, permitindo liberar cóleras ou rancores tenazes, *nunca formulados* (por exemplo, raiva *proibida* contra um dos pais mortos, vivenciado como "culpado de abandono") ou, inversamente, uma atração libidinal incestuosa recalcada que acarreta, por *retroflexão*, uma viva *culpa*, freqüentemente acompanhada de perturbações sexuais (frigidez etc.).

Vários autores enumeram ainda outras formas de "resistências":

5. A deflexão ou desvio (Polster)

Permite evitar o contato direto, *desviando* a energia de seu objeto primitivo. É uma atitude de fuga, de *evitação*, manobras inconscientes de *diversionismo*.

---

11. De fato, são duas expressões comuns em inglês, usadas em especial nos esportes, no sentido de "ganhador" e "perdedor". A tradução meio literal por "cão de guarda" e "cão de rua" (Katzeff) não dá conta da conotação habitual desses termos.
12. Ver capítulo 11.

Aí ainda certos desvios podem derivar de uma estratégia de *adaptação* eficaz (cf. "manobras" políticas destinadas a distrair a atenção do grande público durante um período de crise), mas a deflexão *sistemática* e imprópria impede qualquer contato verdadeiro e até pode, em casos limites, evocar a psicose: a pessoa nunca adere à situação, sempre fala paralelamente de outra coisa, ou age independentemente do meio exterior.

6. A proflexão (Sylvia Crocker)

Seria uma combinação de projeção e retroflexão: fazer a outro o que gostaríamos que o outro nos fizesse. Por exemplo, faço observações lisonjeiras sobre as roupas dos outros para que se interessem pelas minhas...

Poder-se-ia assim inventariar outras formas ainda, outras nuances ou combinações de comportamentos de evitação ou de resistência, mas parece-me que o interesse, na prática, é limitado.

As quatro principais parecem-me suficientemente freqüentes para justificar inúmeras intervenções terapêuticas, *não para proibi-las, mas para torná-las mais conscientes* e, portanto, favorecer sua utilização eventual com conhecimento de causa.

Assim, os terapeutas que reivindicam a *teoria do self* se colocam incessantemente estes três tipos de questões:

- qual é *a função do self* atualmente ativada?
- como? ou seja, qual é o tipo de *resistência* atuante?
- quando? ou seja, *qual fase em curso do ciclo* de contato-retração?

Há ainda uma "resistência" um pouco particular, chamada de "egotismo" por Goodman (na falta de termo melhor).

Mas, antes de mais nada, eis a representação gráfica esquemática dos principais mecanismos evocados:

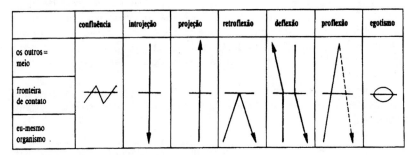

© Serge Ginger. 1985.

7. O egotismo

É um reforço deliberado da fronteira de contato, uma *hipertrofia do ego*, aliás deliberadamente desenvolvida por diversas terapias, especialmente pela Gestalt. De fato, todo cliente em terapia *se interessa muito por si mesmo* e por seus próprios problemas, consagrando muitas horas a se auto-observar, a se representar ou se encenar, a fazer experiências, a sacrificar tempo e dinheiro em seu próprio desenvolvimento e bem-estar: é efetivamente um período de *egotismo* ou egocentrismo... e as famílias dos clientes em terapia não deixam de se queixar!

A *Gestalt* valoriza particularmente o senso de *responsabilidade* de cada um. Ela combate certas introjeções sociais normativas, ela limita certos controles — considerados como retroflexões —, ela denuncia as confluências e, assim, *rompe equilíbrios*, em geral antigos, mas ainda frágeis.

Também durante a terapia não é excepcional que o cliente se interesse mais por si mesmo do que por seus próximos ou por seu meio, permitindo-se, especialmente, satisfações por muito tempo inibidas (pulsões sexuais ou agressivas, por exemplo).

Além disso, tendo o sentimento de ter conquistado mais autonomia por meio de escolhas deliberadas, ele está bem satisfeito consigo mesmo e pode se permitir um narcisismo irritante:

"Agora eu não deixo mais que me cortem a palavra: tomo meu lugar na equipe (ou no casal) e não deixo mais que me manipulem".

"Eu me dei conta de que, inibindo meus desejos sexuais, eu me infelicitava e acabava querendo mal minha parceira. Agora, eu me permito satisfazer minhas necessidades e me sinto bem mais descontraído e disponível..." Mas a parceira, nem sempre!

Aí voltamos a encontrar as críticas costumeiras à "Oração de Perls", caricaturada como "Faça o que quiser e tanto pior para os outros!"

De fato, *uma fase* de *"recuperação narcísica"* parece necessária durante a terapia: ela é, sem dúvida, um *elemento motor* essencial para que o cliente se encarregue de si mesmo e conquiste a auto-suficiência (*self-support*).

O egotismo seria então, de certa forma, *análogo à "neurose de transferência"*, passagem obrigatória em psicanálise ortodoxa. Assim como nesta última, o egotismo é deliberadamente — e *provisoriamente* — cultivado, sob a forma de uma hipertrofia do eu, de uma *awareness* sempre desperta para *seus próprios* processos "de ajustamento criador" na "fronteira de contato".

Mas a terapia só pode ser considerada *terminada* quando essas alavancas terapêuticas *provisórias* voltarem ao lugar dos acessórios. Assim, especialmente:

• *em psicanálise*, quando a *neurose de transferência* é "liquidada" e o cliente sai de sua *dependência excessiva* do terapeuta;

- *em Gestalt*, quando o *egotismo* se dissolve e o cliente não mais se compraz numa atitude de *independência excessiva* em relação ao terapeuta e seus próximos, e volta assim "de uma *egologia* a uma *ecologia*" (no sentido de Bateson), retomando a feliz formulação de Robine.[13]

Ele precisou percorrer sucessivamente as *quatro etapas clássicas* do caminho de todos os homens:

- *dependência* normal da criança numa *vinculação* à família;

- *contradependência* agressiva do adolescente;

- *independência* mais ou menos egoísta do adulto, conquistada através de um difícil *desapego* progressivo;

- *interdependência* madura, na conscientização de uma *vinculação* fundamental com o meio social e cósmico.

---

13. Jean-Marie Robine: "Quel avenir pour la Gestat-thérapie?, in *La Gestalt et ses différents champs d'application*. Paris. SFG. 1986.

Principais fases do ciclo de contato
Segundo alguns autores

N.º de fases	Esquema	Autor	Comentários resumidos
3		Noel Salathé (1987)	(inspirado no ciclo de Ed. Smith) a fase 2, de "contato", se subdivide em três: • *awareness* (excitação + emoção) • orientação (ação + interação) • realização (ou satisfação)
4		Paul Goodman (1951)	(ver descrição no texto, acima) Nota: Goodman não propõe qualquer esquema: portanto, no texto, há uma interpretação bem pessoal de suas descrições).
5		Serge Ginger (1989)	Importância de dois momentos chave, em que o essencial se "ata" (numa sessão terapêutica ou relação) • o comprometimento ("tá, eu vou") • o descomprometimento ("tá, acabou")
6		Joseph Zinker (1977)	(ver descrição detalhada em *Se créer par la Gestalt*) 1. sensação 2. *awareness* (tomada de consciência) 3. mobilização da energia 4. ação 5. contato 6. retração
7		Michel Katzeff (1978)	(a partir do ciclo de Zinker) acréscimo de uma 7.ª fase, entre o contato e a retração: realização.

© Ginger — 1991

CAPÍTULO 9

A relação terapêutica em Gestalt
Transferência e contratransferência

Um pouco de etimologia

A Gestalt é uma *psicoterapia*. Será verdadeiramente só isso? Alguns gestaltistas sustentam que sim e insistem, por isso, em serem chamados de Gestalt-*terapeutas*, e não de práticos[1] profissionais ou *gestaltistas* — embora falemos de "psicana*listas*" ou de "psicodrama*tistas*"... Outros, entre os quais me incluo, acham, como Perls, que seria uma pena restringir uma abordagem tão rica aos "doentes" e falam, assim, de um modo deliberadamente provocador, em *"terapia para normais"*.

Mas, de fato, está a "terapia" reservada aos *"doentes"*?
Que dizer, então, da obrigatoriedade da terapia para os futuros terapeutas? É preciso estar "doente" para tornar-se terapeuta?
O que é *"terapia"*? E o que é um "doente"?
Interroguemos a etimologia — palavra que vem de *étymos*: "verdadeiro". Ela trata do *sentido verdadeiro* de uma palavra e não, como costumam pensar, apenas de sua origem histórica.

• *therapéia*, em grego, significa *cuidado religioso, culto aos deuses*;
daí: respeito pelos pais, cuidados atentos;
daí: cuidados com o corpo, a toalete;
daí: cuidados médicos, tratamentos.

---

1. No original, *praticien*, "pessoa que conhece a prática de uma arte ou de uma técnica", no caso, a Gestalt-terapia. Esse termo é amplo, englobando aqueles que atuam em outros campos, com a terapia propriamente dita: por exemplo, aqueles que usam a Gestalt em instituições ou em empresas.

143

* *thérapeutris* é uma *religiosa* (de *religare* = religar), ou seja, uma *mediadora* encarregada de manter uma boa relação entre os homens e os deuses, entre a terra e os céus, entre a matéria e o espírito.[2]

* *thérapeuticos* é aquele que *presta cuidados* aos deuses ou a um mestre, ou seja, o *servidor* devotado, serviçal, o cortesão ou o escravo.

Como o campo semântico de *terapeuta* nos levou ao *"servidor"*, vamos a um rápido exame da etimologia desta última palavra:

* *"Servidor"* provém da raiz indo-européia *"swer"*, *"ser"*, ou *"wer"*, que significa *"atenção"*, atitude básica do gestaltista! O *"servus"*, servidor ou escravo, é encarregado de *"ob-servare"*, ou seja, "velar por"...

Assim, portanto, as palavras "terapia" e "cura" são ambas análogas, não a doença, mas a serviço, vigilância, awareness.

O "terapeuta", portanto, não é aquele que *tem poder sobre* o outro, mas aquele que está *em poder* do outro, é seu servidor.

Estamos *longe do mito médico* e paramédico do terapeuta "onipotente", com poder de vida e morte, tanto quanto do terapeuta protegido (aprisionado?) atrás de um cânone solidamente sancionado, e que é aquele que "sabe". Estamos mais próximos do terapeuta gestaltista que é aquele que *"ignora"* (!), e acompanha na aventura seu cliente, único responsável por ele mesmo, em sua experiência *singular* e irredutível, *anômica* e *polissêmica*, ou seja, que não obedece leis gerais preestabelecidas e pode adquirir diversos significados — não exclusivos entre si — conforme a *leitura do próprio cliente*, considerado em sua *Gestalt* particular do momento.

Mas, de fato, o que quer dizer *"cliente"*?

* o *"cliente"* era, entre os romanos, um cidadão protegido por um "patrono" poderoso,
daí: aquele *que recorre a alguém, mediante retribuição.*

* *o "paciente"* é aquele que sofre, *suporta ou se submete passivamente* a uma intervenção (é por isso que evito empregar este termo em Gestalt, pois nela o "cliente" nunca é passivo).

* o *"sujeito"* (*"sub-jectus"*), também é aquele que é *"posto debaixo"*, "sub-metido", subordinado (é, por isso, etimologicamente mais desvalorizado do que o *"ob-jeto"*, que é "posto adiante", "mostrado"!)

---

2. A seita dos *terapeutas* foi uma comunidade de monjes judeus anacoretas de ambos os sexos, contemporâneos de Cristo, que se dedicavam, em Alexandria (Egito), à exegese alegórica da Bíblia (ou Torah) buscando o significado oculto dos ritos e preceitos: eles eram portanto *intermediários, mediadores* entre Deus e os homens.

Talvez, afinal, o gestaltista fique mais ajustado perante:

• um *"parceiro"*: pessoa com quem estamos *associados*, com quem conversamos ou com quem estabelecemos uma relação?

• um *"protagonista"*: ator principal que *desempenha o primeiro papel* numa situação?

O envolvimento controlado

Pois bem, não! Não há primeiro nem segundo, nada de classificação e clivagem! O *terapeuta e seu cliente são dois "parceiros"* envolvidos numa *relação dual autêntica*, mesmo que seus estatutos e seus pepéis sejam diferentes: este é um dos pontos que *caracterizam a Gestalt-terapia*.

O Gestalt-terapeuta não está isolado em seu domínio, murado no silêncio imutável, inacessível, abrigado em sua fortaleza interiormente atapetada de bibliotecas, tão eruditas quanto secretas...

Ele tampouco está exposto a todos os ventos, numa empatia otimista, condenado a uma "consideração positiva incondicional" por seu cliente — quem quer que ele seja e seja lá o que faça...

Também não é um bombeiro, transfundindo em caráter de urgência uma energia inexistente, ou propondo sua reserva de oxigênio àquele que está perdendo o fôlego.

O Gestalt-terapeuta não procura *compreender* o sintoma e, assim procedendo, não procura sustentá-lo, justificando-o. Nem procura eliminar o sintoma ou ignorá-lo. Ele se dispõe a *explorá-lo* com seu cliente, compartilhando essa aventura a dois, numa relação de *simpatia* — que Perls opõe, de maneira um pouco caricatural, ao que chama de *empatia* rogeriana e *apatia* psicanalítica.

• a abordagem *"não-diretiva"* de Carl Rogers preconiza a *empatia*: o terapeuta se sente emocionalmente próximo de seu cliente, numa atitude de "aceitação incondicional"; a terapia é *"centrada no cliente"*.

• a *psicanálise* propõe uma atitude de *"neutralidade benevolente"*, em que o terapeuta se mantém emocionalmente distante de seu cliente, respeitando a "regra da abstinência", o que mantém uma frustração que visa favorecer os mecanismos de transferência. Perls qualifica essa atitude "reservada" de frustração *passiva* (pela falta de resposta) + *apatia*, e a opõe à frustração *ativa* + *simpatia*, que tem valor de provocação e constitui um "chamado" mobilizador (de *pro-vocare*: "chamar para"). Exemplo: "Eu me dou conta de que, há cinco minutos, não ouço mais o que você está dizendo..."

• portanto, a *Gestalt* estimula a *simpatia*: o terapeuta está presente como *pessoa*, numa relação atual *"Eu/Tu"* com o cliente. Ele desperta a *awareness* deste último para sua inter-relação com o meio (que, no caso, é o terapeuta) e explora deliberadamente *sua própria contratransferência* como motor do tratamento.

Assim ele se interessa por seu parceiro e está *"centrado no cliente"* — mas também podemos perfeitamente dizer que está *"centrado em si mesmo"*, atento àquilo que sente pessoalmente, no instante, perante seu parceiro, e sem hesitar em compartilhar com ele, *deliberadamente*, uma parte do que sente.

Paradoxal seria o gestaltista que incentivasse regularmente seu cliente a ser informal, sem nunca fazer o mesmo! Ele não é *neutro*, pois, mas envolvido, numa *autenticidade seletiva*, num *envolvimento controlado*:

> interveniente e "ativo",
> no entanto, não "diretivo"!

Ele reage e leva a agir; isso quer dizer que interage, embora não seja ele quem fixa a *direção* do trabalho. Assim, como o guia de montanha ou o espeleologista, ele está à *disposição do cliente* para acompanhá-lo no trajeto que *este último determina*. Não é ele, o terapeuta, que empreende (*"get out of the way"* — saia do caminho, lembraria Goodman), mas não aceita qualquer coisa, passivamente.

Em suma, seu papel é *permitir* e *favorecer*, não compreender ou fazer: nem preceder nem deter o cliente, mas acompanhá-lo, conservando sua própria alteridade.

O "catalista"

Ele não é um *"ana-lista"*, dissecando a situação para remontar às suas origens (de *ana*, em grego, de baixo para cima, ao revés), mas, principalmente, um *"catalista"* — permitindo-me um neologismo — (de *cata*, de cima para baixo, da superfície para a profundidade), correspondendo em parte às cinco características clássicas dos corpos químicos *catalizadores*:

• ele acelera e *amplia* as reações com *sua presença*;
• ele age por *intervenções em doses muito tênues*;
• ele *não desloca o equilíbrio interno*, mas apenas permite atingi-lo mais rapidamente;
• seu poder está fortemente *ligado a seu próprio estado físico*;
• ele está *inalterado* quando a reação acaba.

"Inalterado" deve aqui ser entendido no sentido etimológico: ele não se tornou "um outro", pelo contrário, tornou-se mais ele mesmo, descoberto, revelado, graças à interação. Se estiver "transformado", não estará "de-formado": terá, sobretudo, uma *"forma melhor"*, uma figura forte, uma boa *"Gestalt"* — assim como seu parceiro.

Afinal, esse *"catalista"* não pode ser definido *em si*; aliás, não mais do que o cliente: todas as suas reações estão ligadas às *interferências dos dois*, e a *awareness* do terapeuta não objetivará *nem um nem o outro parceiro isoladamente, mas o "espaço transicional" que os separa e os une*, suas inter-relações *em rede, nos cinco níveis*: corporal, emocional, intelectual, social e espiritual (ou "transpessoal"), numa abordagem *sistêmica* que privilegia o conjunto: *terapeuta-cliente-em-seu-meio-próximo-e-global*.

A transferência

Se a interação é *atual* e *mútua*, como fica, na Gestalt, o problema — tão freqüente e controvertido — da *transferência*?

Inicialmente, conviria ser prudente ao utilizar um termo *isolado de seu contexto* habitual: "transferência" adquiriu um sentido específico em *psicanálise*, e sem dúvida é abusivo utilizá-lo para quaisquer fins.

A teoria da Gestalt tem enfatizado bastante que "o todo é diferente da soma de suas partes" — cada uma destas só faz sentido em relação ao conjunto — para que haja prudência quando se usa este termo psicanalítico num contexto sensivelmente diferente!

Seja lá como for, todos os autores concordam em enfatizar o lugar central do *encontro*, da relação estabelecida entre o cliente e seu terapeuta: "Não há psicoterapia sem encontro" — diz Israel — e chega a acrescentar: "a aptidão para a psicoterapia se soma à aptidão para o encontro".

Assinalemos que, em qualquer psicoterapia, esse encontro não pretende *modificar as coisas ou os eventos, mas a percepção interna* do cliente dos fatos e seus múltiplos significados possíveis. É claro que as intervenções do terapeuta não pretendem *transformar a situação exterior*, mas a *experiência pessoal* que dela tem o cliente. O trabalho psicoterápico favorece portanto uma *reelaboração* do sistema perceptivo individual.

Mas essa nova apercepção de uma dada situação não implica, forçosamente, a hipótese de mecanismos *transferenciais*. Rollo May, um dos fundadores do Movimento de Psicologia Humanista, descreve assim sua posição, num artigo de 1958:

> "O que acontece realmente não é que o paciente neurótico 'transfere' sentimentos que experimentava pela mãe ou pelo pai para a mulher ou para o terapeuta. Diríamos que o neurótico, em certos domínios, nunca ultrapassou certas modalidades estreitas e limitadas da experiência característica da criança pequena. Em conseqüência, posteriormente, ele percebe a mulher ou o terapeuta através das mesmas 'lentes' deformadoras e restritivas através das quais percebia o pai e a mãe.

Este problema deve ser compreendido em termos de percepção e de modo de se relacionar com o mundo. Isso torna inútil o conceito de transferência no sentido de um deslocamento dos sentimentos de um objeto para outro".

E ele prossegue, mais adiante:

"Para a terapia existencial, a 'transferência' se situa no contexto novo de um evento que se produz numa relação *real* entre duas pessoas. Quase tudo que o paciente faz em relação ao terapeuta durante uma sessão de terapia contém um *elemento* transferencial. Mas nada é *"apenas* transferência', aritmeticamente explicável ao paciente. O conceito de transferência, enquanto tal, em geral tem sido utilizado como uma conveniente *tela protetora*, por trás da qual o terapeuta e o paciente se escondem para evitar a situação mais angustiante do confronto direto.[3]

Em suma, o vestígio do passado não é negado, com certeza, mas só tem interesse *tal como se manifesta hoje*, no presente, matizado pela situação particular do momento e pelas posições específicas dos personagens em relação.

Por isso, o trabalho psicoterapêutico não objetivará apenas atualizar as lembranças enterradas (o *porquê*), mas também observar as circunstâncias e as distorções *da relação presente* (o *como*). Enquanto o cliente, no mais das vezes, está focalizado no *conteúdo* de seu discurso ou de sua ação, o Gestalt-terapeuta se interessa mais pela *forma*, pelo *processo* em curso: notamos então entre eles uma *inversão da figura e do fundo* — assim esquematizada por Jean-Marie Robine:

	cliente	terapeuta
"*figura*"	o conteúdo o *quê* o *porquê*	a forma, o processo o *como* o *para quê*
"*fundo*"	a *forma, o processo* o *como*	o *conteúdo* o *que*, o *porquê*

Polarizado no aqui e agora da relação atual, Perls (assim como Rogers) adota uma posição extremada, manifestamente *reativa* a certas formas caricaturais da psicanálise, e chega até a *negar* a freqüência e a importância dos mecanismos transferenciais.

Não é este o ponto de vista da maioria dos gestaltistas de hoje:[4] eles não contestam a *realidade*, até mesmo a importância dos fenômenos

---
3. May, R. *Contributions of existential psychotherapy in existence.* Nova York, Basic Books, 1958.
4. Cf. Juston, D. *Le transfert en Gestalt et en psychanalyse.* Lille, Pandore, 1990.

transferencias, mas se perguntam — e aliás divergem — sobre a *oportunidade de sua exploração* deliberada. Trata-se então, claramente, de uma *escolha de estratégia terapêutica*.

> Não é por me decidir a ir por um caminho que ignoro a existência de outros,[5] mas escolho aquele que me parece o mais "operacional" no momento e menos alienante para o cliente.

A neurose de transferência

O desenvolvimento deliberado de uma *"neurose de transferência"*, elemento central no tratamento psicanalítico tradicional, não deve ser confundido com os fenômenos transferenciais *espontâneos*, inevitáveis — e indispensáveis — em qualquer relação terapêutica. Ora, quando falam de "transferência" fora do contexto psicanalítico, *às vezes misturam* essas duas noções.

A propósito disso, leiamos algumas passagens de Sacha Nacht:[6]

..."A relação que o doente estabelecerá então com seu analista se reforçará de forma crescente, mas manterá uma base ambivalente. Ela se desenvolverá, desabrochará progressivamente *até* preencher por completo o contexto da situação analítica. Ela *até transbordará esse contexto* para se tornar, consciente ou inconscientemente, o *próprio centro da vida* da pessoa. A neurose pela qual ela tinha vindo se tratar se detém, pode mesmo desaparecer e, *em seu lugar, se instala a chamada neurose de 'transferência'; 'a nova doença substitui a antiga'."* (Freud).

A última fase do tratamento psicanalítico consiste na *"liquidação"* dessa neurose de transferência:

"Mas — prossegue Sacha Nacht — *a evolução da neurose de transferência, infelizmente, nem sempre segue este traçado ideal*. Pelo contrário, pode acontecer dela se tornar a principal fonte de dificuldades no esforço de cura, uma *grave complicação* que pode até comprometê-lo. Ela é, em todo caso, *responsável, em boa parte, pela duração demasiado longa de muitas análises"*.

Em princípio, a utilização desta neurose de transferência visa reproduzir, tornar novamente presente a neurose infantil, para torná-la acessível ao tratamento.

---

5. Este ponto de vista abrange tanto a exploração da *transferência* quanto a decodificação verbal do *inconsciente* ou a *interpretação*: essas diversas noções não são *negadas*, mas *deliberadamente* deixadas em segundo plano.
6. Nacht, S. *La psychanalyse d'aujourd'hui*. Paris. PUF. 1968. Nacht foi vice-presidente da Associação Internacional de Psicanálise de 57 a 69.

Insisto em assinalar, rapidamente, que a *psicanálise é uma terapia do "aqui e agora"*, visto que o essencial é nela analisado e interpretado com referência à transferência atual.

Inversamente, em *Gestalt* — e contrariamente a uma opinião difundida —, o *passado emerge* regularmente ("Gestalts inacabadas") e até, às vezes, um passado longínquo, *pré-verbal*, arcaico. Mas ele só é abordado *quando aflora espontaneamente*, no aqui e agora. O Gestalt-terapeuta não está, pois, em absoluto, encerrado na prisão do presente. Assim como o psicanalista, "ele está atento a tudo que emerge do passado como lembrança atual, e que, conseqüentemente, deve ter algum significado *agora*".[7]

Seria absurdo negar as raízes, a pretexto de que nos interessamos pelas flores e pelos frutos!

Mas o Gestalt-terapeuta dispõe de meios mais diretos e, sobretudo, menos alienantes para o cliente, do que a instauração de uma neurose de transferência para favorecer o eventual ressurgimento de comportamentos infantis: as técnicas de *mobilização corporal e emocional* e o *sonho-desperto* permitem a rápida emergência de uma parte do material arcaico e de comportamentos anacrômicos repetitivos.

Podemos assim evitar o longo e complexo *desvio* da neurose de transferência, limitando as *perturbações da vida cotidiana* do cliente e *abreviando* o tratamento.

As manifestações transferenciais espontâneas

Acabei de evocar a neurose de transferência e não os fenômenos *espontâneos* de transferência, os quais, é claro, persistem — mesmo que o terapeuta se esforce para *eliminá-los à medida* em que vão aparecendo (não sem *explicitá-los* — até explorá-los — de passagem).

Durante uma sessão de terapia individual, Valéria declarou:

Valéria: Sei que nem sempre você me leva a sério: não posso entender que você não tenha vindo à minha exposição! Mas ela foi um sucesso e *você devia estar orgulhoso de mim*!

Ela se dirige, é bem evidente, mais a uma imagem parental do que ao terapeuta presente.

Um banal confronto com a realidade:

Terapeuta: Por que eu deveria "estar orgulhoso de você"?

---

7. Entrevista de Laura Perls, por Edward Rosenfeld. *The Gestalt Journal*. 1978.

basta então para uma conscientização, por parte da cliente, dos mecanismos transferenciais infiltrados em seu comportamento, e este problema a incentiva a buscar uma auto-imagem satisfatória, *nela mesma*, e não em uma consideração parental superestimada.

A relação atual e a contratransferência

A *alternância* judiciosa de atitudes terapêuticas de apoio compreensivo e de frustração oportuna (*skilled frustration*) favorece pouco a pouco a autonomia do cliente (*self support*).

Como acabo de enfatizar, o Gestalt-terapeuta não hesitará, se for o caso, em *expressar o que sente* na situação do momento. Ele até pode se permitir, na ocasião, revelar seus gostos, suas opções, suas alegrias e suas dificuldades — isso não para se *ex-plicar* — mas para se *im-plicar*:
— "Eu acho que você tem jeito para a pintura, mas pessoalmente eu não gosto de arte abstrata; prefiro as aquarelas de Dufy!"

É a *"self-disclosure"*, o desvendamento *deliberado* da pessoa num *envolvimento autêntico — embora controlado e seletivo*: assim,

penso tudo que digo, mas não digo tudo que penso...

e não faço mais tudo que quero!

Estou *presente* como *pessoa* específica:
eu mesmo, aqui — mas não aqui *para* mim mesmo!

Assim então estabeleço uma *relação pessoal atual*, parcialmente inserida na realidade social intersubjetiva dos dois parceiros, estando, ao mesmo tempo, de alguma forma:

• em *empatia* com o cliente, ou seja, *"nele"*
• em *congruência* comigo mesmo, ou seja, *"em mim"*
• em *simpatia* na relação *Eu/Tu*, ou seja, *"entre nós"*.

O cliente geralmente aprecia esse tipo de compartilhamento, em que ele se sente reconhecido como *sujeito*, como *"interlocutor válido"* e não como um simples *objeto de interesse profissional* de um terapeuta consciencioso mas indiferente.[8] O clínico utiliza sua própria vivência como ferramenta terapêutica,

preferindo uma exploração "ofensiva" de sua
contratransferência, a uma simples vigilância "defensiva".

---
8. O gestaltista italiano Edoardo Giusti associa abordagem rogeriana e Gestalt no que chamou de "Gestalt Counseling".

Em suma, é quase que uma *inversão das atitudes tradicionalmente preconizadas*:

• em *psicanálise* clássica, o analista se atém, principalmente, a *alimentar a transferência* do cliente, e ainda se esforçando para *controlar ao máximo a própria contratransferência*.

• em *Gestalt*, inversamente, o terapeuta se esforça para *limitar a transferência* do cliente, ainda estando atento para *explorar deliberadamente sua contratransferência*, especialmente por uma *awareness* permanente do que ele mesmo sente, emocional e corporalmente, repercutindo o comportamento verbal ou gestual do cliente.

Convém, aliás, assinalar que esta atitude positiva em relação à contratransferência, outrora criticada, é cada vez mais admitida pelos *psicanalistas* contemporâneos. Assim, Nacht escreve:

"Por muito tempo, os analistas estiveram persuadidos de que podiam 'dominar' e até eliminar suas próprias reações contratransferenciais inconscientes com uma atitude de neutralidade.
Nós hoje sabemos que a contratransferência é tão fecunda no trabalho analítico quanto a transferência, sob a condição, é claro, de que ela atue num sentido benéfico para o doente".

E Harold Searles declara:[9]

"(...) meu sentimento de identidade tornou-se (...) minha fonte mais segura de informações sobre o que acontece entre o paciente e eu, e ao que acontece com o paciente (...), um instrumento científico muito sensível e instrutivo, que fornece informações sobre o que acontece no tratamento, em geral, em domínios verbalmente inexprimíveis pelo paciente".

A psicanálise, hoje em dia, volta assim a encontrar, após a Gestalt, as teses defendidas *desde os anos 30* por Ferenczi (um de cujos alunos, Karl Landauer, supervisionou a análise didática de Perls). Outros psicanalistas célebres, como Mélanie Klein, Winnicott e Balint, formados por Ferenczi ou por seus alunos, desenvolveram, cada qual à sua maneira, uma "técnica ativa" que dá grande espaço à *exploração da contratransferência*, particularmente em suas *repercussões corporais*.

Exteriorização sexual

É claro que não se trata de passar de um excesso de neutralidade a um *excesso* de envolvimento, e não posso endossar a posição de alguns

---

9. Searles, H. *Le contre-transfert*. Paris. Gallimard. 1981.

colegas americanos que, sob pretexto de uma relação autêntica e pretensamente "igualitária" de pessoa para pessoa, pretendem *anular qualquer diferença* entre o terapeuta e o cliente e se permitem abusos discutíveis, utilizando algumas sessões para sua satisfação pessoal, chegando mesmo a tratar de seus próprios problemas no tempo destinado aos estagiários, ou para satisfazer seus próprios desejos sexuais — a pretexto de "autenticidade" da relação mútua!

O *efeito demagógico* dessas práticas nem sempre é negligenciável a curto prazo, pois bem que os estagiários gostam de ver as fraquezas do terapeuta — que lhes parece assim mais "humano" e mais "acessível"! Mas são abusos lastimáveis (aliás, excepcionais), que trouxeram algum descrédito à prática da Gestalt.

Diversos estudos americanos relatam que, de fato, *não é possível afirmar muito objetivamente que os efeitos secundários de tais práticas tenham sido negativos ou positivos*, e isso tanto para um ou outro dos parceiros envolvidos, quanto para os outros membros do grupo.

São citados casos particulares de *agravamento* ou de perturbações secundárias neste tipo de relação, mas são igualmente lembrados casos de *melhoria* (por revalorização narcísica ou desdramatização de uma fantasia).

Não deixa de reinar na matéria uma certa hipocrisia, herdada de conceitos morais e religiosos, que *não permitem um estudo muito objetivo a respeito*.

Não vai longe o tempo em que o estudo científico do comportamento sexual, por Kinsey ou Master & Jonhson, provocava escândalo, enquanto, de fato, se ia percebendo que *80% da população* (sic!) mantinha práticas então rotuladas de "perversas" pela moral oficial!

Assim sendo, independentemente de qualquer preconceito de ordem moral e de qualquer afirmação *prévia* de eventual "nocividade" psicológica, nós pensamos que, de qualquer maneira, uma relação sexual entre terapeuta e cliente corre o risco de ser *falseada pela dissimetria dos status*:

- um é pago, o outro paga;
- o terapeuta profissional tem um *status* de autoridade e um poder do qual ele pode ficar tentado a abusar, *mesmo à sua revelia*;
- inversamente, a "conquista" afetiva do terapeuta por *um (a) cliente nem* sempre é motivada por uma atração afetiva ou sexual autêntica!
- além disso, qualquer terapeuta, por sua profissão, é levado a encontrar um elevado número de parceiros potenciais, e isso numa situação privilegiada de *fragilização* emocional dos clientes; *o equilíbrio é pois rompido*.

Enfim, não se pode abstrair o *contexto sócio-cultural* reprovador, ainda muito atuante, apesar da recente evolução dos costumes, o que repercute profundamente nessas exteriorizações, conferindo-lhes um toque de *culpa dissimulada* ou, pelo contrário, de *provocação ostensiva*.

Numa perspectiva gestaltista, não se pode separar o *indivíduo* de seu *meio* e qualquer comportamento só faz *sentido* se considerado em seu *campo* global, mesmo que os limites impostos sejam, no mais das vezes, arbitrários e provisórios, tributários da história e da geografia.

Enfim, a *dramatização* dos casos de transgressão nos parece às vezes mais nociva do que a própria transgressão.[10]

No outro extremo das posições liberais, as posições *moralistas* extremas não nos parecem muito mais defensáveis e a experiência nos ensinou a desconfiar dos inquisidores rigorosos, que pensam superar suas próprias fraquezas perseguindo as dos outros (*formação reacional*).

Alguns responsáveis por grupos de terapia ou de desenvolvimento pessoal chegam até a exigir, de cada estagiário, um *compromisso por escrito de "abstinência"* de qualquer relação sexual, não apenas com os terapeutas (o que é natural), mas também entre os próprios *estagiários*, e isso inclusive nos intervalos das sessões.

Embora *nos pareçam indispensáveis os repetidos alertas sobre o caráter artificialmente* "superaquecido" das relações estabelecidas num grupo de trabalho psicoterápico com mediação corporal e emocional, tais proibições coercitivas nos parecem um atentado à privacidade de clientes adultos... justamente aqueles que queremos tornar responsáveis!

Além disso, inúmeros depoimentos confirmam que tais compromissos — mesmo quando assinados — *raramente são respeitados* pela totalidade dos membros do grupo, alguns destes sendo então *acuados* a posições anti-sociais de *transgressão provocadora* da lei estabelecida, seja a posições *hipócritas de negação* ou mentira, precisamente quando pretendemos incentivar em cada um expressão autêntica de suas emoções, sensações, temores e desejos.

Uma linha divisória ...

Nossa posição pessoal está, portanto, numa desconfortável "linha divisória" entre a queda nos extremos. Ela é de uma *prudência máxima* em relação a *todos os envolvimentos afetivos, amorosos ou sexuais*, mas sem cogitar de proibições de tipo rígido ou ideológico, que não considerariam a singularidade de cada caso.

---

10. Como analogia, lembremos que *masturbação* ainda era, até bem recentemente, muito culpabilizada ("deixa louco!"), mas em vários países ela foi usada normalmente para acalmar uma criança nervosa ou consolá-la quando se machucava: em certas ilhas do Pacífico, permitem que um passante masturbe um garoto, mesmo se for desconhecido, se ele ralou o joelho — assim, como fazemos um agrado. Poderíamos dizer o mesmo do famoso "trauma da cena primitiva" (presenciar o coito paterno), comum e anódino num grande número de culturas.

Achamos que, no contexto atual, a *proibição* da exteriorização sexual confere *mais liberdade* corporal e espontaneidade do que sua tolerância: de fato, se o cliente não teme "escorregar", pode deixar-se levar mais facilmente por suas necessidades, em geral insatisfeitas, de *ternura* ou de *regressão*, voltar a encontrar assim sensações infantis recalcadas, explorar desejos inibidos e desdramatizar fantasias. Os *limites* instaurados, no mais das vezes implicitamente, protegem tanto o terapeuta quanto o cliente.

Em nosso espírito, essas reservas quanto às relações sexuais não constituem, de modo algum, um obstáculo às relações mútuas *amigáveis* e *calorosas* com os clientes — não numa vã procura de *confluência* fusional ilusória, mas simplesmente para manter um clima de trocas diretas em *confiança e segurança* — clima este que, pelo contrário, permite, se for o caso, *frustrações* deliberadas ou confrontos *agressivos* não-deletérios, assim como "mergulhos" profundos nas zonas arcaicas da personalidade.

Além do mais, isso contribui para o trabalho prazeroso,[11] com calor e alegria. Ora, é evidente que *aquilo que se faz com prazer, se faz melhor* — isso é válido tanto para o cliente quanto para o terapeuta.

Quanto a mim, não vejo *nenhum "mérito" particular no ascetismo, no sofrimento e no sacrifício*, e ignoro a moral de São Bento, que só vê santos entre os mártires e afirma que "a morte está perto da entrada do prazer" (regra nº 7) e que "devem ser aprendidas todas as coisas penosas e austeras pelas quais se vai a Deus" (regra nº 58).

Sinto-me mais próximo dos ortodoxos, entre os quais a alegria pascal da Ressurreição prevalece sobre a paixão da Crucificação, assim como dos tântricos, que buscam a santificação por uma *transmutação* do desejo e do prazer, ou ainda de certos sufis, que "dançam a Alegria do mundo".

Endosso Max Pages, quando declara:[12]

> "Contrariamente ao que prescreve a técnica freudiana, o *prazer que experimenta o terapeuta* ou o monitor em suas trocas com os participantes é *necessário* à mudança. Ele não é nocivo: não é tampouco um elemento *suspeito* que se deva dosar, que se aceita com reticência e má consciência. *Ele é o motor da mudança*".

Será preciso lembrar, além disso, que prazer e amor não são sinônimos de sexualidade? A própria palavra "sexualidade" só foi forjada no

---

11. O *calor optimo* nas relações é, para mim, como o *calor optimo* de um motor a explosão: permite que funcione melhor — mas sob a condição de não ultrapassar uma temperatura limítrofe. Lembremos que várias pesquisas americanas e canadenses relatam que de 15 a 20% dos psicoterapeutas — de todas as tendências — teriam tido relações sexuais com um ou vários clientes!
12. Max Pages. *Le travail amoureux*. Paris, Dunod. 1977.

século XIX, e empregada pela primeira vez, no sentido atual, em... 1924! (sic!). Quanto caminho percorrido desde então! Os gregos, mais sutis, tinham *três palavras* totalmente distintas para designar o amor:

- *éros*: o desejo, simbolicamente localizado no *corpo* ou no sexo;
- *ágápe*: a afeição, de conotação fraterna, localizado no *coração*;
- *philia*: o amor ou o interesse (por um amigo, pela música, pela verdade), localizado na *cabeça*.

Quanto a mim, não hesito em afirmar que:

> a sexualidade não deve ser recalcada
> nem descarregada, mas gerada com atenção e respeito,
> como energia fundamental.[13]

Essa pulsão de vida não é um vil instinto material manchado de pecado original, mas uma manifestação do fundamental *impulso vital* universal.

A economia libidinal freudiana do começo do século tinha feito das pulsões energias quantificáveis, a partir do modelo da termodinâmica clássica da época, dominada pelas noções de trocas de fluidos e pelo segundo princípio de Carnot (perda de energia por *entropia*). Em Freud, os mecanismos da neurose, tais como a sublimação, são implicitamente baseados na *mecânica dos fluidos*: sendo a energia supostamente limitada, ela só pode ser desviada ou transformada, mas não multiplicada. Assim, por exemplo, o interesse sexual inicial não utilizado é metabolizado e seria a fonte da arte e da ciência.

Ora, o amor é do *Fogo* e não da *Água*: ele não obedece ao princípio dos vasos comunicantes, mas ao da chama — que pode se multiplicar sem limites e nada perder. O malthusianismo libidinal não é mais viável: não é o caso de economizar água, mas de manter a chama — evitando queimar-se...

O amor, a ternura e o sexo, quando usados, não se perdem... bem pelo contrário!

A transferência do terapeuta

A *"neutralidade"* absoluta do terapeuta é um mito acabado, que, aliás, não é mais muito defendido nem pelos próprios psicanalistas. Além disso, a *não-intervenção já é um posicionamento*, em geral fortemente indutor, e a retração, às vezes, aliena mais do que a *"pro-vocação"* (que é um "chamado").

---

[13]. Poderíamos dizer que o *recalque* crônico produz neurose (cf. Freud), enquanto a *descarga* anárquica pode provocar a psicose (perda das fronteiras do eu).

É preciso assinalar, além disso, que as atitudes profundas do terapeuta não são unicamente *respostas* às atitudes do cliente — como levaria a supor o próprio termo "contratransferência", compreendido como resposta, *positiva* ou *negativa*, à transferência do *cliente* ao analista. O fenômeno chamado de *"transferência"* parece, afinal, singularmente complexo, visto que nos encontramos, esquematicamente, em presença de *seis modos de relação possíveis*, em geral interdependentes:

- transferência do cliente ao terapeuta;
- contratransferência do terapeuta em resposta a esta transferência;
- transferência do *terapeuta* a alguns de seus clientes (vividos como "crianças", "pais", rivais, discípulos etc.)
- *contratransferência do cliente*, em resposta à transferência do terapeuta;
- sentimentos *atuais* do cliente pela pessoa do *próprio* terapeuta;
- sentimentos atuais do terapeuta pelo cliente *em si*.

Confesso, por meu lado, que em nada lamento este meandro intrincado de relações diversas, tecidas em todos os sentidos, com fios às vezes invisíveis e fortemente coloridos, em misteriosa trama. É a insondável riqueza das relações humanas que lhes confere uma espessura, uma densidade e uma originalidade incessantemente renovadas. Essa profusão evita qualquer rotina e estimula, no terapeuta, uma vigilância constante.

O controle: prudência e aventura

O gestaltista, intensamente atento ao processo da relação que se desenvolve, é assim *permanentemente interpelado em todo o seu ser*.

Com certeza, o Gestalt-terapeuta terá, ele mesmo, enfrentado longamente sua *problemática existencial pessoal* durante uma terapia aprofundada pela Gestalt, pela psicanálise ou qualquer outro meio. Em seguida, ter-se-á familiarizado amplamente com seus mecanismos de contratransferência e terá analisado suas atitudes profissionais em *supervisão*, beneficiando-se assim, por vários anos, do controle e da experiência de colegas qualificados.

Mas não se convive impunemente todos os dias com o sofrimento e a morte, o desejo e o sexo, o dinheiro, o poder e o conflito, a depressão, o delírio ou a loucura.

Parece pois *indispensável* que qualquer terapeuta reserve para si, regularmente, e isso *ao longo de toda sua carreira*, períodos suficientes de *trabalho pessoal consigo mesmo* e de *reciclagem profissional* (não confundir).

Não que o terapeuta deva ter *"resolvido todos os seus problemas"* (haveria bem poucos terapeutas sobre a terra!), mas que os possa enfrentar sem ansiedade excessiva, sem ser "invadido". Em minha opinião, o clínico deve poder enfrentar com uma facilidade suficiente pelo menos *cinco tipos principais* de problemas existenciais, comumente evocados pelos clientes:

- a *solidão*;
- a *sexualidade*;
- a *dúvida*;
- a *agressividade*;
- a *morte*.

Estes cinco eixos terão sido longamente "trabalhados" durante a *terapia* pessoal, durante a *formação* básica e a supervisão do futuro clínico, e seu relativo domínio constituirá um "teste" para avaliar se o postulante está pronto ou não para ser terapeuta.

O gestaltista observará e reajustará incessantemente *seus próprios limites* e saberá *recusar*, quando for o caso, um "acompanhamento" muito perigoso — assim como o guia de montanha insuficientemente experiente ou *provisoriamente* cansado, se proíbe de partir para uma excursão além de suas possibilidades *no momento*.

Alguns afirmam deliberadamente que não se pode "acompanhar" alguém para além do itinerário que se *percorreu*. *Eu não compartilho esse ponto de vista*, bastante difundido: posso acompanhar eficazmente uma mulher grávida ou um canceroso angustiado, sem ter vivido pessoalmente essas situações, enquanto que, *inversamente*, posso perder minha disponibilidade afetiva perante, por exemplo, um problema de deportação — *justamente porque ele desperta em mim* uma Gestalt eternamente inacabada, concernente a um drama existencial pessoal dificilmente cicatrizável. O importante não é pois o que eu mesmo *vivi*, mas meu *sentimento atual de conforto* perante os temas evocados.

Da mesma forma, posso ser acometido pela angústia num percurso já feito em que vivi um acidente, e, ao contrário, acompanhar uma fila de alpinistas com atenção e eficácia em uma *passagem nova para mim, mas que corresponda à minha competência técnica*. Talvez até seja ainda mais atento do que em trajetos rotineiros...

Confesso apreciar essas excursões com um cliente, por zonas *inexploradas*, só me dando conta do itinerário percorrido na sessão de terapia conforme ela avança (na verdade, após).

Não é sempre ao longo dos caminhos preparados de antemão
que se fazem as descobertas mais ricas:
as mais belas flores e os tesouros ocultos
se abrigam às margens das veredas freqüentadas.

Não creio que seja sempre necessário definir, por princípio, *previamente*, um "contrato terapêutico" *preciso* com o cliente. Em inúmeros casos, suas motivações subjacentes só se revelarão pouco a pouco. Alguns conhecem seu mal e sabem definir seu objetivo; outros, *ainda não chegaram a isso ou não estão mais aí!* A Gestalt-terapia permite, e esta é uma das suas inúmeras riquezas específicas, que partamos na *descoberta*, atentos "a todas as direções", e não nos obriga a definir o itinerário com precisão, *antes* de qualquer expedição.

Sempre me enriqueci mais em viagens improvisadas, estimulado por uma *awareness* aprimorada ao sabor dos encontros e dos achados no "aqui e agora" da região, do que em circuitos organizados, com suas etapas cuidadosamente previstas — mesmo quando pretensamente definidas por mim, em encontros prévios e discretamente "orientados", com o agente de viagens.

Assim, não é tarefa do terapeuta manter o cliente, a qualquer custo, em um itinerário determinado, mas ajudá-lo a *aproveitar ao máximo aquilo que encontrar no caminho de sua terapia*, pelo menos identificar melhor os obstáculos e os perigos, distinguir entre evitações inoportunas e desvios necessários, selecionar as descobertas aproveitáveis após voltar de cada expedição.

CAPÍTULO 10

O corpo e as emoções em Gestalt

A Gestalt é uma técnica "psicocorporal" ou, mais do que isso, uma "psicoterapia com *mediação* corporal e emocional"? É isso que costumamos ouvir:
Laura Perls afirma pessoalmente:

"Há um ponto que nunca enfatizarei o bastante. O trabalho corporal é parte integrante da Gestalt-terapia. A Gestalt é uma terapia *holística* — isso quer dizer que ela leva em consideração a totalidade do organismo, e não simplesmente a voz, o verbo, a ação ou qualquer outra coisa"[1].
"(...) Utilizo qualquer tipo de contato físico se achar que isso pode facilitar um avanço do paciente em sua *awareness* da situação presente (...) Eu não tenho regra particular no que concerne pacientes homens ou mulheres. Posso acender um cigarro, alimentar alguém com uma colher, arrumar os cabelos de uma mocinha, pegar na mão ou abraçar um paciente, se este me parecer o melhor meio de estabelecer uma comunicação inexistente ou interrompida. Eu tanto toco os pacientes quanto deixo que me toquem para experimentar um aumento de sua *awareness* corporal (...)
Parece haver uma grande divergência de opiniões e muita ansiedade a respeito da aceitabilidade do contato físico em terapia (...)[2]

Laura Perls não separa a Gestalt da expressão artística e corporal. Aliás, ela teve uma formação artística (música e dança) e uma forma-

---

1. Laura Perls, entrevistada por Edward Rosenfeld, in *The Gestalt Journal*. Vol 1. 1978.
2. Laura Perls, no IV Congresso da Academia Americana de Psicoterapeutas (Nova York, 1959), congresso que reuniu terapeutas de renome de cinco orientações diferentes.

ção específica de diversas técnicas corporais (Alexander, Feldenkrais, euritmia de Rudolf Steiner etc.), paralelamente à sua formação psicanalítica.

A atenção ao corpo é permanente entre *todos* os gestaltistas (que observam postura, respiração, olhar, voz, microgestos etc.), mas muitos deles não interferem muito *diretamente* no corpo do cliente.

O próprio Fritz Perls, que acabava de deixar a psicanálise pela Gestalt, no começo de sua prática, mantinha seus clientes deitados no divã (assim como seu mestre, Wilhelm Reich).

Já por seu lado, Isadore From, um dos primeiros discípulos de Perls, considera a Gestalt uma terapia *dialógica*, essencialmente baseada no diálogo *verbal*. Outros conhecidos gestaltistas, como Zinker ou Resnick (nos EUA), Janine Corbeil (em Quebec), Salathe ou Robine (na França), só raramente utilizam o corpo de modo ativo ou interativo: eles preferem observá-lo e interpelá-lo *verbalmente*.

De fato, os princípios teóricos fundamentais e a metodologia específica da Gestalt não implicam a *obrigação* de uma mobilização corporal: a abordagem global *fenomenológica*, a teoria do *self*, a observação das perturbações do ciclo de contato e das "resistências" não requerem, em absoluto, a intervenção ativa do corpo. Entretanto, a meu ver, não há porque privar-se de uma poderosa alavanca terapêutica, que contribui para a intensidade e a profundidade do trabalho, permitindo aumentar sua eficácia e reduzir sua duração.

Assim, a *grande maioria* dos clínicos atuais em Gestalt concedem um *lugar privilegiado à vivência corporal* do cliente — tanto quanto, aliás, à do próprio *terapeuta*. Eles se interessam também pela *sensorialidade receptiva* ("O que você está sentindo neste momento?") tanto quanto pela *atividade motora* do organismo ("Eu proponho que você se levante e dê alguns passos...")

Leitura do corpo

A amplificação da percepção ou dos gestos não é "leitura do corpo".

O Gestalt-terapeuta é particularmente atento a quaisquer manifestações corporais de seu cliente: posturas e movimentos aparentes — voluntários ou inconscientes, *microgestos* semi-automáticos, como que "*lapsos do corpo*", reveladores de processos em curso (no mais das vezes à revelia do cliente) — como, por exemplo, tamborilar dos dedos, balançar o pé, *minicontração* do maxilar etc. É claro que ele também observa *a voz*, o ritmo *respiratório*, sua amplitude ou seus bloqueios, assim como a *circulação* sanguínea, perceptível, por exemplo, pela palidez ou rubores localizados.

Em Gestalt, o sintoma corporal é deliberadamente utilizado como "porta de entrada" que permite um contato direto com o cliente, respeitando a via que ele mesmo "escolheu", embora, com freqüência, involuntariamente.

Portanto, incentivar-se-á nele a tomada de consciência imediata (*awareness*). Sugere-se, eventualmente, que *amplifique* o que sente ou seu sintoma[3] para melhor percebê-lo, "dar-lhe a palavra" de certa forma, e isso *antes mesmo de interrogar sobre seu significado*.

Em Gestalt, de fato, como assinalei várias vezes, não se busca a todo custo "decodificar" o sintoma — às vezes, isso acaba por "alimentá-lo de sentido", segundo a expressão já citada de Lacan: qualquer explicação pode envolver o risco de sustentá-lo, justificando-o. Assim, por exemplo:

> "Eu sou fóbica porque minha mãe ficou ansiosa e superprotetora após a morte de meu irmão mais velho", pode subentender: "Tenho boas razões para ser assim", na verdade, "Estou condenada a permanecer assim".

O Gestalt-terapeuta então se precavê de qualquer *interpretação* do gesto ou de qualquer *"leitura do corpo"* de acordo com um código *preestabelecido*.

Ele prefere incitar o cliente a seguir *ele mesmo* a pista que se apresenta espontaneamente, por exemplo, *prosseguindo, repetindo ou amplificando* o gesto para torná-lo cada vez mais aparente ou explícito, tudo isso *verbalizando* o que sente pessoalmente no momento. Assim, por associações sucessivas de sensações, gestos, imagens, sons e palavras, em geral emerge uma súbita tomada de consciência (*insight* ou *"minisatori"* — conforme expressão que Perls costumava utilizar) de comportamentos *atuais*, ou, pelo contrário, de atitudes repetitivas *antigas*, até *arcaicas*.

O corpo também mente

Em geral, a linguagem do corpo é profunda, rica e matizada. Daí a afirmar, como às vezes se ouve (Lowen), que "o corpo nunca mente", há um grande passo, que evitarei dar. Minhas *palavras* podem mentir deliberadamente ou ainda denunciar meu pensamento apesar de mim, mas *meu corpo pode fazer o mesmo*, por seu lado! Eu posso "inflar o torso" para camuflar meu medo ou minha timidez, verter "lágrimas de crocodilo" para apiedar meu interlocutor ou camuflar minha agressividade atrás de um sorriso agradável. Posso urrar sem estar profundamente emocionado ou ter uma ereção sem estar amando (e reciprocamente!...) Posso sofrer como um mártir por causa de uma espinha superficial ou por um dente cariado, e ignorar o desenvolvimento de um silencioso tumor canceroso.

---

3. Atitude "paradoxal", pois a maior parte das terapias visam, pelo contrário, *atenuar* os sintomas.

Se fiar no corpo não é, pois, nem mais nem menos razoável do que se fiar na palavra do cliente... Mas por que negligenciar esta fonte permanente e considerável de mensagens complementares — sejam elas congruentes ou dicordantes das mensagens verbais explícitas?

Para o gestaltista, a linguagem do corpo tem a vantagem de estar enraizada no aqui e agora, enquanto a palavra pode se extraviar, mais preocupada com *o que* do que com o *como*.

Em geral, os sentimentos evocados repercutem na *voz*, na respiração e na *postura*. O corpo e as palavras entram em ressonância, sobrepondo-se num mútuo *feed-back* amplificador...

Domar as emoções

As *lágrimas* parecem um *lubrificador natural de qualquer emoção*, ou seja, de qualquer "movimento da alma para fora".[4]

A *ex-pressão* liberadora se opõe, assim, à *im-pressão* acabrunhante, *pressão* para o interior, que pesa e deixa marca.

Infelizmente, em nossa cultura, as expressões do corpo e das emoções são *censuradas e estritamente filtradas*: proibiram-nos desde a infância de manifestar abertamente a raiva, o medo, a tristeza, a dor, o ciúme... Proibiram-nos também de gritar nossa alegria ou de expor nosso desejo...

No que me concerne, geralmente incentivo a expressão espontânea de qualquer forma de emoção, assim que ela aflora. Com precaução, eu a acolho assim que ela se arrisca fora de sua toca, tento reconhecê-la e lhe falar — nem muito cedo nem muito tarde. Se observo uma mudança sutil no ritmo ou na inflexão da voz, na deglutição ou na respiração, posso interpelar o cliente:

— "O que está acontecendo com você agora?"

isso antes que a emoção "passageira" se tenha desvanecido... Mas é evidente que uma tal intervenção, se *prematura*, bem que arrisca cortar a emoção e fazê-la "recuar sob a terra" antes que tenha verdadeiramente mostrado a ponta do nariz! Em contrapartida, se ela foi observada, reconhecida e depois *aceita*, sem dúvida permitirá um trabalho "a quente", mais profundo e mais eficaz.

Como terapeuta, utilizo deliberadamente a *"ternura e a agressividade terapêuticas"*, a gratificação, a frustração ou o confronto conflitante, tanto na alternância brusca do clima tropical quanto na sincronicidade do sol que atravessa a cortina de chuva, evocando o arco-íris promissor.

Meu objetivo não é, pois, *dominar* as emoções (ou seja, reduzi-las à escravidão!) mas, principalmente, *"domá-las"*, domesticá-las, evitando tanto seu transbordamento quanto seu ressecamento. O cliente será in-

---

4. "Emoção" vem do latim *emovere*, de *ex-movere*: "mover para fora".

centivado a "abrir e fechar a torneira das emoções" a cada ocasião: seu comportamento maleável e regular será a garantia de uma boa saúde.
O gestaltista, assim como o encanador, vela para assegurar uma circulação fluida, para desobstruir os canais, para evitar tanto a seca quanto a inundação.

Aprender a me conduzir sem escorregar nos caminhos lisos da existência, sem perder o controle de meu volante devido a freadas inoportunas; conhecer melhor as reações de meu veículo e *acompanhar o movimento*, confiante e vigilante... Seja luto ou raiva, não evitá-los, mas ir *ao seu encontro*, reconhecê-los como meus, *amá-los*, "atravessá-los".

"*The only way to get out is to go through.*" (Perls)[5]

Raiva ou desejo, qualquer paixão é como um cão de guarda — que se torna perigoso se ficar preso por muito tempo, mas que nem por isso posso deixar que pule sobre cada um que passa! Para domá-lo, ser-me-á preciso seguir ao lado dele, e, sobretudo, *fazer dele um amigo*. Assim é com cada uma das emoções: *conhecê-las e amá-las*, e não ignorá-las ou estrangulá-las.

A inibição da emoção, assim como a *inibição da ação* alimentam neuroses e psicoses, doenças psicossomáticas e perturbações sociais.[6]

Tendo em vista a expressão *optima* das emoções, incitamos nossos clientes a uma *mobilização corporal* assim que a ocasião se apresenta: levantar, andar, mudar a distância, experimentar um contato — discreto ou explícito — terno ou agressivo... Propomos a *amplificação* física das posturas ou dos gestos automáticos esboçados, assim como a *dramatização corporal* das situações verbalmente evocadas.

Um exemplo: "Por o quê substituir minhas preocupações?"

Terapeuta: Como você está sentada?
Muriel: Estou arqueada, com a cabeça caída para a frente...
Terapeuta: Você pode tentar *exagerar essa posição*?
Muriel: Sim!... Sinto-me como que esmagada... Como se tivesse um imenso fardo sobre os ombros...
(*o terapeuta coloca uma grande almofada sobre seus ombros*)
Muriel: Uau! Há aí bem mais do que isso!
(*o terapeuta empilha várias outras almofadas*)
Terapeuta: Você quer tentar levantar e "viver a vida" assim?
(*Muriel se levanta; ela mantém seu monte de almofadas como fardo sobre os ombros e dá alguns passos hesitantes...*)
Muriel: Isso não dá! Não posso mais fazer nada!
(*ela joga raivosamente uma das almofadas no chão*)

---
5. "O único meio de sair é passar por" (e não a inibição ou a fuga).
6. Ver Henri Laborit. *L'inhibition de l'action*. Paris. Masson. 1979. E também Simonton, *Guérir envers et contre tout*. Paris. L'Epi. 1982.

Pronto! Me livrei disso! (*um silêncio pensativo...*) É meu companheiro Lucien que me pesa cada vez mais! Ele não me dá um minuto de tranqüilidade!
(*após alguns instantes, ela joga espontaneamente uma segunda almofada*)
Muriel: E isso é meu trabalho de secretária, que também me aborrece! Para mim chega!... Preciso mudar de emprego!
(*em seguida ela joga, uma a uma, almofadas que simbolizam: a mãe, idosa e exigente, um projeto de grupo de pesquisa etc.*)
Terapeuta: E agora?
Muriel: Agora? Não tenho mais nada nos ombros! Estou livre para caminhar (*dá alguns passos*)... mas não sei onde ir!... Nem o que fazer! Todas essas preocupações me ocupavam um bocado! Eu não tenho tido tempo para fazer o menor projeto! Desembaraçada como estou de todos esses aborrecimentos, minha vida parece vazia! *Meus aborrecimentos me faziam companhia!*

Do corpo à palavra, da palavra ao corpo

Aqui, a *partir da amplificação de uma postura*, atingimos progressivamente uma tomada de consciência: é um percurso do *corpo à palavra*.

Mas, em Gestalt, procede-se também em sentido inverso, ou seja, *da palavra ao corpo* — especialmente mediante técnicas de dramatização. É uma atitude inspirada em parte no psicodrama moreniano.

Assim, para trabalhar com um sonho, em vez de propor ao cliente que associe verbalmente a partir de imagens, podemos sugerir-lhe que *encarne alternadamente diversos personagens ou elementos, mesmo menores, de seu sonho e se expresse em nome deles*: assim ele poderá, por exemplo, representar alternadamente — com palavras ou atos — um professor que o interpela, seu aluno, o caderno deste, uma frase escrita neste caderno ou uma simples mancha de tinta...

Da mesma forma, podemos sugerir a *dramatização corporal simbólica* de um sentimento que tenha sido expresso.

Por exemplo, Patrick deplora ser "fechado em seus hábitos".

A um sinal do terapeuta, o grupo simboliza a situação cercando-o corporalmente... mas — para surpresa geral — ele nada fez para se soltar!
Patrick se dá conta então, rapidamente e por si mesmo, que seu *desejo* de liberdade e de iniciativa é puramente intelectual e verbal, enquanto sua *necessidade* profunda, no momento, é, na realidade, um refúgio aconchegante na segurança do já conhecido e no calor doméstico.

Assim, pode-se traduzir, *encarnar* de maneira ao mesmo tempo visível e geradora de emoções, os sentimentos mais diversos, expressos verbalmente: rejeição, abandono, "impasse", necessidade de calor, de reconhecimento social etc., ou ainda dramatizar *corporalmente* expressões comuns, tais como:

- eu não vejo o "fim do túnel";
- eu sempre fico "isolado em meu canto";
- nunca consigo "me soltar";
- tenho vontade de "deixar cair".

Pode ser uma atuação sumária, realizada *individualmente* ou com *a ajuda do grupo*, ou ainda uma seqüência longa:

"Christian e seus avós"

Christian tem 14 anos. Ele é órfão e foi criado pelos avós. Estes são idosos e "antiquados". Têm medo de acidentes e lhe negam a moto que ele deseja. Christian reclama:

— Eles não podem me compreender. São velhos demais!... Veja só, entre eles e eu há um *espaço vazio*: *o lugar de meus pais*... e este espaço estará sempre vazio! Sempre haverá esse buraco aí, entre eles e eu!
Eu lhe sugiro de imediato que *materialize* o que acaba de exprimir. Ao lado de sua cadeira, coloco outras duas, vazias: uma para seus pais e a outra para seus avós. A experiência o diverte: ele fala com os avós, com as mãos em concha:
— Ei vocês aí! Vocês estão me ouvindo?... Vocês são muito velhos!... Vocês são surdos?
Depois se coloca no lugar dos avós, encarnando assim a imagem que faz deles; e, por cima da cadeira vazia dos pais, ele mesmo "responde", com uma voz doce:
— Sim, Christian, te ouvimos! Não somos assim tão velhos! Temos 57 anos. E não somos surdos!...
Então Christian sorri, com um ar de ter compreendido. Ele se levanta e, espontaneamente, vai arrumar as cadeiras. Ao sair, me diz:
— Sabe... afinal, acho que se pode encontrar uma maneira de entrar num acordo: vou estudar isso!
Na hora de sair, ele se voltou e constatou:
— É curioso, há quinze dias eu respirava mal e, agora, veja só! (*ele respira profundamente*): circula "fácil"!

Tais dramatizações metafóricas simples mostram, diariamente, o poder de ação da "encarnação do verbo", aqui e agora.

O "jogos" ou "exercícios"

Como sabemos, a Gestalt é praticada tanto em cura *individual* quanto em situação de *grupo*. Neste último caso, as possibilidades de utilização do corpo se multiplicam. Em situação *dual*, de fato, a interação corporal direta entre o terapeuta e seu cliente é *mais limitada*, por razões *materiais* e por razões *psicológicas* ou *deontológicas* (risco de conotação ambígua em eventuais manifestações de ternura, freio ao confronto agressivo).

Em contrapartida, vários *"jogos"* ou *"exercícios" corporais de aquecimento ou amplificação* podem ser propostos *em grupo*, conforme a situação que emerge espontaneamente. É claro que esses "exercícios" não podem ser programados com precisão de antemão. É essencial, de fato, que correspondam à atmosfera e às preocupações do *momento*.

Eles podem se referir ao *conjunto do grupo* ou a *um cliente* em particular e ter *objetivos* muito diversos de experiência, seguida de tomada de consciência: vivência de abandono, de soltar-se, de ternura, de fechamento, de confronto, de risco, de confiança, de limites etc.

Poderemos assim, por *exemplo*, propor que cada um procure o "lugar que mais lhe convenha" na sala, em relação ao conjunto, ou que faça uma "escultura de grupo" com o corpo dos participantes, para traduzir sua vivência subjetiva de sua família, ou ainda que experimente encontros com olhos fechados, ou ainda defenda fisicamente "seu território"; poder-se-á carregar um participante, fazê-lo "voar", acalentá-lo ou aprisioná-lo, incitá-lo a testar sua confiança deixando-se cair nos braços dos membros do grupo, ou sua desconfiança, isolando-se voluntariamente etc.

Várias dezenas desses "jogos" — que inicialmente visavam o reconhecimento das dificuldades no *ajustamento criador* entre o indivíduo e seu meio — tornaram-se agora comuns e são retomados em outras situações, *fora de seu contexto* de origem, em geral sem justificativas metodológicas, até como simples divertimento! Em princípio, pretende-se, com eles, enfatizar os processos de contato, retração, evitação, resistência ou conflito em nossa *fronteira de contato*, tornar explícito o que está implícito.

O "corpo-a-corpo terapêutico"

Em Gestalt, as trocas não são unicamente verbais ou visuais: o *confronto efetivo dos corpos* é explorado como poderoso elemento mobilizador: tanto o confronto físico *agressivo* — controlado, é claro, e, se for o caso, mediado por um colchão ou almofada — quanto a troca de *ternura*, de conotação parental *pré-genital*, e até erotizada ("*corps accord*" conforme a expressão de Richard Meyer) — também controlada, mas realizada num contexto terapêutico, indo além da simples evocação discreta do "como se" moreniano.

Em geral, o corpo-a-corpo desencadeia gradativamente uma *emoção profunda* e costuma permitir a emergência de um material arcaico do período infantil *pré-verbal*, ao qual é difícil ter acesso por meio de terapias de mediação puramente verbal. Assim, não é raro que sejam vividas seqüências intensas, evocando o nascimento ou ainda as primeiras mamadas.

Já em 1931, Ferenczi escrevia:

"É certo que Freud tem razão quando ensina que em análise é uma vitória quando ela consegue substituir a ação pela lembrança; mas acho que é igualmente vantajoso suscitar um importante material dramatizado, que pode ser depois transformado em lembrança".

Reafirma-se a importância desse *material corporal dramatizado* também entre os vários autores da escola inglesa de psicanálise (em grande parte oriunda da escola húngara) e, especialmente, em Winnicott — cujo "parentesco" ideológico com Perls já foi evocado anteriormente: penso, em especial, nas técnicas de *holding* (modo da mãe segurar o bebê, de carregá-lo) e de *handling* (modo de cuidar, de manipular).

A *haptonomia* de Frans Veldman desenvolve também a terapia do toque e propõe um certo número de técnicas comuns em Gestalt (falar com o corpo, "prolongá-lo" na direção do outro, domar a dor etc.)

É freqüente encontrarmos o tema do corpo no próprio psicanalista D. Anzieu, claramente marcado pela escola inglesa. Ele escreve, por exemplo:

"Hoje, o grande ausente, o desconhecido, o negado (...) no psicologismo de muitos terapeutas (...) é o *corpo* como dimensão vital da realidade humana, como dado global pré-sexual e irredutível, como *aquilo em que se apóiam todas as funções psíquicas*".[7]

... o que não o impede de promulgar a "dupla proibição do toque"!

Entretanto, embora o corpo-a-corpo *real* com o terapeuta permita dar início a um trabalho, desenvolvendo uma emoção concreta no aqui e agora, emoção esta que pode reviver uma lembrança (ternura, abandono, violação...), nem sempre permite exprimir *até o fim* os sentimentos experimentados. Freqüentemente, então, introduzimos uma almofada durante o "trabalho" — isso permite que o cliente vá mais longe, por exemplo, se for o caso, bater violentamente ou cuspir nela... se sentir necessidade — numa *catarse* ao mesmo tempo libertadora e reveladora,[8] que será retomada depois, num plano verbal.

---

7. Ver Didier Anzieu, "Le moi-peau", in "Le dehors et le dedans", *Nouvelle Revue de Psychanalyse*, n° 9, 1974, reproduzido em sua recente obra *Le moi-peau*. Paris. Dunod. 1985.

8. Entre as tomadas de consciência repentinas e inesperadas, costumamos encontrar pessoas que enfim realizam uma *raiva infantil* contida há anos contra a *morte* de um dos pais, cólera cuidadosamente recalcada...

Assim, o acesso ao simbólico por meio do corpo ou do verbo permite ir além da realidade corporal tangível do instante, mas esta favorece a mobilização emocional e energética *inicial*: as palavras são o mapa que permite a observação, mas o corpo continua sendo o *motor* que faz o veículo avançar.

Nudez, *hot-tub*, piscina

Parece-me que o impacto do trabalho corporal pode ser consideravelmente ampliado pelo recurso à nudez.

Embora pratique regularmente o naturismo com toda a família,[9] acho que o trabalho psicoterápico *de grupo* com *nudez* pode ser traumatizante, se instaurado de modo imperativo e brutal, como em certos grupos de *"maraton nu"*, de Paul Brindim, que, por exemplo, propõe aos estagiários um exame público detalhado de todas as partes do corpo, lhes fala e os faz falar...

Nós preferimos introduzir a nudez de forma mais espontânea (e sempre *facultativa*), eventualmente por ocasião de um *trabalho na água quente*, na piscina ou no *hot-tub*.

O *hot-tub* é uma grande banheira coletiva, geralmente redonda ou oval, com capacidade para cerca de dez pessoas. Habitualmente, um banco permite ficar sentado, com o corpo imerso até os ombros. A água é mantida à temperatura do organismo (35 a 37 graus). Os *hot-tubs* aperfeiçoados dispõem de um sistema de jatos que provocam bolhas e um borbulhar de intensidade regulável, fazendo uma massagem relaxante.

O mergulho nesse novo meio provoca uma espécie de *stress* (no senso lato do termo, pois pode ser agradável ou desagradável) e uma modificação no funcionamento de *todos os nossos sistemas* de adaptação: respiração, circulação, sensorialidade, gravitação, eliminação (transpiração) etc.

Decerto o conjunto evoca, além disso, conscientemente ou não, a situação pré-natal *intra-uterina*, e não é raro que alguns se aninhem espontaneamente em posição fetal, agachados entre os corpos nus, imersos num "líquido amniótico" quente. Este *setting*[10] favorece diversas sensações corporais de tipo *regressivo* e permite a emergência de várias seqüências arcaicas, acompanhadas de sentimentos de bem-estar "oceânico" ou, pelo contrário, de angústia existencial ou abandono...

A *vasodilatação* provocada pelo calor acarreta uma aceleração da circulação sanguínea e da respiração, modificando a taxa de oxigênio e o pH do sangue, realizando assim, de certa forma, uma "autointoxicação" discreta do neocórtex, comparável àquela provocada mais

---

9. Meus pais já eram militantes do movimento naturista desde o início dos anos 30.
10. Em psicanálise, termo que designa a disposição material das instalações durante o tratamento — com toda sua conotação simbólica.

brutalmente pelos exercícios de *hiperventilação pulmonar* (respiração "forçada") preconizada em *rebirth* ou em *bioenergética*. Essa sonolência das funções corticais de controle, induzida pela "auto-narcose" progressiva, favorece a expressão de camadas *subcorticais liberadas* (límbica e hipotalâmica) e, portanto, a emergência eventual de sentimentos ou de necessidades primárias armazenadas nessas zonas não-conscientes (raiva ou cólera, medo ou angústia de abandono, reflexos de sucção ou de procura de ternura etc.)

Além do trabalho de *regressão*, o meio específico constituído pela água na temperatura do corpo e pela nudez permite a exploração de várias situações: experiência de *soltar-se, medo* de ser submerso, *prazer* do mergulho em apnéia, *contato* próximo com outros corpos nus, trabalho com a *imagem do corpo* e em torno da *sexualidade*.

O trabalho pode se realizar *em silêncio* ou *com música, com* ou *sem palavras, olhos abertos ou fechados, coletiva* ou *individualmente*. O terapeuta pode *sugerir* exercícios (de olhar, de contato, de flutuação, de massagem etc.) ou, pelo contrário, simplesmente acompanhar a vivência "psicossomática" espontânea do cliente, limitando-se a estimular sua *awareness* e incitando-o a emitir *sons* ou *palavras*, ou exprimir *frases*.

Também utilizamos, de forma bem similar, uma "piscina terapêutica" aquecida na mesma temperatura. A conotação *regressiva* é então menor (não há mais a forma redonda, a proximidade e o contato dos corpos), em proveito de uma conotação mais *sexual*, favorecida pela liberdade de *movimento* e de *escolha* dos parceiros e pela atmosfera mais lúdica que a acompanha.

É evidente que o trabalho psicológico iniciado na água pode *prosseguir ou ser retomado no chão*, individualmente ou em grupo.

A *"sensitive Gestalt massage"*

Aproveitando a nudez induzida pelo banho, propomos uma sessão de *massagem californiana* chamada *"sensitive Gestalt massage"* (S.G.M.), segundo uma técnica simplificada, inspirada em nossa formação em São Francisco, com Margaret Elke. É uma massagem *sensitiva euforizante*, visando um relaxamento em bem-estar, melhor integração do *esquema corporal* e uma relação compartilhada com concentração sucessiva no fato de *receber* ou dar calor, ternura ou energia.

"Loose your head, come to your senses"

gostava de repetir Perls. Ora, o mais gigantesco de nossos órgãos dos sentidos é a *pele*, que mobiliza dois metros quadrados de nossa superfície, 70% de nossa circulação sanguínea e a quase totalidade de nossas terminações nervosas.

Parece-nos que a *sensitive Gestalt massage* se harmoniza facilmente com a prática tradicional da Gestalt. Aí encontramos, de fato, *vários temas comuns*:

- ciclo de *contato-retração*;
- trabalho na *fronteira de contato*;
- abordagem holística e *integradora* do ser global;
- trabalho no *aqui e agora*;
- *awareness* da sensorialidade;
- ativação do *cérebro direito* (esquema corporal, imagens e emoções);
- compartilhamento do sentir e da emoção na *simpatia* terapêutica;
- *aceitação* e *respeito* pelo outro e por si mesmo, com as *imperfeições* de cada um;
- *respeito* pelo ritmo, pela criatividade e pelo "estilo" pessoal;
- busca de *bem-estar* e valorização, sem culpa, do prazer.

Riqueza da dissimetria

Nós gostamos de propor uma variante *"dissimétrica"*: um dos dois parceiros *oferece* a massagem e o outro a *recebe* (por uma duração que pode ir até uma hora); e isso *sem reciprocidade*. Queremos assim romper o equilíbrio estático do *comércio social*, em que cada um fica obrigado a reembolsar o quanto antes o que recebeu. Queremos incentivar tanto a *gratuidade* do dom desinteressado quanto a coragem do *pedido* espontâneo, assim como a *responsabilidade pela escolha* da necessidade dominante no momento e pelas prioridades.

Não estará subentendido, neste caso, que numa próxima sessão os papéis serão automaticamente invertidos, nem, tampouco, que os *mesmos* parceiros voltarão a estar juntos. Cada um segue seu próprio ritmo, atento às suas próprias necessidades e desejos, assim como aos dos outros.

Eu gostaria de lembrar, a este respeito, *o sentido geral da evolução*, que vai da *assimetria da desordem original à dis-simetria dinamizante do progresso*, passando pela *simetria estática* da matéria organizada ou da vida primitiva:

assimetria → simetria → dissimetria.

Quanto mais um ser vivo "sobe" na escala evolutiva, mais *decresce a simetria*, de acordo com o conjunto de eixos: alto/baixo, frente/atrás, direita/esquerda. Numa minhoca cortada em duas, a cauda fabrica uma cabeça, e a cabeça fabrica uma cauda. O *homem desenvolveu a dissimetria* das pernas e dos braços, do polegar e dos dedos, da direita e da esquerda.

Esta última dissimetria, *exteriormente* pouco aparente, é marcante no interior, na maioria dos mamíferos, no âmbito das vísceras (coração, pulmões, fígado, baço, intestinos...) mas, no homem, ela também é marcante no âmbito do cérebro. Voltaremos a isto em detalhes no próximo capítulo.

Da ameba à minhoca, do crocodilo ao canguru, do macaco ao homem se estabelece assim uma *diferenciação* e uma *especialização* crescente de cada parte do organismo.

Corpo, emoção e verbo

Esquematizando de forma deliberadamente provocadora, poderíamos dizer:

- em *psicanálise*, fala-se do corpo, mas ele não mexe;
- em *psicodrama*, o corpo mexe mas não se fala dele;
- em *Gestalt*, o corpo mexe e fala-se dele explicitamente.

Acrescentarei que a experiência parece indicar que:

uma *tomada de consciência verbal* sem
mobilização emocional
só possibilita mudanças profundas a muito longo prazo;
enquanto que, inversamente, uma *catarse emocional*
que não seja seguida de uma metabolização pelo verbo
só tem efeito por prazo bem curto.

Parece que só a *conjunção de ambas* permite uma evolução *ao mesmo tempo rápida e duradoura*. Além disso, nunca se enfatizará o bastante que a Gestalt, ao centrar-se privilegiadamente nos "fenômenos de superfície", em geral com suporte corporal, que aparecem no aqui e agora da sessão, não cria nenhum obstáculo à emergência de sentimentos associados, às vezes muito *arcaicos*, remontando, conforme o caso, às primeiríssimas semanas de vida. Seria pois *inexato* supor que a Gestalt possibilita menos regressão ou atinge menor "profundidade" do que a psicanálise, a análise bioenergética, a terapia primal ou o psicodrama.

Os estreitos vínculos entre pele e cérebro não poderiam, aliás, surpreender ninguém, visto que estes órgãos, em grande parte, são oriundos da mesma camada embrionária inicial: o *ectoblasto* — que constitui posteriormente a epiderme, mas também o essencial dos outros órgãos dos sentidos (a boca, o nariz, as orelhas e os olhos) e, é claro, o conjunto do sistema nervoso.

Essa relação entre o exterior e o interior,
entre a forma e o fundo, é o próprio coração da Gestalt.

E além disso está presente em tudo... até na política!

Gestalt-terapia na Casa Branca

Entre os numerosos dissabores do presidente Carter, contam seu encontro oficial, há alguns anos, com o presidente do México: este o acolheu calorosamente, batendo em suas costas com as palmas das mãos bem abertas, num *"abrazo"* entusiasta! Sob o olhar implacável de doze cadeias de televisão americanas, viu-se então o pobre presidente tropeçar, abalado, titubeante e pálido, depois tentar retomar o fôlego e, com uma voz apagada e moribunda, exprimir... sua alegria! Contam que os psicólogos conselheiros da Casa Branca promoveram um curso intensivo e acelerado de *Gestalt* para levar o presidente a associar melhor seu corpo, seus sentimentos e seu verbo, para continuar sendo credível.

O *conteúdo* de seu discurso se apagara diante da *forma*, pois é fato que os gestos e as posturas, assim como o timbre e a inflexão da *voz*, costumam se impor mais do que o sentido das palavras.

Durante toda a seqüência de trabalho em Gestalt, o *timbre da voz* retém a atenção do terapeuta: ele revela não apenas os processos emocionais subjacentes, mas também, com freqüência, o eventual *nível* de regressão. Assim, não é raro ouvir surgir, repentinamente, num discurso adulto, uma voz de "criancinha" submissa, lamuriosa ou revoltada, que pressagia o aparecimento de lembranças emocionais às vezes profundamente enterradas.

Em geral, propomos ao cliente que *feche os olhos* e "deixe que subam" as *imagens* que surgem, e isso permite prosseguir o trabalho em outro nível.

A proximidade

Eu falava do encontro de Carter com o presidente do México. De acordo com as leis da *proxêmica*,[11] convém *respeitar as fronteiras da "bolha"* sagrada de proteção, *território* de segurança — que é, como se sabe, claramente mais extenso para os americanos do que para os espanhóis, os árabes e os russos, como atesta, por exemplo, o ritual do encontro: "alô" distante, aperto de mãos, abraço ou beijo...

Essa busca da *distância adequada* é um elemento essencial no ciclo de pré-contato, contato e retração da Gestalt. Durante as seqüências de trabalho, alguns terapeutas propõem soluções simples para o problema, conservando, eles mesmos, um *lugar fixo* (sua poltrona ou almofada), deixando assim ao cliente a iniciativa, espontânea ou sugerida, de se aproximar eventualmente, na distância ou no ângulo que lhe convier num dado momento. É a técnica tradicional do *hot-seat* (com suas diversas variantes).

---

11. Estudo da organização do espaço e das distâncias sociais. Cf. Edward Hall. *La dimension cachée*. Nova York. 1966.

Outros — entre os quais me incluo — preferem a técnica, mais aleatória porém mais maleável, do *"floating hot-seat"* (Polster), em que os lugares são "flutuantes" e indeterminados no começo. Cabe então *tanto ao terapeuta quanto ao cliente* procurar — se preciso por tateio experimental deliberado — a disposição espacial que mais lhes convém: face a face, lado a lado ou obliquamente, distante ou próximo.

É certo que o *clima psicológico do encontro é fortemente marcado por isso*:

• *o cliente* que se aproxima por si mesmo, às vezes "avança" sobre meu "território", assume a responsabilidade de um eventual *confronto* ou ainda, pelo contrário, se coloca em posição de *dependência* confiante ou submissa;

• inversamente, se *tomo a iniciativa* de me aproximar dele, minha "intrusão em seu território" pode *induzir* o confronto (explícito ou implícito) ou permitir, pelo contrário, a instauração de um clima de segurança (reforçado, se for o caso, por um contato físico).

• a posição *lateral* evoca mais o *acompanhamento* do que o confronto ou a dependência;

• se cada um fica *distante*, protegido ou isolado em seu próprio território, daí emana uma atmosfera de prudência, de *desconfiança* ou de *respeito* pela autonomia de cada um...

*

Por meio das diversas reflexões deste capítulo pudemos ver a que ponto o corpo está presente em Gestalt, corpo *metafórico* e corpo *real*, solicitado num diálogo *multidirecional*, que vai do corpo ao verbo e do verbo ao corpo, do cliente ao terapeuta e do terapeuta ao cliente.

Quanto a mim, lamento que a psicanálise se tenha focalizado demais na cabeça, em detrimento do corpo, e não quero, por minha vez, focalizar o corpo e negligenciar a cabeça — como Perls, que numa raiva reativa e provocadora qualificava, conforme o caso, de *bullshit* (cocô de vaca), *elephantshit* ou *chickenshit* (cocô de galinha) a maioria das tentativas de elaboração conceitual!

Também já é tempo de nos interessarmos pela intersecção entre o corpo e a cabeça, entre a matéria e o espírito, entre o exterior e o interior... quero dizer, o *cérebro*.

Capítulo 11

O cérebro e a Gestalt

Parece-me *absolutamente indispensável* dar um mínimo de informações sobre a bioquímica e a psicofisiologia do cérebro para todos os psicoterapeutas e, especialmente, para aquele que quiser compreender o que acontece[1] durante uma seqüência de trabalho em Gestalt, mais particularmente quando nela estão implícitas reações emocionais.
De fato:

> "As *emoções* são a consciência de certas atividades
> ditas 'vegetativas', ou seja,
> resultam da atividade do sistema límbico estimulada
> pelo exterior ou por nossas representações internas".[2]

É claro que não é o caso, aqui, de entrar nos detalhes das recentes e apaixonantes pesquisas sobre o funcionamento do cérebro humano.

Entretanto, parece-me impraticável, numa obra que se pretende relativamente completa sobre Gestalt, não levar em consideração esse aspecto *essencial* dos processos com os quais trabalhamos cotidianamente, em geral *sem que saibamos.*

Então vou tentar apresentar aqui uma rápida exposição — *muito sucinta*, mas ilustrada com algumas imagens e analogias de minha autoria — de um certo número de noções elementares, na maioria provenientes das pesquisas *contemporâneas* dos seis últimos anos.

---

1. É claro que se pode conduzir muito bem sem nunca erguer o capô de um carro... mas é difícil imaginar um piloto profissional que ignore tudo de mecânica.
2. Henri Laborit. *L'inhibition de l'action*. Paris. Masson. 1979.

Nunca se enfatizará o bastante, de fato, que os mais decisivos desses trabalhos são *muito posteriores aos anos 70*, e que, conseqüentemente, Perls e seus colaboradores da "primeira geração" não dispunham ainda, na época, dessas informações fundamentais.

O próprio Freud escreveu, em 1920:

> "A biologia é verdadeiramente um domínio de possibilidades ilimitadas: devemos esperar dela os esclarecimentos mais surpreendentes, e não podemos adivinhar quais respostas ela dará, em algumas décadas, às questões que lhe propomos. Talvez sejam *respostas tais que farão desabar o edifício artificial de nossas hipóteses!*"

Lembremos rapidamente que Freud sustentava, em 1912, que a "herança arcaica do homem não engloba apenas disposições, mas também conteúdos, vestígios mnêmicos relativos ao vivido por gerações anteriores".

A Gestalt de hoje — assim como a psicanálise — não poderia negligenciar as pesquisas atuais, sob o pretexto de uma pretensa "ortodoxia" ou de uma fidelidade *ingênua* a certas hipóteses, parcialmente ultrapassadas.

Complexidade das microestruturas

O cérebro é ainda um continente "em vias de desenvolvimento", cujos prodigiosos recursos subterrâneos só serão descobertos e explorados muito progressivamente.

"Com o cérebro do homem — já pressentia Teillard de Chardin, em 1954 — aparece um *terceiro infinito, o infinito da complexidade*".[3] De acordo com Hubert Reeves, é a estrutura mais complexa de todo o Universo.

A extrema *complexidade* e a *maleabilidade* permanente são, de fato, as duas características fundamentais do cérebro humano. Para dar uma pequena idéia disso, bastará dizer que calcularam que os componentes de mil grandes computadores poderiam caber em... um cm^3 de nosso córtex! Ou ainda que um computador que utilizasse as tecnologias mais contemporâneas e possuísse o mesmo número de conexões cobriria a França, a Bélgica e a Suíça juntas... por uma altura de 10 andares! Cientistas americanos[4] estimaram que cada cérebro tem uma memória com capacidade para 125.000 bilhões de unidades de informação, ou seja, dez vezes a capacidade dos Arquivos Nacionais dos Estados Unidos, ou ainda o conteúdo de *100 milhões* de livros como este que você está lendo!

---

3. Os dois outros eram o infinitamente *grande* do espaço cósmico e o infinitamente *pequeno* da estrutura atômica.
4. R.C.A. Corporation. Advanced Technology Laboratories, citado por G. Doman (Evan Thomas Institute), in *Enfants: le droit au génie*. Paris. Ed. Hommes et groupes. 1986.

Lembremos ainda de que este conjunto extraordinário é, afinal, constituído de um código genético de *apenas quatro dígitos* que compõem toda a matéria viva, do capim à sequóia gigante e do micróbio ao elefante.

Mais algumas cifras

Se pudéssemos estender, ponta a ponta, *em tamanho natural*, as moléculas de DNA dos *60.000 bilhões de células de um homem*, elas se estirariam... por todo o sistema solar! É difícil imaginar a quantidade de informações armazenadas em nosso organismo: se todas as informações codificadas num vírus fossem paginadas, uma bactéria representaria uma enciclopédia de 1.000 páginas, e cada célula humana representaria uma biblioteca de 1.000 enciclopédias. Além disso, se nosso estoque de informações fosse contido num livro, a *precisão* do código genético seria tal que não toleraria sequer um único erro de datilografia numa obra de 500 páginas: por causa de uma única letra errada, todo o livro seria imediata e impiedosamente rejeitado! (aborto espontâneo).

Mas nem tudo está programado previamente, e este "livro" seria mais um "caderno" no qual poderíamos *escrever a qualquer momento para atualizá-lo.*

Os neurônios se multiplicam essencialmente entre a 10ª e a 18ª semana de vida intra-uterina (no ritmo alucinante de 300.000 neurônios por minuto) e sua fabricação *termina* entre o 5º e o 7º mês *da vida in utero*. Depois disso, *nenhum deles se renovará*: pelo contrário, perdemos várias dezenas de milhares deles a cada dia, ao longo de nossa vida (ou seja, uma perda total de cerca de 20% no fim de uma vida de duração média) — e isso não é trágico, pois cada informação é "estocada" em diversos pontos[5] e, de qualquer forma, não utilizamos muito mais do que 20 a 40% de nosso potencial (e até bem menos, de acordo com alguns autores) e nos resta então, ainda, uma ampla margem não utilizada no fim de nossos dias (mais da metade!).

Em contrapartida, embora o *número de neurônios seja fixo*, o das *interconexões* pode variar do simples ao duplo durante a vida: nossa atividade mental associativa e emocional faz *brotarem incessantemente* novas "espinhas" nos *dendrites* de ligação, constituindo de algumas dezenas a cerca de *20.000 conexões* sinápticas por neurônio.

Em suma, *as árvores de nossa inteligência são plantadas antes de nosso nascimento, mas depois as ramificações brotam sem cessar*, formando uma espécie de intricada floresta virgem. Essa arborização permanente ou *"sprouting"* permite, em especial, a recuperação após um traumatismo craniano.[6]

---

5. Cf. a *teoria holográfica* do neurocirurgião californiano Karl Pribram.
6. Essa faculdade de recuperação por *sprouting* é particularmente grande numa pessoa jovem e de boa saúde e quase nula num alcoólico, porque o álcool atrofia a multiplicação dos dendrites.

Essa plasticidade é particularmente importante durante os primeiros meses de vida — daí o interesse do *estímulo multisensorial* dos bebês para o desenvolvimento posterior da inteligência.[7] Mas é importante não perder de vista que *novas e múltiplas ligações interneurais continuam a se estabelecer durante toda a vida...*[8] especialmente durante as sessões de Gestalt, que relacionam diferentes camadas e zonas do cérebro. Prudente, a Natureza previu casamentos de experiência: em geral, as conexões entre os neurônios são inicialmente provisórias, antes da eventual estabilização do casal, de acordo com as condições do meio.

O número total dessa ligações (*sinapses*) é hoje estimado em 10^{15}, ou seja, um *milhão de bilhões* — permitindo $10^{2783000}$ combinações diversas... ou seja, um número que se escreveria com... dois milhões e meio de zeros!

Detenhamo-nos por alguns momentos nessas cifras, demasiadamente elevadas para serem compreendidas concretamente. Assim, para simplesmente *contar* as sinapses (que existem *fisicamente* — ao contrário de suas combinações virtuais), à razão de *mil por segundo*, seriam necessários 10.000 anos! Mas isso ainda continua sendo muito abstrato, pois como imaginar a contagem de 1.000 elementos por segundo? E o que são 10.000 mil anos para nós?

Eu utilizaria então um exemplo mais modesto e mais eloqüente — que elaborei para meus filhos:

> Imaginemos que meu trabalho consista em distribuir *folhetos*, em tempo integral, ou seja, 39 horas por semana, e que esses folhetos correspondessem a bilhetes de banco de 100 francos. Eu procuraria, é claro, os lugares mais freqüentados, como as saídas das estações ou as salas de espetáculos e daria, a cada passante, um bilhete de 100 francos, à razão de *um a cada dois segundos, e isso sem trégua durante oito horas por dia* — até ficar com câimbras!
>
> — "E cada pessoa poderia pegar, sem parar, quantos bilhetes quiser?" — perguntaram sem falta as crianças.
>
> — "É claro! Até 30 bilhetes em um minuto... E se um dos passantes desejar, recolherá, em uma hora, e sem nada mais fazer do que estender a mão, 1.800 bilhetes de 100 francos, ou seja, 18 milhões de centavos!...
>
> — "Pois bem, no fim de *toda minha carreira* nesse estranho ofício, eu teria distribuído *no total*... 115 milhões de bilhetes de 100 francos, ou seja, apenas 11 bilhões de francos!"[9]

---

7. E, mais geralmente, o interesse do aprendizado precoce. Assim, em muitas famílias judias, a criança aprende a ler a partir dos três anos. Cf. também os surpreendentes trabalhos do Evan Thomas Institute para o Desenvolvimento Precoce (Filadélfia, EUA).
8. Experiências recentes sobre o desenvolvimento da memória em pessoas da "quarta idade" provam isso... mas o ritmo de aquisição não é lá muito comparável com o dos dois (até seis) primeiros anos de vida!
9. 39 horas por semana = cerca de 1.700 horas de trabalho por ano (incluindo férias pagas) durante 37 anos e meio de carreira, ou seja, 63.750 horas de trabalho numa carreira profissional média x 1.800 folhetos por hora = 114.750.000 folhetos.

Voltemos agora a *algumas outras cifras* surpreendentes.

O cérebro compreenderia um total da ordem de *30 bilhões de neurônios*,[10] ou seja, *seis vezes a população da terra*.

Mas não nos esqueçamos de que cada um desses neurônios é como uma verdadeira "cidade": seu corpo celular é composto de várias centenas de milhares de macromoléculas ou proteínas, elas mesmas constituídas de cadeias de aminoácidos. Algumas macromoléculas comportam, por sua vez, várias dezenas ou centenas de milhares de átomos — eles mesmos constituídos de dezenas de partículas!

O corpo celular é cercado por uma *membrana* de cinco nanômetros (5 milhonésimos de milímetro) de espessura, constituída de duas camadas de moléculas — comportando cinco classes de proteínas específicas: entre as quais, "proteínas-canais" e "proteínas-bombas" encarregadas de manter, no interior de cada célula, uma concentração eletroquímica específica: dez vezes mais rica em potássio e dez vezes menos rica em sódio do que o meio externo à célula. O corpo celular é munido de "válvulas" que abrem a porta para certas substâncias químicas e fecham-na para outras, mas isso de forma variável e adaptada ao lugar e ao momento!

E tudo isso é feito de modo "inteligente", coordenado e quase instantâneo!

Assim, por exemplo, em *meio milésimo de segundo* são liberadas *3 milhões de moléculas* em *cada um* dos espaços intersinápticos (com largura de 2 bilhonésimos de milímetro).

Isso quer dizer que se alguém chama por Serge, basta que meu ouvido perceba a *primeira* letra (S), para que milhões de minhas sinapses já tenham secretado *cada uma* das 3.000.000 de moléculas ativas de neuromediador químico (acetilcolina etc.): é como se o telefone tocasse simultaneamente para 3.000.000 de pessoas, mantendo-as mobilizadas para uma eventual ação!

Mas talvez elas tenham atendido à toa! De fato, não tinham chamado por Serge, mas por Simon! Não importa! A membrana pós-sináptica terá voltado a encontrar seu potencial de repouso em uma fração de *milhonésimo de segundo* e estará assim disponível para outro chamado. Instantaneamente, minhas enzimas terão transformado as moléculas do mediador químico, liberado por erro, em substância inativa. Esse microcircuito de contato-retração terá durado menos de um milésimo de segundo.

Embora o influxo se desencadeie no décimo milésimo de segundo, sua *propagação*, em contrapartida, é *muito menos rápida*. Pode-se distinguir uma propagação de tipo *elétrico*, ao longo dos cilindros-eixos (100 a 200 metros por segundo) e uma propagação de tipo *químico*, no âmbito das sinapses, esta última muito mais lenta.

---

10. De acordo com estimativas de Changeux. Para os autores, este número varia de 12 a 45 bilhões... alguns poucos bilhões!

Contrariamente ao que se poderia imaginar, essa redução de ritmo constitui um importante *progresso* da evolução, pois, em vez de funcionar por "tudo ou nada" (como um computador comum, baseado num sistema binário: a corrente passa ou não passa), esse tipo de influxo é capaz de um funcionamento *"qualitativo"* sutil, capaz de uma trajetória modulada e "guiada", em que *cada categoria* de neurotransmissor só se propaga junto a receptores *específicos*. Esse influxo é não apenas orientado no espaço, mas também no tempo — ele só persiste pela duração necessária, antes de ser apagado sem deixar vestígios, devorado por nossas enzimas "gulosas". Essa "limpeza" deve ser meticulosa, pois certos neurotransmissores são ativos na dose de... 1 *bilhonésimo de grama*!

Vemos pois que nosso cérebro é bem mais aperfeiçoado do que um computador, visto que as "portas de passagem" podem ser não apenas abertas ou fechadas, para este ou aquele "visitante", mas podem ainda ser progressivamente entreabertas.

Vamos deixar para lá essas cifras, antes que tenhamos uma vertigem. Toda essa atividade bioquímica de nosso cérebro pode hoje ser *filmada através da caixa craniana*. Podemos assim examinar as zonas cerebrais em atividade, observando o consumo intensivo de oxigênio e de glucose. Vemos então o tipo de atividade mental ou afetiva em curso na pessoa, e podemos saber se ela pensa num problema de matemática, numa melodia, num belo quadro ou no parceiro. Não estamos muito longe do famoso "detetor de mentiras"...

O inconsciente

Eis aí, portanto, a face oculta de nosso verdadeiro *"inconsciente"* e sua indizível *riqueza*! Estrutura viva, concebida no decorrer de bilhões de anos de evolução, em constante adaptação às condições flutuantes dos meios interno e externo, constituída de células onde estão inscritas, *registradas*, não apenas todas as experiências de nossa curta vida, mas talvez também os vestígios do que aconteceu no mundo desde sua criação;[11] em todo caso, nosso patrimônio genético — que é "revisto" (às vezes "reajustado") todas as noites durante nossos sonhos.[12]

Esse inconsciente, implicitamente admitido e utilizado em Gestalt, está aquém do inconsciente freudiano (constituído essencialmente pelo material inicialmente consciente, *recalcado* depois pela censura do sistema *pré-consciente-consciente*), que seria estocado mais "na superfície",

---

11. Cf. Jean Charon. *J'ai vécu quinze milliards d'anées*. Paris. Albin Michel. 1983.

O Universo teria nascido há 15 bilhões de anos e cada elétron da matéria, de acordo com Charon, estaria carregado de informações, "tem espírito": chama-o de "éon" ou partícula de "psicomatéria", veiculando o inconsciente coletivo do mundo. É, certamente, uma hipótese sedutora, mas nada científica.

12. Ver capítulo seguinte.

talvez nas interconexões corticais do *hemisfério direito* — caso aceitemos a hipótese de Laborit.

O verdadeiro inconsciente profundo, englobando também as camadas *subcorticais*, estaria então mais próximo do inconsciente coletivo de Jung, assim como dos conceitos atualmente desenvolvidos pela corrente "transpessoal".[13]

É tempo agora de deixar as *microestruturas neurais* para verificar as macroestruturas de nossos "quatro cérebros" e suas funções específicas.

Nossos quatro cérebros

Quatro? Por que *quatro*?

De fato, estou considerando ao mesmo tempo os três "estágios" tradicionalmente descritos: cérebro *"reptiliano"*, cérebro *límbico* e neocórtex; mas conto à parte *cada um dos dois hemisférios* deste último, pois suas funções são claramente diferenciadas.

É claro que também poderia contar *seis* cérebros, se considerasse cinco estágios, o último deles dividido em dois "compartimentos" reunidos por um corredor (o corpo caloso).

- três níveis *reptilianos* (o bulbo, o cerebelo, o hipotálamo);
- um nível *límbico* (ele mesmo divisível em dois);
- e *dois hemisférios* no âmbito *cortical*.

Seja lá como for, contentar-me-ei com uma exposição sumária — recolhida especialmente entre os vários trabalhos de pesquisa de: Changeux, Geschwind, Herrmann, Jouvet, Kordon, Laborit, MacLean, Lhermitte, Neville, Penfield, Picat, Pribram, Sperry, Vincent, Whittaker...

Cada região do cérebro tem funções específicas, mas *cada uma está conectada com todas as outras*. É pois um estreito "trabalho de equipe", em que cada uma tem seu próprio papel e sua especialidade — do qual se beneficia a cada instante o conjunto dos parceiros.

Distinguimos tradicionalmente três "estágios" ou níveis — ou ainda três *"cérebros"* —, cada um dos quais corresponde a um *estágio importante de evolução das espécies* (filogênese).

1. **O cérebro reptiliano** compreende essencialmente a *formação reticulada*, que gera a vigília e o sono, e o *hipotálamo*, do tamanho da unha do polegar, que coordena o conjunto de nossas funções vitais: fome, sede, sexualidade, regulagem térmica e metabolismo. Ele está, além disso, em interação direta e recíproca com a *hipófise*, o "maestro" responsável pelo equilíbrio endócrino geral, embora pese menos de 1 grama.

---

13. Cf. Stanislav Grof. *Psychologie transpersonelle*. Mônaco. Ed. du Rocher, 1984.

É pois o *"centro dos instintos"*, que rege, especialmente, nossas reações "agressivas" alimentares e sexuais,[14] assegurando a *sobrevivência* do indivíduo e da espécie.

Ele contribui sem cessar para o equilíbrio *homeostático*, ou seja, vela pelo *aqui e agora* de nosso meio interior.

Esse estágio já existia nos precursores dos mamíferos, os répteis — daí o nome. Ele funciona no *recém-nascido*, assim como nos "*estados alterados de consciência*" ou durante um coma. Ele intervém normalmente na gênese de nossas emoções, como *ativador energético* de nossas funções. É, de certa forma, a "sala de máquinas", que fornece a corrente elétrica, regula a circulação da água e a evacuação dos detritos.

2. O **cérebro límbico**[15] aparece nos pássaros e nos mamíferos inferiores: permite-lhes *ir além dos comportamenteos inatos estereotipados (os instintos)* comandados pelo cérebro reptiliano e que podem se mostrar inadaptados a uma nova situação.

Ele compreende especialmente o *hipocampo*, que desempenha um papel central no processo de memorização, e o *núcleo amigdálico*, que modula as emoções.

MacLean distingue *seis emoções fundamentais*: o desejo, a raiva, o medo, a tristeza, a alegria e o afeto.

O sistema límbico possibilita as *aprendizagens*, conferindo uma *tonalidade emocional às nossas experiências*: os comportamentos "agradáveis" serão "reforçados", enquanto aqueles seguidos de "punição" acarretarão atitudes de aversão posterior.

Assim são associados, fundamentalmente, a memória e a emoção.
Esta última favorece o registro de qualquer aprendizagem e a instalação dos reflexos condicionados.

Por ocasião de um trabalho em Gestalt, qualquer manifestação emocional tende a fazer emergirem lembranças associadas, e, inversamente, toda lembrança marcante é acompanhada da emoção "correspondente".

O sistema límbico possibilita a *integração de nosso passado* e, se for o caso, a eventual "re-gravação" de experiências "reparadoras" de "re-programação".

O sistema límbico produz as *endorfinas* (*morfinas* naturais do organismo) que regulam a dor, a ânsia e a vida emocional. Mas se a ânsia vital se reduz *demais*, uma doce *euforia* se instala, acarretando indiferença e passividade: "nosso cérebro é uma papoula".

Ele secreta ainda vários neuromediadores — dos quais a *dopamina*, que regula a vigilância, a atenção, o equilíbrio emocional e o prazer, e seria pois um *ativador polivalente* do desejo, desprovido de qualquer especificidade.

---

14. Cf. o primeiro livro de Perls, *Ego, hunger and agression*.
15. Do latim *limbus*: "borda, fronteira".

Segundo alguns biólogos, a *esquizofrenia* poderia estar relacionada a um excesso de dopamina. Esta última é ativada pelas anfetaminas e inibida por certos neurolépticos. O LSD se fixa nos mesmos receptores da dopamina.

O *orgasmo* é uma experiência *cerebral*, essencialmente límbica, que pode provocar até a *quadruplicação da secreção de endorfina* (daí o sentimento de bem-estar e de apaziguamento das dores).

O centrencéfalo

Certos autores — como Penfield — propuseram associar as duas estruturas "subcorticais" (cérebro *reptiliano* e *límbico*) sob o nome de *centrencéfalo*.

O "cérebro central" hipotálamo-límbico corresponderia então àquilo que, em liguagem corrente, é chamado de "coração". Assim, nosso coração está na cabeça e não no peito!

O centrencéfalo é responsável pela manutenção do equilíbrio fisiológico e psicoafetivo, pela *homeostase restrita* (ao meio interior), enquanto o córtex, principal suporte de nossas relações com o meio, participaria da *homeostase generalizada* (Laborit), equilíbrio de todo o organismo em relação ao meio.

Sabemos que a definição de "estado de saúde" em Gestalt está estreitamente ligada a essas noções.

Poderíamos dizer — de forma algo esquemática — que as terapias "psicocorporais" e "psicoemocionais" mobilizam as camadas profundas do *centrencéfalo*, enquanto as psicoterapias de suporte essencialmente *verbal* trabalham mais no âmbito das camadas mais superficiais do *córtex* — ou poderíamos distinguir ainda, de modo mais figurado, as "psicoterapias do coração" e as da "cabeça".

3. O **neocórtex** é a *matéria cinzenta* da camada externa do cérebro que aparece nos mamíferos superiores. Sua espessura é de 2 a 4 mm e sua superfície "desenrolada" cercaria um quadrado de 63 cm de lado. Ele é o suporte das atividades de reflexão e criatividade, assim como, no homem, da imaginação e da vontade.

É aí que são registradas as diversas sensações provenientes do mundo exterior. Estas são depois aí coordenadas em percepções significativas (nas áreas associativas) permitindo a integração do esquema corporal e a ação motriz voluntária (lobo parietal). É aí que se constrói nossa imagem do mundo e se elabora a *linguagem* verbal e escrita que permite libertarnos da experiência imediata, passar da repetição à previsão, depois à prospectiva.

A *previsão* se apóia nas experiências registradas no sistema límbico, extrapolando um futuro provável do passado conhecido: de fato, ela procede do presente para o futuro.

ESQUEMA DOS TRÊS ESTÁGIOS DO CÉREBRO
(segundo MacLean)

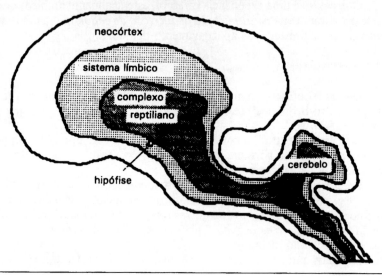

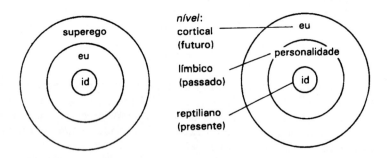

No segundo tópico freudiano, o eu está "aprisionado entre o id e o superego e deve lutar nessas duas frentes.

A Gestalt está mais de acordo com as estruturas cerebrais: o eu está livre para se desenvolver; ele extrai sua força das pulsões do id (instinto) e da experiência cognitiva e emocional (sistema límbico), constituindo a "personalidade".

A *prospectiva* (ou *futurologia*) opera em sentido inverso, imaginando por antecipação um futuro desejado e deduzindo daí um comportamento presente eficaz para o preparar: procede do futuro para o presente. Poderíamos também assinalar, em nosso córtex, uma dissimetria *atrás/frente* (áreas parietais/áreas frontais) mais raramente evocada.

As *áreas frontais*, particularmente desenvolvidas no homem (30% da superfície do córtex, contra 17% no chimpanzé e 7% no cão) são o principal órgão da atenção consciente, da vontade e da liberdade: é aí que se elabora *nossa autocrítica, nossas decisões e nossos projetos*.

As lesões frontais acarretam uma dependência excessiva do meio exterior: a fronteira é abolida numa "confluência" biofisiológica. Os doentes adotam um comportamento quase automatizado de *utilização* ou de *imitação*,[16] condicionado por sua percepção do mundo exterior: eles vêem um martelo e martelam, uma garrafa e bebem, uma cama e deitam; se alguém faz um gesto, imitam-no. As áreas frontais são antagonistas das áreas parietais (que nos informam sobre o meio), inibindo-as e permitindo assim uma escolha deliberada, por seleção, de um comportamento livre. Eles freiam as respostas quase automáticas e cegas induzidas por nossos condicionamentos anteriores e pelas influências externas. Nossa autonomia se manifesta então, biologicamente, na capacidade de dizer "não" às solicitações externas que não nos convenham. Em Gestalt, trabalhamos em geral o "sim" e o "não", a responsabilidade da escolha livre.

É importante salientar que numerosas conexões anatômicas asseguram um *vínculo estreito entre os lóbulos frontais e o sistema límbico, associando assim nossas decisões e nossas emoções*.

Se quisermos manter *vestígios* duradouros de um "trabalho" em Gestalt, é, portanto, desejável *mobilizar as camadas profundas* do centrencéfalo (favorecendo a emoção), paralelamente à explicitação *verbal* e ao seu registro, que acompanha a tomada de consciência.

Poderíamos dizer, de certa forma, que é preciso "pré-aquecer" a fotocopiadora antes de poder copiar um texto. Ou, ainda, que para gravar a fita é preciso manusear corretamente o gravador, apertando o botão "vermelho". Então até poderemos tentar re-gravar uma nova mensagem sobre um texto antigo, desde que observemos a localização exata deste último: é mais ou menos isso que acontece quando uma lembrança carregada de emoção emerge e o cliente vive, em terapia, uma experiência nova e positiva associada à penosa experiência anterior.

Pode-se ir assim procedendo até refazer, *a posteriori*, antigas lembranças,[17] reapropriar-se de sequências da infância ou reajustar imagens

---

16. Ou seja, um comportamento "desavergonhado". F. Lhermitte. "Autonomie de l'homme et lobe frontal", in *Bull. Acádemie Nat. Médec.* n? 168, pp. 224-228. 1984.
17. Aliás, esta seria uma das muitas funções do sonho, especialmente sonhos repetidos: "desdramatizar" progressivamente a carga emocional de certos estresses (ver capítulo seguinte).

parentais interiorizadas, assim como hoje em dia pode-se reconstituir os elementos ausentes ou deteriorados de um antigo mosaico, de modo a manter coerência com os traços restantes.

A memória e o esquecimento

A *memória imediata*, "memória de trabalho" lábil, não estocada, é constituída por *ligações intersinápticas corticais* de duração breve (de 30 a 40 segundo): é ela que permite, por exemplo, que eu retenha um número de telefone o tempo suficiente para discá-lo.

A *memória de curto prazo*, que pode se manter de vários minutos a algumas horas, parece codificada e armazenada no interior das estruturas *límbicas* (hipocampo etc.).

Mas a memória propriamente dita ou *memória de longo prazo*, indelével, implica a transferência das informações para o *neocórtex*, onde ela parece "estocada" *em diversos locais ao mesmo tempo*. O registro mnêmico é difuso e bilateral. De fato, ele não é conservado em estruturas materiais fixas (como nos livros de uma biblioteca), consistindo mais em um trajeto, uma "fenda" nas vias neurais: a corrente — assim como os homens — passa melhor por uma pista que já foi usada.[18] Assim o cérebro acrescentaria *informação* à matéria, por uma nova *formalização (Gestaltung)* da estrutura molecular do ARN (ácido ribonucléico).

A memória de longo prazo, *inicialmente*, implica um registro na memória imediata, ou de curto prazo, no âmbito das estruturas límbicas (hipocampo etc.).

Poderíamos dizer que fotografo com a camada sensível e frágil de meu córtex occipital, revelo as fotografias no laboratório químico de meu cérebro límbico e, depois disso, falta ainda "fixar" as fotos, antes de poder fazer suas várias cópias circularem (por segurança) por intermédio dos diversos mensageiros que percorrem meus corredores corticais.

E já que estou usando metáforas, por que não evocar ainda a *"memória de trabalho"*, memória ativa provisória da *tela de meu computador*, que posso *modificar* ou *apagar* a qualquer momento, e a memória externa, transferida *para o disquete* — onde ela é *"preservada"* mesmo se eu cortar a corrente de minha atenção. É claro que tudo isso funciona conforme o programa da *"memória central"* gravada no código genético de minhas células (ou em meu computador) e que gere os instintos de meu cérebro reptiliano.

Para alguns autores, essas operações de *codificação* e *transferência* visando a conservação das lembranças do dia aconteceriam a cada noite, *durante o sono "paradoxal"* (sonhos).[19] Nesta *hipótese*, poder-se-

---

18. Em sentido amplo, poderíamos dizer que uma folha de papel conserva a "memória" de uma dobra.
19. É assim, por exemplo, que a supressão do sono paradoxal impede que o rato memorize um aprendizado. Guy Lazorthes. *Le cerveau et l'esprit*. Paris. Flammarion. 1982.

ia dizer que, de modo inesperado, o sonho seria não apenas a manifestação:
- do inconsciente abrindo caminho para o consciente;
- mas, também, do consciente abrindo um caminho para o inconsciente (atualização de nosso estoque de informações).

Sabe-se, além disso, que um breve coma pode apagar a lembrança das horas que precederam um acidente (amnésia pós-traumática).

Uma rede de intervenção de urgência pela Gestalt?

Um princípio análogo não poderia ser *deliberadamente* explorado, a título terapêutico, para limitar as conseqüências psicológicas de um trauma? Bastaria então "apagar" a lembrança penosa *antes da primeira noite*. Parece que isso pode ser feito sem que se recorra ao coma!

Recentemente, tive a oportunidade de experimentar, em várias ocasiões, um trabalho "a quente" *em regime de urgência, nas horas subseqüentes ao trauma*, antes que uma única noite tivesse "passado sobre".

A *revivescência imediata* de um acidente de carro ou de uma violação, acompanhada de um intenso eco emocional catártico — mas, desta vez, no clima caloroso e seguro de uma sessão terapêutica, permitiria, ao que parece, *ex-primir a angústia antes que ela se im-prima*, e desarmar assim as imagens traumatizantes, associando a elas uma emoção positiva e incitando a vítima a superar o *vivido* pelo *agido*.

O testemunho dos clientes é sempre surpreendente: o "distanciamento" parece quase imediato e eles depois contam o acidente desligados, como se tivesse acontecido a uma terceira pessoa.

Essa *hipótese pessoal* de trabalho exigiria, é claro, um estudo mais aprofundado, mas justificaria talvez a instalação progressiva de uma *rede de intervenção de urgência pela Gestalt*, similar à "International Emergency Network", criada pelos Grof para o tratamento das "crises transpessoais".

Não se trata, é natural, de contribuir para qualquer "recalque" do traumatismo. Aliás, o verdadeiro perigo do inconsciente, como enfatiza Laborit,[20] não é o material *recalcado*, mas, bem pelo contrário, aquele que foi muito facilmente aceito, "introjetado" automaticamente e nunca depois questionado. O que é preciso então despotencializar é o inconsciente "automático", que nos aprisiona nos estereótipos, e não o "recalcado".

O inconsciente — para Laborit — não é o campo de um *conflito*, mas, inversamente, o lugar de uma aceitação muito passiva. É a decisão *consciente* que envolve um conflito permanente entre a *pressão determinista dos automatismos inconscientes* inatos ou adquiridos (de origem

---

20. Henri Laborit. *L'inhibition de l'action*. Paris. Masson. 1979.

subcortical) e a *escolha livre* e aleatória (córtico-frontal), autorizada por nossa vontade e nossa imaginação.

Durante uma *anestesia* cirúrgica se provoca artificialmente o *não-registro das lembranças*: o doente não sente emoção, nem dor e não há registro cortical.[21] Um caso particular merece nossa atenção: é a "anestesia potencializada", produzida pela associação de um analgésico e de um neuroléptico (Laborit, 1950). O doente perde a consciência e pode-se proceder a intervenções maiores; entretanto, ele continua respondendo a ordens verbais simples ("abra a boca", "feche os olhos" etc.). Neste caso, a linguagem atua como um estímulo físico que desencadeia, no âmbito *límbico*, um *reflexo condicionado automático*.

Em nossa experiência pessoal com Gestalt, é freqüente assistirmos seqüências análogas — que não deixam de surpreender os participantes de um grupo: um cliente pode estar num "estado anormal", em *regressão manifesta*, num comportamento "*pré-verbal*", tomado por uma raiva violenta ou agitado por profundos soluços, mas continuar perfeitamente acessível a ordens simples ("cuidado com o aquecedor", "você pode morder a toalha"). Ele funciona, de fato, *simultaneamente*, em dois níveis diferentes, e uma breve seqüência comportamental de tipo reflexo não interrompe o desenvolvimento do profundo processo em curso.

A inibição da ação

Ao contrário dessas interrupções precisas e induzidas, de duração muito breve, as interrupções espontâneas *prolongadas* e, sobretudo, *repetidas*, de uma ação em curso, podem acarretar, com o tempo, conseqüências patológicas. É então um funcionamento "cronicizado" do *"sistema de inibição da ação"*. Esse sistema é acionado "em desespero de causa", quando as reações normais de defesa do organismo (fuga ou luta) não são possíveis ou oportunas (seguidas que foram, anteriormente, de resultados negativos em várias ocasiões). Exemplo: não responder as repreensões do patrão.

Assinalemos de passagem que Laborit diferencia *quatro tipos de comportamentos básicos*:

- dois comportamentos inatos:
  — o "consumo" (beber, comer, copular)
  — a "defesa" (fuga ou luta)

---

21. Uma outra constatação — também citada por Marie Petit em sua tese sobre Gestalt — é a do *esquecimento, pelo cliente*, de uma seqüência de trabalho pessoal particularmente *importante* e que tenha transformado permanentemente seu modo de vida posterior. Tenho diversas hipóteses para isso: *não inscrição* devida a uma participação emocional catártica no próprio momento ("o abcesso foi eliminado" e cicatrizou rapidamente), *recalque* defensivo ou ainda *assimilação* completa da experiência (assim como quando eu "digeri" uma informação, nem sempre sei de onde a tirei: ela agora faz parte de mim). Esse fenômeno é freqüente e sempre surpreendente.

- dois comportamentos *adquiridos*:
  — a ação adequada
  — a inibição da ação

Como todo sistema de freagem, esses mecanismos de inibição só estão previstos no organismo como sistema de *socorro de urgência*, destinado a funcionar por períodos *muitos curtos*. Mas se "andamos com os pés nos freios" por um tempo muito longo, o conjunto "esquenta" e a produção excessiva de neuromediadores não-metabolizados acarreta perturbações das mais diversas: neuroses, psicoses, doenças psicossomáticas (úlcera de estômago, hipertensão, certos cânceres...).

Para o biólogo Henri Laborit, a *inibição da ação seria a base de todas as doenças* — assim como, para Fritz Perls, a interrupção das Gestalts, ou "Gestalts inacabadas", seria a origem de todas as neuroses.

Ainda de acordo com Laborit, esse tipo de comportamento interrompido ou proibido é particularmente freqüente em nossa "sociedade de obrigações", onde ele atinge ainda mais as personalidades "dominadas" — que não conseguem exprimir suas necessidades, seus desejos, sua raiva — do que os "chefes" que, embora estressados, se autorizam uma atividade *agressiva* e *sexual* geralmente muito superior à média.

A prática de uma Gestalt *com mediação corporal* parece limitar os múltiplos efeitos patogênicos da inibição da ação, permitindo *identificar* melhor as *necessidades* prioritárias e sua eventual satisfação, assim como a *expressão ativa das emoções*, especialmente a raiva, a ternura, a tristeza e a alegria — tudo isso, no mais das vezes, de modo metafórico.

A dissimetria dos hemisférios cerebrais

Sabemos há muito tempo que o cérebro humano se caracteriza por uma acentuada *dissimetria*, perceptível tanto no plano anatômico quanto no plano funcional, e, como já assinalei, isso é um sinal evidente de *evolução*.

Enquanto entre os macacos há tantos canhotos quanto destros, entre os seres humanos estes últimos representam 92% da população[22] (seu hemisfério cerebral esquerdo é chamado de "dominante").

Sabemos agora que esse desenvolvimento diferenciado dos dois hemisférios começa *já antes do nascimento*, estreitamente relacionado com a produção dos hormônios sexuais.

Constatou-se que *quando um hemisfério trabalha*, os olhos tendem a virar para o lado oposto. Desde o nascimento, 95% da população de recém-nascidos, quando deitados de costas, viram a cabeça para a direita. Parece que é uma *programação genética* da espécie, uma "biogra-

---

22. Ou seja, 50% dos macados canhotos, 10% dos meninos e 4% das meninas.

Os três estágios do cérebro

Cérebro reptiliano	Cérebro límbico	Neocórtex
répteis	mamíferos inferiores	mamíferos superiores
arquencéfalo	palencéfalo	neencéfalo

hipótálamo:
  apetite
  sexualidade
form. reticulada: vigília
+ hipófise:
regulação
endócrina
	hipocampo: memória
	
	núcleo amigdálico: emoções
	
	(vínculo com os
	lóbulos frontais)
		áreas sensitivas
		áreas motrizes
		áreas associativas
		
		lóbulos frontais

energia vital (pulsões) *automatismos inatos*	*experiência emocional subjetiva memória e emoções*	*imaginação criadora* *pensamento*
funções vitais (instinto) *e/ou vegetativos*: fome, sede, sono, sexualidade, agressividade, território, regulagem térmica e endrócrina. Manutenção da homeostase interna	*aprendizados: reflexos condicionados* e automatismos adquiridos por *coloração afetiva* do comportamento (recompensa e punição, prazer e dor, medo ou aversão)	*comportamento inteligente e autônomo*, adaptado à situação original do momento e *imaginação* que permite uma visão *prospectiva* do futuro
reflexos inatos	hábitos	reações voluntárias
integração do *presente* (por auto-regulação bioquímica)	integração do *passado* (por coloração emocional das experiências memorizadas)	construção do *futuro* (por consciência reflexiva)
cérebro "*inferior*" (funciona no recém-nascido e no coma)	cérebro "*central*"	cérebro "*superior*"
Estruturas subcorticais "centrencéfalo"		**Estruturas corticais córtex**
"matéria branca" (prolongamento dos neurônios: axônios de dendrite)		"matéria cinzenta" (corpos celulares neurônios)
o "coração"		a "cabeça"
"homeostase restrita" (constância do meio interior)		"homeostase generalizada" adaptação de todo o organismo ao meio
(inatos) < comportamentos estereotipados > (adquiridos)		comportamentos livres
(pulsões) < *o inconsciente* > (automatismos)		*o consciente*

© Serge Ginger, 1986.

mática" (de Chateau) regulando a sintaxe das relações mãe-filho, favorecendo o *vínculo*, "que se constrói *nas dezenas de minutos que se seguem ao nascimento* e se estende depois por meses e anos, numa extraordinária complexidade de trocas entre o pequeno e sua mãe".[23]

Descobre-se assim "todo um repertório de interações, programadas anteriormente *no cérebro da mãe e no da criança* (...) que se desdobra com o caráter inelutável de um destino que se define em algumas horas

---

23. Vincent, J.D. *Biologie des passions*. Paris. Seuil. 1986.

(...) Quanto mais intenso o contato *nos 45 primeiros minutos*, mais sólido será o vínculo". A mãe segura espontaneamente seu bebê do lado *esquerdo* do peito (lado do coração) em 80% dos casos (e também em 78% dos casos entres as *canhotas*). "Uma mãe privada do lactente pelas primeiras 24 horas após o nascimento vai segurá-lo, anormalmente, à direita. Este *'bebê de direita' depois necessitará do dobro de ajuda médica* do que um 'bebê de esquerda'!"[24]

Lembremos que o *hemisfério esquerdo* é sobretudo verbal, lógico analítico e "científico", enquanto o *hemisfério direito* é "mudo" espacial, analógico, sintético e "artístico". Ele está mais relacionado à orientação, ao esquema corporal, ao reconhecimento de rostos, às imagens, à música,[25] à emoção e ao sonho. Por isso disseram "o homem pensa com seu cérebro esquerdo e sonha com o direito".

Acrescentemos ainda que o hemisfério esquerdo rege a orientação no *tempo*, portanto, a sucessão linear unidirecional dos eventos, seu encadeamento: ele favorece o *comprometimento*. E o hemisfério direito rege a orientação no *espaço*, portanto, a dispersão multidirecional e favorece o *descomprometimento*.

Vimos que este hemisfério é muito solicitado em Gestalt, enquanto o esquerdo o é mais nas psicoterapias essencialmente *verbais*.

Há, no âmbito cerebral, um vínculo estreito entre a mobilização *corporal*, a *emoção* e a produção de *imagens*, e podemos considerar o conjunto das psicoterapias de mediação corporal ou emocional como "psicoterapias do *cérebro direito*".

Estas são noções agora admitidas por todos os pesquisadores e conhecidas pela maioria dos clínicos. Mas eu gostaria de acrescentar alguns pontos evocados com menor freqüência.

Inicialmente, nunca se deve perder de vista que nossos dois hemisférios estão em *permanente e estreita interconexão*, através dos 200 milhões de fibras do corpo caloso.[26]

Assim, nossos dois cérebros trabalham em associação constante; todas as informações provenientes do mundo exterior chegam *simultaneamente aos dois hemisférios*. Cada uma extrai o que lhe cabe e as trata em função de sua especialização. Depois, cada hemisfério vai comunicando ao outro os *resultados* das informações assim tratadas. Cada parte do cérebro tem sua própria memória e "arquiva" os dados sensoriais brutos e só as *conclusões* significativas são transmitidas ao outro hemisfério.

Em suma, é um estreito *trabalho de equipe* (não desprovido de competição), como na redação de um jornal: cada responsável por uma ru-

---

24. Vincent, J. D., op. cit.
25. A taxa de canhotos entre os músicos é *duas vezes mais elevada* do que na população em geral.
26. Exceto durante as fases de "sono paradoxal" (sonhos) em que a atividade da comissura calosa cai consideravelmente ("o interfone" foi cortado durante a noite!).

brica seleciona as informações que lhe concernem, seleciona-as e as resume; depois, o conjunto da equipe de redação toma conhecimento do jornal redigido, e pode eventualmente fazer observações sobre o trabalho de um colega. Os dados principais são estocados em arquivos centrais, enquanto cada um conserva suas notas pessoais rascunhadas.

Assim, por exemplo, os dois cérebros recebem as sensações táteis comunicadas pelas *duas* mãos, e é a *rapidez* da resposta que permite saber de que lado é tratada a informação. Daí a freqüente superioridade dos esportistas canhotos em competições rápidas de alto nível (esgrima, pingue-pongue, tênis)[27] pois, para eles, tanto o tratamento da percepção visual do espaço quanto o comando motriz do braço esquerdo acontecem no mesmo hemisfério, e ganham assim alguns preciosos centésimos de segundo.

Já o centro da *linguagem* está localizado à esquerda, em 96% da população (ou seja, em 98% dos destros, mas *também* em dois terços dos *canhotos*, contrariamente à opinião corrente).

Às mulheres, a lógica; aos homens, a emoção

Na *mulher*, as conexões inter-hemisféricas seriam mais numerosas[28] (daí mais vínculos entre seu comportamento racional, verbal e emocional), enquanto a dissimetria continua mais acentuada no *homem* (após a puberdade), com um desenvolvimento relativamente mais importante do hemisfério *direito*.

Sabemos que geralmente os homens são mais bem sucedidos nas tarefas dominantemente *espaciais* (mecânica, por exemplo) enquanto as mulheres ficam mais à vontade nas provas *verbais*, comandadas pelo hemisfério esquerdo.

Certos autores têm como hipótese que isso é um vestígio *filogenético*, ligado ao fato de que os primeiros homens, caçadores, teriam tido que desenvolver seu sentido espacial e de orientação, enquanto as mulheres, encarregadas de criar os filhos, tinham mais necessidade de desenvolver a comunicação verbal.

Sem dúvida, ter-se-á observado de passagem que, *contrariamente a um preconceito tenaz*, o cérebro *feminino* é não apenas mais verbal, mas também mais *lógico*, mais analítico e mais científico, enquanto, na verdade, o cérebro *masculino* é bem mais sintético, mas também mais artístico e mais diretamente ligado às *emoções*.

É claro que os diversos dados neurológicos são amplamente matizados pela educação e pela cultura.

Ouve-se afirmar com freqüência que a *criatividade* faz parte das funções controladas pelo hemisfério direito, mas este ponto de vista é con-

---

27. Por exemplo, nas finais dos Jogos Olímpicos, entre quinze esgrimistas, oito eram canhotos, e entre quatro tenistas, três.
28. Entre os japoneses de ambos os sexos seriam iguais.

Os dois hemisférios do cérebro

hemisfério esquerdo	hemisfério direito
• *verbal*: linguagem, palavras (zona da linguagem em 96% das pessoas, 98% de destros e 70% de canhotos) • *"científico"* • o *tempo* • lógico • racional ("a cabeça") • analítico: vê "a árvore"	• *mudo*: imagens, formas, cores • *"artístico"* • o *espaço* • analógico, intuitivo • emocional ("o coração") • sintético: vê "a floresta"
• *conteúdo* do discurso • discussão e redação em prosa • aritmética e cálculo mental • pensamento organizado e *consciente* • reconhecimento dos *nomes* das pessoas • reconhecimento do nome dos objetos	• *entonação* da voz (timbre, modulação) • poesia, pintura, música • matemática superior • *sonhos* e *inconsciente* "freudiano" • reconhecimento dos *rostos* • (Gestalt global) • reconhecimento da forma de objetos e do uso
• *"eu no mundo"* • *quantitativo* • *ritmo* musical e seqüências temporais • não sabe distinguir uma voz masculina de uma feminina • não sabe desenhar nem cantar • escrita alfabética • o texto • abordagem *linear* (cartesiana) • apreensão de elementos *novos* • *criatividade* e *pesquisa*	• *"o mundo em mim"* • *qualitativo* • *timbre* e *melodia* musical • não sabe traduzir uma emoção em palavras • não sabe falar nem contar • ideogramas chineses, hieróglifos egípcios • o contexto • abordagem *sistêmica* • apreensão de um contexto *familiar*, banal, estereotipado, orientação no já conhecido • *intuições criativas* não elaboradas
• cérebro *"feminino"* • filogênese: necessidade de comunicação verbal ("mulher" no *lar*, com crianças) • conotação sociável, feliz, *otimista*	• cérebro *"masculino"* • filogênese: necessidades de orientação (espaço e formas) para a *caça* e a guerra • conotação emotiva, morosa, *pessimista*
psicoterapias *verbais* (psicanálise)	• terapias *psicocorporais* e *emocionais*

testado pelas pesquisas recentes (Gardner, Bogen, Zaidel etc.), que parecem mostrar que o cérebro *direito* é especializado, ao contrário, no reconhecimento das informações *banais* e *estereotipadas* da vida cotidiana e familiar, enquanto o *esquerdo* trata os dados novos, originais ou complexos, e assim, impulsiona a atividade criadora. Afinal, parece que a criatividade verdadeira implica um trabalho articulado dos *dois hemisférios* (especialmente os lóbulos frontais), energizados pelo cérebro *límbido* — uma mobilização importante do conjunto do cérebro.

Entre os resultados terapêuticos concretos das pesquisas recentes, assinalemos ainda que *um hemisfério inibe o outro*: assim, por exemplo, se o esquerdo está inativo, a percepção das imagens e das emoções se reforça,[29] e, inversamente, se o hemisfério direito está inativo, a verbalização torna-se mais fácil.

---

29. Da mesma forma, a hiperventilação pulmonar, "embriagando" as zonas corticais por hiperacidose, libera a atividade subcortical hipotalâmica e límbica e favorece a emergência de imagens e emoções (técnica utilizada em *rebirth* e *bioenergética*).

Lembremos as numerosas técnicas desenvolvidas pela Escola de Palo Alto[30] para bloquear o hemisfério esquerdo e assim liberar o direito: relaxamento, visualização, "parasitagem" do cérebro esquerdo por um fluxo rápido de palavras desconexas, exercícios de "logolalia"[31] etc. Essa ativação do hemisfério direito (favorecida especialmente na Gestalt de estilo californiano) permite uma mobilização da emoção e uma nova abordagem dos problemas.

Constatou-se, além disso, que a atividade do lóbulo *direito* apresentava, geralmente, uma conotação emocional *morosa*, às vezes pessimista, enquanto a atividade mais verbal, mais comunicativa e, portanto, mais sociável, do hemisfério esquerdo, acarretava um humor mais jovial e mais otimista.

...Eis por que a mulher é o sol do homem!...

Assinalemos ainda as pesquisas recentes sobre o cérebro dos *disléxicos*:[32] as dislexias severas estariam ligadas a anomalias do desenvolvimento do cérebro *in utero*, muito mais do que às condições de aprendizagem da leitura ou às relações afetivas intrafamiliares, que seriam, no máximo, eventuais fatores *desencadeadores* de uma *predisposição* neurológica.

Assim, notou-se uma freqüência estatisticamente muito significativa de dislexia nos meninos (quatro vezes mais freqüente do que nas meninas), nos canhotos, nas crianças com dom para a música, artes visuais, matemática[33] e esporte... assim com nos louros e nos alérgicos.

Todas essas características estariam ligadas a uma desordem da migração dos neurônios durante a vida *fetal*, desordem muito aparente em todas as observações microscópicas do cérebro de crianças disléxicas. Isso seria provocado por um excesso de produção de *testosterona* (hormônio masculino) pela mãe durante a gravidez, acarretando um desenvolvimento anormalmente importante do hemisfério *direito*.[34]

Assim, pois uma hipersensibilidade pré-natal aos hormônios masculinos ou sua produção excessiva durante a gestação potencializaria a predisposição, não apenas para dislexia, matemática, arte e esportes, mas também... para a Gestalt!

---

30. Paul Watzlawick. *Le langage du changement*. Paris. Seuil. 1978.
31. Falar com palavras inventadas, tentando se comunicar através da entonação.
32. Geschwind e Galaburda, da Universidade de Harvard, Boston (EUA). 1984.
33. Contrariamente a uma idéia difundida, a *matemática* (superior) seria tratada principalmente pelo lóbulo *direito* porque envolve relações e uma visão sintética das coisas, mais do que uma análise lógica estereotipada. O cálculo, em contrapartida, seria tratado essencialmente pelo lóbulo esquerdo.
34. Que pôde ser artificialmente reproduzido por injeções, em ratos ou macacos, mas só durante o período sensível da segunda metade da gestação e antes do nascimento.

CAPÍTULO 12

O imaginário em Gestalt:
sonho desperto, sonho, criatividade

Qual é então, em Gestalt, o lugar do imaginário, considerando-se a clássica dupla acepção do termo?

- representação mental de *imagens passadas*;
- produção de *novas* combinações de palavras, imagens, gestos ou comportamentos elaborados.

A Gestalt permite que eu *explore a estreita praia de minha liberdade*, às vezes varrida pela tempestade, às vezes deserta, às vezes quente, ensolarada e perfumada. Ela me acompanha em minhas produções espontâneas de *sensações* corporais, nas *emoções* que experimento, nas *imagens* encontradas ou fantasiadas, nos *sonhos* noturnos ou nos *devaneios* despertos, tudo no contexto atual da relação estabelecida.

Já falamos do *corpo* em sua realidade encarnada, abordemos agora a *fantasia* em sua emergência espontânea.

O vaivém mental

Uma das características da Gestalt é esse *vaivém constante*, essa "*naveta*" permanente entre o corpo e as idéias, entre a matéria e o espírito, entre a *realidade do aqui e agora do processo* em curso (e sua *awareness*) e as *fantasias* evocadas pela revivescência de "situações inacabadas" ou pelos bloqueios induzidos por mecanismos consolidados.

A *psicanálise* trabalha essencialmente no domínio da fantasia elaborada pelo paciente e raramente confrontada com a realidade.

O *comportamentalismo*, inversamente, se limita a superar as dificuldades ou os sintomas encontrados na *realidade* cotidiana.

195

A Gestalt trabalha na *passagem* de um a outro, *autorizando e incentivando a escapada no imaginário* (sonho, sonho desperto, devaneio, metáfora ou criatividade) e ainda procurando, regularmente, seus *vínculos com a realidade* social e concreta partilhada.

A abordagem gestaltista dos fenômenos *transferenciais* é um exemplo corrente disso: o terapeuta deixa que sejam expressos — e até se *intensifiquem* — e, depois, incentiva o cliente a tomar consciência deles antes que se tenham instalado muito solidamente:

> **Nicolas** (*para o terapeuta*): —Eu não gosto de sua maneira de me fazer trabalhar! Você é "seguro" demais. Sempre tenho a impressão de que você me toma por menininho que vai "se dar mal". Logo que começo a falar de minhas dificuldades, em termos de autoridade, com os jovens dos quais me ocupo, tenho medo de que você me dê conselhos, com sua longa experiência de educador.
> **Terapeuta**: — Já dei conselhos a você?
> **Nicolas**: — Não!... Ainda!... Mas com certeza não demora!... Meu *diretor também* sempre faz isso: ele me alerta antecipadamente contra os erros a não serem cometidos... E meu *pai também* fazia a mesma coisa, assim que eu saía de casa...
> **Terapeuta**: — O que você espera de mim agora?
> **Nicolas**: — Eu?... Mas não espero nada! Aliás, não te pedi nada! Eu simplesmente falo com você sobre minhas dificuldades em me fazer ouvir... Mas percebo que, neste momento, de novo, dei a você um *status* de autoridade e estou, outra vez, me desvalorizando... (*segue um longo trabalho com sua relação com o pai*)

Essa "naveta" (termo de Perls) entre a fantasia e a realidade é particularmente rica em efeitos terapêuticos secundários quando se trabalha com clientes *psicóticos* ou *borderline* — que podemos autorizar a "decolar" e "planar" em sua *realidade interior* e depois "aterrizar" no chão firme da realidade *exterior* do aqui e agora. O terapeuta pode acompanhar provisoriamente o cliente em suas "revoadas", mas cuida para que sejam feitas "escalas" regulares de *retomada de contato* com o chão e para analisar o itinerário de tempos em tempos.

Eis um exemplo de *sonho desperto* desse tipo:

Marion é uma jovem mulher *borderline*. Ela é celibatária e não consegue estabelecer vínculos duradouros. Ela participa há vários meses de um grupo mensal contínuo.

> **Marion**: — Não sinto coragem alguma: hoje estou "liquefeita"! Sou como um charco... por terra... aí... um charco esbranquiçado... É leite!...
> **Terapeuta**: — Olhe esse charco no carpete e descreva-o.
> **Marion**: — Sim! É leite! Tem a forma de uma luva...
> **Terapeuta**: — Você pode se *tornar* esta luva?

(*Marion se estende no chão e fecha os olhos*)
Marion: — Sou uma luva de leite branco. Entro dentro e olho. Ah! Tem uma gota d'água!... Ela brilha... Tem reflexos... Nesses reflexos eu vejo uma grande parede... Uma grande parede com janelas...
Terapeuta: — Olhe *uma* dessas janelas...
Marion: — Ah! Sim! Estou vendo bem! A janela é toda negra. Há um parapeito... Mas não tem ninguém na janela: ela está vazia e negra...
Terapeuta: — ...e se houvesse alguém?
Marion: — Bem, seria meu pai! Eu olho... Espero... mas ele não está ali. É sua janela... mas está vazia e ele não virá![1]... Tudo é negro (*ela se enrosca no chão, em posição fetal*). Há uma espécie de buraco negro... É um buraco negro... É um tubo... Ah! Não! Eu vejo: é um pneu todo negro e redondo! Estou dentro...
(*Faço sinal, em silêncio, para que os membros do grupo se aproximem e se disponham ao redor dela, sentados ou ajoelhados. Ao contato de seus corpos, ela se encolhe mais ainda, enrolada como uma bola*)
Marion: — Está quente em meu pneu! Sinto-me bem na "câmara-de-ar" (*após um momento, ela passa, espontaneamente, a forçar uma passagem com a cabeça*). Eu posso sair se quiser!... Eu quero sair!... Deixem-me sair! (*ela grita*).
(*Após alguns minutos de esforço, Marion consegue "parir-se" num grande grito de alegria e libertação, e depois compartilha suas impressões com o terapeuta e os membros do grupo*)[2]

Estamos diante de uma espécie de sonho desperto *acompanhado*, praticamente espontâneo. De acordo com a estratégia clássica da Gestalt, eu me contento em favorecer a *amplificação* da cadeia imaginária interior, por meio de uma dramatização corporal que permita que a pessoa se identifique melhor com sua produção mental onírica, incentivando uma "encarnação" das imagens e do verbo. Neste caso, como é uma sessão de terapia *em grupo*, aproveito a presença do grupo e o mobilizo para encarnar o "pneu" uterino.

Observa-se a passagem da cena *imaginária* à sua representação no "espaço intermediário" terapêutico, mais real, a passagem das imagens ao verbo e ao corpo, assim como a relação final com o terapeuta e o grupo, que permite tecer, progressivamente, um vínculo polissêmico entre o imaginário, o simbólico e o real.[3]

---

[1]. Marion nunca conheceu o pai.
[2]. Esta seqüência foi uma virada em sua terapia, cuja "coloração" mudou a partir das sessões seguintes.
[3]. Nossa prática do *sonho-desperto* lembra, sob certos aspectos, a do *sonho-desperto-dirigido*, de Desoille, a qual, aliás, foi amplamente modificada pelas escolas francesas atuais que utilizam a transferência numa óptica psicanalítica.

Essa estimulação do imaginário por meio das imagens é ainda reforçada em certas variantes da Gestalt, como a *"vídeo-gestalt"* de Barry Goodfield, que não só utiliza o gravador, mas também a *auto-hipnose* (de inspiração *ericksoniana*), que induz "mergulhos" profundos.

O sonho em Gestalt

Mas é claro que é na exploração do sonho noturno que a Gestalt encontra seu terreno de predileção e Perls ficou célebre a partir de suas demonstrações filmadas de trabalho com sonhos, alguns deles relatados no livro *Gestalt therapy verbatim*.

Para ele, assim como para Freud, o sonho é uma *via régia*. Eis como ele expõe sua hipótese de trabalho:[4]

"Todos os diferentes elementos do sonho são fragmentos da personalidade. Como o objetivo de cada um de nós é tornar-se uma personalidade saudável, ou seja, unificada, é preciso reunir os diferentes fragmentos do sonho. Nós devemos nos reapropriar desses elementos projetados, fragmentados, de nossa personalidade e recuperar assim o potencial escondido no sonho (...)

Em Gestalt-terapia não interpretamos os sonhos. Fazemos dele algo bem mais interessante. Em vez de analisar, autopsiar o sonho, nós queremos trazê-lo de volta à vida. A forma de chegar a isto é reviver o sonho como se ele se desenrolasse *atualmente*. Em vez de contá-lo como se fosse uma história passada, dramatize-o, encene-o no presente, de modo que ele se torne parte de você mesmo, de modo que você esteja verdadeiramente envolvido nele (...) Se você quiser trabalhar sozinho com um sonho, escreva-o, faça a lista de *todos* os seus elementos, de todos os seus detalhes, depois trabalhe com cada um, *tornando-se cada um deles (...)*

A maioria das técnicas tradicionais de Gestalt pode ser aplicada no trabalho com um sonho (*awareness*, dramatização, monodrama, amplificação, trabalho com polaridades, responsabilização, experiência de contato e de retração com um elemento do sonho, com o terapeuta, com um elemento do grupo etc.). Certamente, como de costume, serão observados os mecanismos de evitação ou de ruptura do contato ("resistências" ou mecanismos de defesa).

Alguns gestaltistas, como Isadore From, vão mais longe e consideram o sonho (sobretudo na noite que precede ou segue uma sessão de terapia) não apenas uma *projeção*, mas também uma *retroflexão*, ou seja, uma importante perturbação da *fronteira-de-contato* entre o cliente e o terapeuta. Ao dormir, a pessoa, inconsciente, diz coisas *a si mesma*, para não dizê-las explicitamente *a seu terapeuta*:

---

4. Hipótese já desenvolvida, antes dele, por Otto Rank — cujas obras Perls tinha lido.

"De fato, um paciente em terapia sabe, em geral, que se lembrar de um sonho, vai contá-lo ao terapeuta. Minha hipótese é de que este fato determina, de certa forma, o conteúdo do sonho do paciente; não é só um sonho, é um sonho que ele vai contar ao terapeuta.[5]
(...) Um outro nome para "retroflexão" poderia ser "censura" ou "retenção": o paciente fala para si mesmo, diz para si mesmo (...) coisas que não poderia ou não quereria dizer ao terapeuta".[6]

Assim, From reintroduz mais ou menos explicitamente a noção de *transferência*:

"A transferência é o equivalente do 'aqui e agora' (...) O interesse da transferência é que torna possível que as situações inacabadas do passado, das quais toda terapia tem que se ocupar, se resolvam no presente (...) *Nós não incentivamos* a transferência, como ela é praticada, com razão, em psicanálise, por causa do método. Mas, embora não a encorajemos, isso não quer dizer que a eliminemos (...) Seria absurdo dizer que não utilizamos a transferência (...) Nós colocamos questões para alertar nosso paciente sobre a transferência e para desfazer essa transferência (...)."

Como vemos, uma vez mais, cada gestaltista desenvolve seu estilo próprio, embora continuando fiel àquilo que é essencial à Gestalt.

O sonho através da história

Desde a mais remota antiguidade, há interesse pelo significado dos sonhos: eles foram, inicialmente, considerados "mensagens dos deuses".
Encontramos menção deles na tradição chinesa do século XVIII a.C., e deles Confúcio extraía sua sabedoria.
Na época helenística, havia 420 templos de Esculápio, onde se praticava a *incubação*, que consistia em dormir no templo para obter um *sonho* que possibilitasse a *cura* das doenças. A pessoa dormia enrolada na pele sangrenta de uma cabra ou de um carneiro que acabara de oferecer em sacrifício aos sacerdotes, enquanto "grandes serpentes verdes e amarelas de dois metros de comprimento se esgueiravam lentamente por toda a noite pelo pavimento de mármore, entre pétalas de flor e os corpos dos que dormiam".[7] Tratamento de choque, que levava a uma cura mais rápida!

---

5. É bem sabido que os sonhos dos pacientes são mais ricos ou em imagens *sexuais*, ou em *arquétipos* espirituais, conforme a orientação *freudiana* ou *junguiana* da análise.
6. Entrevista de Isadore From com Edward Rosenfeld, *The Gestalt Journal*. Vol I. N? 2. Outuno 1978.
7. Marc-Alain Descamps. op. cit.

O *sonho terapêutico* ou *profético* era praticado também no Egito, na Assíria e na Mesopotâmia (3.000 anos antes de nossa era) assim como pelos judeus (vejam os inúmeros sonhos proféticos relatados na Bíblia), pelos ameríndios, gauleses e celtas. Maomé, todas as manhãs, interrogava seus companheiros sobre seus sonhos da noite e tomava decisões em conformidade com eles. Certo povo da selva da Malásia ainda hoje procede da mesma maneira: compartilhar os sonhos constitui de longe sua principal ocupação, condicionando o conjunto de sua vida social, reputada particularmente pacífica e democrática.

Para Freud, o sonho não é uma mensagem *transcendente* de cima, mas uma mensagem *imanente de baixo*, proveniente do "continente negro" das pulsões inconscientes. Sua descoberta do significado dos sonhos logo lhe pareceu tão importante que, quando compreendeu pela primeira vez seu mecanismo, no restaurante Bellevue, nas cercanias de Viena, pensou em colocar ali uma placa comemorativa, com a seguinte inscrição: "Nesta casa, em 24 de julho de 1895, foi revelado ao dr. Sigmund Freud o segredo dos sonhos".[8]

...E, no entanto, os 600 exemplares da primeira edição de sua obra fundamental, *A interpretação dos sonhos*, simbolicamente editada no começo do século, no ano de 1900, e atualmente traduzida para a maioria das línguas, levaram... *oito anos* para serem vendidos!

Enquanto para Freud o sonho é em geral um "sintoma neurótico" (*Introdução à psicanálise*), Jung vai lhe dar um valor mais elevado, atribuindo-lhe não somente causas psicológicas ou biográficas, mas uma percepção inconsciente do *fundo cultural* comum da humanidade. Para ele, os sonhos remetem, sem descontinuidade, ao passado, mas também ao futuro: o sonho não oculta qualquer desejo recalcado, mas, ao contrário, *revela* os dados do *inconsciente coletivo* e pode até se revestir de um significado esotérico.

Sonhar num laboratório...

É sim! Aqui estamos novamente! "Sempre voltamos aos nossos primeiros amores!", e eu nunca esquecerei meus anos de juventude, nos laboratórios empoeirados da Sorbonne, à procura da verdade última, oculta no coração da matéria:[9] para mim, a poesia não exclui a ciência.

O que sabemos *hoje* do sonho?

É claro que não é o caso, aqui, de detalhar as inúmeras pesquisas em curso, tanto na França (especialmente com Jouvet) quanto nos Estados Unidos (escola de Chicago). Poderemos encontrar uma exposição clara e precisa na excelente obra de Jean Picat,[10] da qual foi tirada uma

---

8. Marc-Alain Descamps. op. cit.
9. Antes de me orientar para a psicologia e a psicoterapia, fiz estudos superiores de física e química.
10. Picat, J. *Le rêve et ses fonctions*. Paris. Masson, 1984.

parte das informações que se seguem (apresentada à minha maneira!). Contentar-me-ei então com algumas observações ou detalhes, para somar aos resumos já fornecidos no capítulo precedente, sobre o funcionamento do cérebro em estado desperto, e para desbravar um pouco a *via régia* — e suas moitas espinhosas — antes de utilizá-la "de olhos fechados".
Há *três* estados diferentes (desperto, sono e sonho). O sonho é marcado por uma intensa atividade córtico-frontal *direita*,[11] sob o controle do sistema *límbico* (que gerencia em especial as emoções e a memória) e *hipotalâmico*. Os globos oculares são animados por um movimento rápido e permanente durante o sono (isso, inclusive, é sinal clássico de seu reconhecimento no eletroencefalograma). Propuseram a hipótese de que olhar, sob as pálpebras, *segue a cena* do sonho que se desenrola.

Quem sonha? Quanto?

Todo mundo sonha, todos hoje sabemos disso... inclusive o *feto*, a partir do 7º mês da gestação (portanto, antes de ter podido armazenar percepções visuais ou recalcar desejos proibidos pelo "superego"!), os *cegos* de nascença, mas também os gatos e os pássaros... apesar de não terem "alma"!
Sonhamos em média cerca de *100 minutos por dia*, em quatro ou cinco períodos, de duração crescente no decorrer da noite, e parece que o sonho é indispensável à sobrevivência, bem mais do que o sono profundo.
Mas nem todos sonham o mesmo tanto: por exemplo, os *esquizofrênicos* em período de crise já deliraram bastante durante o dia, e seus sonhos são então reduzidos em quantidade (etimologicamente, *sonho* quer dizer "delírio" ou "perambulação"); em contrapartida, eles são absolutamente normais, na qualidade.
Da mesma maneira, o *álcool* prejudica nossa taxa de sonhos e pode até chegar a suprimi-los, a tal ponto que os alcoólicos agudos acabam compensando seu déficit de sonho "oferecendo-se" uma crise de *delirium tremens*. Os soníferos à base de *barbitúricos* também reduzem nossa dose normal e necessária de sonho, daí sua nocividade.
Todo mundo sonha, mas nem todo mundo se lembra de seus sonhos. Aliás, é meu caso pessoal, e por muito tempo vivi isso como uma deficiência, especialmente durante minha psicanálise. Depois, compreendi que não precisava introjetar o modelo de outrem para tornar-me plenamente eu mesmo.

Por que sonhamos ou, melhor, "para quê"?

De acordo com vários pesquisadores, o sono *com sonhos* permite, particularmente, o registro do material mnêmico diurno carregado de

---

11. *Dois terços* do conjunto dos neurônios do córtex *direito* são mobilizados, enquanto a comunicação "calosa" com o hemisfério esquerdo é muito reduzida, quase bloqueada.

emoções, enquanto as lembranças não acompanhadas de emoção são registradas durante as fases de sono *sem sonhos*, e seriam classificadas nas ramificações vizinhas de nosso "banco privado" de lembranças. Seja lá como for, é durante a noite, afinal, que se organizam e se *fixam nossas lembranças* e que nossas aprendizagens são revistas, por meio de um reforço de nossos registros e da reorganização de nossas *sinapses*.

Mas uma das funções essenciais do sonho parece ser a *reprogramação genética* (Jouvet): poderíamos imaginar, de certa forma, que a cada noite nos instalamos no nível de uma "leitura molecular" para *revisar* as lições do "Grande Livro da Vida", pacientemente redigido pela espécie há milênios, herança que nos é oferecida como presente de nascimento, impressa em nossos cromossomos.

"O sonho seria então o cordão umbilical da espécie".[12]

Além disso, atualizamos regularmente a informação, integrando aos dados fundamentais de nosso inconsciente coletivo as contribuições culturais de nossa própria experiência diurna. O sonho então assegura *a integração de nossa memória individual à nossa memória coletiva*.[13] O psiquiatra fenomenólogo Binswanger, fundador da *análise existencial*, já afirmava que era preciso "despsicologizar o sonho", devolvendo-lhe sua dimensão universal, de abertura à polifonia das culturas.

Assim, o sonho permitiria harmonizar melhor o comportamento social *adquirido* e o comportamento *instintivo* de base. Por exemplo, puderam demonstrar que os gatos sonham com caça e ataque, enquanto os ratos sonham com fuga! Isso é precisamente uma revisão dos comportamentos instintivos programados para a sobrevivência da espécie... Acrescentemos que até os esquimós sonham com *serpentes*... embora não exista serpente alguma em seu clima (o que vai ao encontro da tese junguiana dos *arquétipos*).

Então as noites seriam um retorno ao manuscrito original, com correções das provas. Este também seria o momento de *manutenção da rede neural*, de reparação dos circuitos danificados, assim como, a cada noite, discretamente, é feita a manutenção da rede subterrânea de comunicação do metrô!

Duração do sonho

Encarregado que é dessas nobres tarefas de *construção, manutenção, revisão* e aperfeiçoamento dos circuitos neurais da informa-

---

12. Freud já dizia: "Cada sonho comporta pelo menos um lugar onde é insondável, lugar este que é como um umbigo por meio do qual está ligado ao desconhecido..."
13. É por intermédio do sonho que nós então poderíamos tomar conhecimento daquilo que os orientais chamam de "vidas anteriores".

ção e da emoção, o sonho é pois apanágio das espécies superiores. O sonho só aparece, de fato, entre os animais de *sangue quente*, a partir dos pássaros (os insetos e os crustáceos nem sequer sabem o que é sono!) Os passarinhos, aliás, só sonham 0,5% de seu tempo de sono, contra 5% entre os mamíferos herbívoros em liberdade.

Mas na *segurança* do estábulo, as vacas chegam a *triplicar* seu tempo de sonhos — que de fato é um período de *"alto risco"*, pois os estímulos necessários para o despertar têm que ser de duas a três vezes mais elevados do que no sono sem sonho, em que se está menos "ocupado"![14] É verdade que o *limiar de despertar* também varia conforme a *natureza* do estímulo: um ligeiro miado desperta o gato, assim como o nome murmurado desperta o ser humano.

Eis algumas conclusões de Descamps a respeito:

> "Os mamíferos, deste ponto de vista, se dividem em dois: os *caçados* e os *caçadores*. Os caçados, herbívoros ou granívoros, consagram muito de seu tempo a se alimentarem, dormem pouco e sonham menos ainda (5% de seu tempo de sono). Os caçadores, carnívoros, se alimentam rapidamente, têm um sono longo e profundo, com uma parcela de sonho mais importante (20 a 30% de seu sono).
>
> (...) O homem, deste ponto de vista, é *programado como um carnívoro*: 20% de seu tempo de sono é consagrado ao sonho e seus sonhos são fundamentalmente sonhos de *agressão* e de *sexualidade*. Portanto, ele revê sem cessar seus comportamentos de ataque e sedução, levado por seus dois instintos, de combate e reprodução (*Tanatos* e *Eros* para Freud) (...) Haveria pois, durante a noite, reconstituição dessas reações, antes adaptadas e depois negadas e destruídas de dia pela cultura.

O sonho pode então ser considerado como um
anteparo contra a cultura,
por um retorno periódico ao instintivo.

A cultura humana se desenvolve contra a *natureza* (...)

De fato, os primatas e o homem se situam mais *entre* herbívoros e carnívoros, visto que a *duração total de seus sonhos* é, em média, de 20% de seu tempo de sono, contra 5% entre os primeiros e 40% entre os grandes carniceiros.

Mas essa duração é também variável *de acordo com a idade*: é de 60% no recém-nascido, que tem muito a fazer para completar a fabricação de seus circuitos neurais, que vão condicionar seu potencial intelectual posterior; 30% do tempo de sono na idade de um ano; 20% a partir dos cinco anos; somente de 12 a 15% nas pessoas idosas.

---

14. Assim, o "sono paradoxal" (com sonhos) seria na realidade *mais profundo* do que o sono dito "profundo", contrariamente ao que em geral se imagina.

A mulher grávida *duplica* seu tempo de sonho, para "acompanhar" o feto, e prossegue nesse sincronismo durante o período de aleitamento. Quanto às pessoas (qualquer que seja o sexo) que simplesmente partilham o mesmo leito — não mais o mesmo corpo —, geralmente também sonham ao mesmo tempo.

Sonho, desejo sexual e ânsia

Nota-se um aumento do "sono paradoxal" (ou tempo de sonho) na mulher, durante a segunda metade do ciclo ovariano, com um máximo imediatamente antes da ovulação, correspondendo ao pico de secreção da *testosterona*, hormônio *masculino interno* que excita o desejo da mulher.[15] Os amantes bem sabem, aliás, que *todo* sonho é acompanhado de uma excitação genital: congestão clitoriana na mulher e ereção no homem, em 60% dos casos. Essa ereção *precede* o aparecimento do sonho em cerca de dois minutos e se mantém por dez a vinte minutos, isso tanto no recém-nascido quanto no velhote. Ela é, ao que parece, *independente do conteúdo* explícito do próprio sonho, a despeito dos freudianos tradicionalistas.

Notemos, enfim, que a privação prolongada de sonho provocaria, após cerca de cinco dias, o aparecimento de *delírio paranóide* e *sexual*, com irritabilidade, comportamento *bulímico* e *hipersexualidade*. O sonho constituiria então um "derivativo" dessas necessidades instintuais?

Os *pesadelos* (que afetam 4% da população adulta) são exceção em relação à maior parte dessas observações: além disso, eles raramente acontecem durante o período REM (movimentos oculares rápidos), ou seja, durante o período normal de aparecimento dos sonhos. O mesmo acontece com o *sonambulismo*.

Função terapêutica do sonho

Chegamos assim à função terapêutica *natural direta* do sonho, *antes* mesmo de sua eventual interpretação, função que, aliás *não implica necessariamente sua rememoração* consciente.

Lembremos de que o sonho habitualmente cai muito rápido no *esquecimento*, e isso parece ser um fenômeno natural: assim, *oito minutos* após o fim da fase "paradoxal", não mais de 5% dos sonhadores se lembram de terem sonhado quando despertados. Atualmente, admite-se que *"quanto mais um sonho é emocionalmente carregado, mais ele é censurado* e mal lembrado" (Picat), o que *não o impede*, é claro, *de desempenhar seu papel* de autoregulação interna — apesar do que diga

---

15. Cf. Vincent, J.D. *Biologie des passions.* Paris. Seuil. 1986.

o Talmud (e os psicanalistas!), que considera o sonho não interpretado "uma carta recebida que ficou sem ser lida".

Eu me inclino a confiar no meu inconsciente e imagino que ele é bcm capaz de fazer seu trabalho sozinho: se o inconsciente é inconsciente, sem dúvida é porque foi previsto para sê-lo! Em vista disso, por que se esforçar para cercá-lo, "forçar sua porta" com indiscrição para violar seus segredos, e por que culpar os "não-sonhadores"? Em contrapartida, se o sonho emerge por si mesmo, é porque precisava respirar na superfície: neste caso, e apenas neste caso, por que não lhe dar a atenção que reclama?

Freud já enfatizava que os sonhos "têm o poder de curar, de aliviar..." e Jung os definiu como "agentes terapêuticos que corrigem a falsa consciência, mas também ativam uma tendência latente..." O sonho nos permite então liquidar parcialmente as tensões diurnas, o sono paradoxal "dessomatiza a angústia" (Fisher); ele tem, como pressentiu o genial Ferenczi, uma função de auto-regulação das tensões psicoafetivas internas, uma função catártica e *traumatolítica* que consiste em "digerir" os traumas por meio de um "treinamento" inconsciente para o confronto com situações estressantes. Seria o caso, particularmente, dos *sonhos repetidos*: "a reativação de situações traumáticas não tem outra finalidade senão melhorar sua elaboração", sugere Picat. "Somos levados a pensar que a repetição dos sonhos serve para atenuar, e depois *apagar definitivamente o halo afetivo que cerca o vestígio mnêmico* da situação estressante. Enquanto esse conflito interno não for resolvido, o sonho que o exprime tenderá a se repetir".

Os sonhos ocorridos na mesma noite se encadeiam entre si, numa espécie de "unidade dramática" (Trosman). De fato, se despertarmos uma pessoa durante cada um de seus sonhos após dez minutos, percebemos que ela *refaz todas as noite o mesmo sonho*: só as circunstâncias aparentes variam, mas o tema continua idêntico. Aí voltamos a encontrar a extraordinária *redundância* da Natureza pródiga, que multiplica as preocupações sem conta! Quando penso que a cada relação sexual ofereço 300 milhões de espermatozóides impacientes... para um bebê de vez em quando!...

Encontramos então uma justificativa para uma abordagem *gestaltista* do sonho: no que me concerne, mais do que tentar compreender o sonho *interpretando-o, prefiro propor ao cliente que o termine, dramatizando-o*, para liquidar a tensão psíquica inconsciente de uma situação inacabada. Incito-o não a andar *para trás*, na incerta procura da lembrança passada, mas a *continuar* em frente, deixando surgirem eventuais imagens *complementares* e dramatizando-as num *monodrama* improvisado, que acaba, se for o caso, numa catarse libertadora.

Essa técnica não se opõe, mas se *soma* à exploração tradicional do sonho em Gestalt, tal como é preconizada por Perls, que sugere, sobretudo, como vimos, a encarnação sucessiva dos múltiplos elementos que apareceram. Assinalemos de passagem, que também para Michel Foucaut, "o sujeito do sonho não é tanto o personagem que diz 'Eu', é todo o sonho: *tudo diz Eu, até os objetos e os animais, até o espaço vazio...*"

Enfim, distingo *quatro* etapas no trabalho com sonho:

1. O *sonho* propriamente dito, em suas funções inconscientes (revisão genética, integração da experiência, "digestão" dos traumas);

2. Eventual *rememoração* consciente do sonho e, sobretudo, o efeito catártico ligado a seu simples *relato verbal*;

3. Busca de *compreensão* ou de *interpretação* do sonho;

4. Continuação ou *finalização* do trabalho começado no sonho lembrando, que, sem dúvida, pede uma continuação ao emergir para a consciência.

Mas, sem dúvida, é ainda muito cedo para avaliar com exatidão o que convém *preservar* e o que se confirma *obsoleto* nas crenças elaboradas no começo deste século.

Criatividade

Em Gestalt, a criatividade está longe de sempre se apoiar num *suporte* verbal, ou simplesmente encenado, como na maioria das seqüências que acabo de relatar, a partir de devaneios, sonhos-despertos, sonhos ou visões noturnas.

Ela pode se expressar por meio de grande número de suportes *materializados*, naturais ou artificiais: barulhos, sons ou música, dança "primitiva" ou expressão corporal, desenhos, pinturas, colagens, modelagens, objetos reunidos, escolhidos ou fabricados pelo próprio cliente.

Um diálogo no tambor

Jean Paul se expressa por meio de ruídos ou sons, com objetos ou materiais existentes na sala de trabalho, e traduz dessa maneira o estado interior que experimenta.

Convido-o a prosseguir sob a forma de uma troca com o terapeuta ou com outro parceiro, por intermédio de batidas em um ou vários objetos, num ritmo e intensidade variáveis, numa espécie de "tam-tam" improvisado. Esse diálogo termina com uma "disputa ao tambor" seguida de uma reconciliação, de efeito surpreendente.

Em suma, é uma *amplificação da atitude clássica* do Gestaltterapeuta, que sempre atribui pelo menos tanta importância ao timbre da voz e ao ritmo das palavras quanto ao conteúdo verbal explícito das palavras do cliente — ou seja, tanto à *forma* (*Gestalt*) quanto ao *fundo*. A *awareness* é então inteiramente do que foi *sentido* e não se dispersa na procura de palavras.

Pode-se variar ao infinito esse modo de expressão *primitiva*, que mobiliza as camadas arcaicas da personalidade, utilizando uma ampla gama de barulhos e sons, com objetos duros ou moles, vazios ou cheios, alternando bater, arranhar, esfregar, tocar ou movimentos diversos que provocam uma *vibração* externa e sua repercussão interna nos participantes.

Em outras ocasiões, se improvisa um "orquestra" de grupo, em que cada um tenta definir sua presença num *ajustamento criador* permanente e maleável de sua *fronteira de contato* sonora, nem afogado numa *confluência* anônima, nem invadido pela *introjeção* de sons e ritmos dominantes, nem esmagando os outros sob suas *projeções* conquistadoras, nem isolado de todos numa *retroflexão* em circuito fechado, mas alternando a expressão pessoal e a escuta dos outros, a formulação de sua *figura* pessoal em relação ao *fundo* — constituído por seu meio do momento. Uma "orquestra" como esta pode servir, por exemplo, como exercício de aquecimento quando se constitui um novo grupo, em que cada um procura definir seu lugar no conjunto.[16]

A festa selvagem

Em vez de uma expressão por *sons* — ou paralelamente a ela — pode-se deixar o *corpo falar*, num *movimento* improvisado, sozinho ou com outros membros de um grupo, procurando seu ritmo interior espontâneo e modulando-o, se for o caso, ao sabor dos encontros com eventuais parceiros.

Aqui também estaremos atentos à *fronteira de contato*: sou insensível ao movimento ou ao ritmo do outro; sou, inversamente, de imediato "agarrado" e levado por ele; posso

> continuar sendo *eu mesmo*, mas estar
> *em relação* permanente com o outro,

com uma *awareness* "em vaivém", atento concomitantemente às minhas próprias necessidades e desejos e aos de meu parceiro, mediante a modulação de nossos ritmos?

Às vezes, essa dança "selvagem" evoluirá para uma espécie de "selva" primitiva, onde cada qual encarnará *animais* reais ou imaginários, permitindo a expressão de sentimentos ou necessidades arcai-

---

16. O gestaltista, músico e ator californiano Paul Rebillot gosta de começar assim seus seminários.

cas de agressão, de dominação, de proteção, de isolamento ou de ternura...

Pode-se imaginar, é claro, uma multiplicidade de outras modalidades de expressão, que podem ser sugeridas, se for o caso, *pelo terapeuta* durante um trabalho em grupo, mas que também podem muito bem brotar *espontaneamente* do desejo de um cliente durante um trabalho de *exploração* pessoal do que sente no momento, e isso tanto em terapia individual quanto em situação de grupo.

O objeto-fetiche

Em vez de auditivo ou cinestésico, o suporte de trabalho pode ser visual ou tátil. Neste caso, as possibilidades são infinitas.

Posso, por exemplo, começar com um objeto, natural ou artificial, que me represente ou "me interpele" e, depois, entrar em relação direta, visual, tátil ou verbal com este símbolo exterior de meu ser interior.

Posso falar com uma flor, um raminho, uma pedra, ou ainda com um ancinho ou uma terrina e expressar-lhe o que sinto... e, depois, eventualmente, responder em seu lugar.

Joceline: — Escolhi esta velha roda de carrinho de mão que encontrei no galpão porque ela me lembrou imediatamente a liberdade, mas também a solidez... Gosto de sua madeira marcada pelo tempo.
Terapeuta: — Você pode lhe falar *diretamente*, em vez de falar dela para mim ou descrevê-la?
Joceline: — Eu gosto de você porque você teve uma vida bem cheia... Você enfrentou obstáculos, sofreu, um de seus raios está quebrado... mas seu cubo central continua inteiro!... Sua madeira está apodrecendo... e, no entanto, dá vida ao musgo...
Terapeuta: — A roda poderia responder e falar?
Joceline: — Sim! É verdade, já estou velha. Não sou mais rutilante como antes... Mas esta pintura com que me cobriram em minha juventude não era eu verdadeiramente... Me pintaram para atrair o jardineiro... Mas isso não o impediu de me negligenciar! Ele acabou por me trocar por um carrinho mais moderno... com um pneu oco, todo estufado de ar... e se foi com ele... (*ela chora*)... Não importa! Segui meu caminho. Ele me usou, mas não me amava verdadeiramente... Agora sou livre... Estou separada do corpo do carrinho, mas posso viajar sem parar! E, apesar da minha idade, ainda posso interessar as pessoas (*ela chora de novo*).

Pode-se assim dar vida a qualquer objeto, projetar nele nossas esperanças e nossos temores, nossas necessidades e nossos desejos, tornando-os assim mais palpáveis e mais acessíveis a uma rearticulação.

A relação com esse "objeto-fetiche" simbolicamente dotado de fala e de poder pode assumir diversas direções. Para graduar o envolvimento, eu geralmente sugiro uma "conjugação ao contrário" (*ele, tu, eu*) — que de fato se introduz muito naturalmente.

• começa-se por *descrever* o objeto (ou o desejo) na 3ª pessoa;
• depois, *dirigimo-nos diretamente a ele*, na 2ª pessoa, o que leva, de imediato, a uma relação mais carregada de afeto;
• enfim, *nos identificamos com o próprio objeto*, encarnando na 1ª pessoa a própria vivência subjetiva interna, projetada neste mediador.

Encarnação artificial da "lixeira-vista-de-dentro"

É claro que esse objeto mediador ou "transicional", suporte provisório ou duradouro de nossos afetos íntimos, pode ser confeccionado deliberadamente, "artificialmente". Eu gostaria de enfatizar de passagem que *artificial* quer dizer "feito com arte" e que este termo não tem, pois, em si mesmo, nada de pejorativo, muito pelo contrário. É *por ser artificial* que uma ação se torna terapêutica: comer cenouras não é terapia; tomar vitamina A, *artificialmente* concentrada, pode vir a sê-lo! Reunir-se em grupo *natural* não é terapia; analisar artificialmente comportamentos num grupo cujas regras não são habituais, pode vir a sê-lo.

Nós utilizamos, se for o caso, seqüências específicas de trabalho *criativo* para esboçar, ilustrar ou reforçar a expressão de um sentimento interno. Trata-se, no mais das vezes, de um *desenho*, a ser feito sem nenhuma necessidade de material sofisticado previamente preparado, mas pode-se também prever explicitamente um tempo de laboratório de *criatividade*, que permite a cada um "deixar subir" do fundo de si suas preocupações assim como seus recursos potenciais, em geral ignorados. Quantos de nossos estagiários se acreditam incapazes de criar seja lá o que for de original, condicionados que foram, desde a escola elementar, a desenhar o sol amarelo e o mar azul, a reproduzir incansavelmente uma casa tradicional com teto vermelho, a só construir objetos utilitários. Quantos deles se surpreendem e se orgulham ao verem surgir de seus dedos, quase à sua revelia, obras pessoais inéditas: "móbiles" sensíveis ao menor sopro de vida, formas não figurativas agradáveis aos olhos, atraindo carícias ou interpelando o coração!

Costumamos utilizar para essas oficinas "restos" domésticos de todo tipo, que cada participante é convidado a trazer ao estágio: pedaços de barbante, novelos de lã, arames, rolhas, trapos velhos, macarrões ou legumes secos, velhas revistas ilustradas, restos de madeira, embalagens usadas de plástico ou cartão... e muitas outras coisas! Desde o começo do trabalho, propomos a *comunhão* dos materiais em um grande monte central nutridor, onde cada um pega o que o inspira e *deixa* que se realize "o que lhe vem", sem plano nem projeto pré-estabelecido. A "mistura" dos materiais evita que o estagiário realize *hoje* o que tinha entrevisto *ontem*, ao preparar seu material. Possibilita, portanto, mais espontaneidade, ou seja, uma emergência mais importante do inconsciente.

É bem uma *"criação"* e não uma *"realização"* (do latim *res, rei*: "a coisa"). Mergulhando no inconsciente coletivo representado pela linguagem e remontando aquém da raiz latina *creatio*, encontramos, de fato, o grego: *creas, creatos*, "a carne"; e a *criação* e, pois, uma "encarnação", que *dá vida* à obra.

A vertigem do móbile

Arlete fez um "móbile" com pedaços de madeira, lã, papéis coloridos e pendurou-o no forro.

Terapeuta: — Você pode nos dizer o que é isso?
Arlete: — Não faço nenhuma idéia... É decorativo, e é tudo!... Ele gira...
Terapeuta: — Você pode girá-lo?
(*Arlete gira-o com seu dedo, e sopra nele para acelerar a rotação*)
Terapeuta: — Você poderia imaginar um *diálogo* com seu móbile?
Arlete: — Não sei!... Por exemplo, ele me diria: "Não tão rápido! Você me deixa tonto! Isso vai me dar vontade de vomitar" ... Eu responderia: "Assim, pelo menos, você se ocupará de mim!"... (*cai em lágrimas*)... Meu pai morreu quando eu tinha cinco anos e nunca se interessou por mim. Ele só se importava com meu irmão mais velho!
Terapeuta: — Há alguma coisa que você gostaria de dizer a seu pai antes que ele morra?... Alguma coisa que ainda tem para lhe dizer?
Arlete: — Ah! Sim! Muitas coisas!... Pai, estou brava com você, você nunca olhou para mim... e, depois, você morreu de repente, "sem se virar": você me abandonou e eu nunca compreendi o que aconteceu. Nada me explicaram!... Mas eu sempre amei você... E amo ainda (*ela chora de novo*)... Eu queria tanto me sentar no seu colo e contar para você minhas pequenas misérias e meus grandes projetos... Mas você só tinha olhos para os meninos ou para os adultos... Você não me deu tempo para crescer: você partiu antes! Você não tinha esse direito! (*ela grita e chora ao mesmo tempo, num intrincado de raiva e ternura*).
O trabalho ainda se prolonga por algum tempo: Arlete faz associações entre suas tentativas de "esquecer" seu isolamento e dar o troco num ativismo compensador desenfreado... que prossegue, sob formas diversas, desde a infância. Nas sessões posteriores, Arlete analisará, por um lado, os benefícios secundários que encontra em sua "super-ocupação", e, por outro, acabará renunciando a esta lembrança fantasiada de um pai idealizado e acabará por lhe dizer adeus.

"Matar os mortos" e enterrá-los, em geral, pode ser um trabalho bem doloroso, mas também necessário, à espera de todo gestaltista consciencioso, que não teme, se for o caso, trazer detalhadamente para a cena situações às vezes dramáticas, "Gestalts inacabadas" e fixas, pesadas e alienantes por muitos anos.

O inconsciente é mau aluno

Estas várias técnicas apelam para o imaginário e para a espontaneidade, e pretendem, afinal, ceder a palavra ao inconsciente. Este utiliza a linguagem *primária*, que ignora o cálculo e a gramática: ele não chegou ao "curso elementar"!

Quando um cliente evoca o pai ou a mãe numa seqüência de trabalho *emocional*, não se trata, no mais das vezes, de um pai *atual*, mas, com certeza, da *imagem interior* desse parente nele, de sua *imago*, paterna ou materna, constituída antes dos seis anos, quando esse parente tinha trinta...[17] O inconsciente despreza o calendário...

Ele ignora tanto o passado quanto o futuro, vivendo — como bom gestaltista — sempre no presente. Em sua ignorância da conjugação, ele negligencia na mesma proporção a *negação*, concentrado que está nas coisas e na ação! Assim, quando o terapeuta diz ao cliente em plena regressão "*Não* tenha medo!", seu inconsciente escuta "medo" ... e o efeito produzido é inverso ao pretendido! Para compreender bem este fato essencial, faça a experiência seguinte: feche os olhos e tente imaginar uma cor que *não* seja o azul... e você já entrevê justamente o azul!

Essa linguagem *específica* do inconsciente é uma linguagem "infantil", simbólica e metafórica, é a linguagem primitiva de nossos longínquos ancestrais, uma espécie de *esperanto filogenético* constituído de hieróglifos mentais. Também convém que o terapeuta o aprenda e o pratique, para ser um bom intérprete e evitar, assim, os contra-sensos e os malentendidos. É comum que observadores de fora não sigam muito essa linguagem de meias palavras e imagens, e também, ao contrário, que o cliente nem sempre compreenda os comentários de um *feed-back* muito intelectual, por estar, ele mesmo, ainda "pendurado" em sua linguagem interior. Sim! Verdadeiramente, o inconsciente é um mau aluno! Aliás, acabamos de ver, a propósito do sonho, que ele era o inimigo hereditário da *cultura*, o feroz e obstinado partidário da *natureza*...

Ainda na mesma ordem de idéias, em geral, fazemos todos os clientes de língua estrangeira trabalharem na *língua materna*, quando evocam lembranças emocionais da infância ou primeira infância, tais como uma troca de ternura ou de agressividade com um dos pais. Isso nos vale a admiração pasma dos eventuais espectadores — que imaginam que compreendemos tanto o árabe quando o espanhol ou o armênio! Na realidade, seguimos o essencial da ação pela expressão não verbal (como timbre

---

17. Por isso, nas seqüências de jogo psicodramático, é freqüente que o cliente solicite uma mulher *mais jovem* que ele, para representar esta mãe de *sua infância*... e a parceira escolhida tem muita dificuldade para se subtrair a isso.

e ritmo da *voz*) e, além disso, *pouco importa que não compreendamos tudo*: o cliente fala para si mesmo... Eu me contento em acompanhá-lo na exploração dos subsolos de *seu* porão com *minha* lanterna, e ele simplesmente aproveita minha lâmpada frontal e meus equipamentos de socorro, no caso do rio subterrâneo vir a transbordar.

Linguagem do imaginário

Só evocarei, para relembrar, a utilização do *desenho* (ou colagens) em Gestalt — que é feita de acordo com os mesmos princípios de qualquer objeto de criação. Essas obras (livres ou a partir de temas) poderão ser objeto de um trabalho a dois (com o terapeuta ou outro parceiro), a três ou vários, cada qual compartilhando, eventualmente, neste caso, seu *sentir* pessoal espontâneo, mas evitando qualquer *interpretação* intelectual, relacionada a qualquer "cânone".

Afinal de contas, quer se trate de partir de um *sentir corporal* verbalizado no aqui e agora, de um *devaneio* ou de um *sonho-desperto* acompanhado, de uma *visão noturna* relatada ou de uma *criação* metafórica desenhada ou encenada, vemos que a maior parte das seqüências de trabalho em Gestalt se desenvolve parcialmente no *imaginário*, no sonho ou na criatividade. De fato, é na *cena interior* que estão guardadas minhas emoções e meus sentimentos encarnados, minhas lembranças reconstituídas, meus fantasmas temidos ou aguardados, assim como minhas tomadas de consciência "iluminadas". Esclarecer esta cena interior procede do princípio da amplificação dos processos inconscientes por aquilo que C. G. Jung chamou de "imaginação ativa", incentivada em Gestalt pela participação comprometida do terapeuta (e, eventualmente, por um eco do grupo), permitindo tecer um vínculo polissêmico entre o imaginário, o simbólico e o real.

CAPÍTULO 13

O desenvolvimento da Gestalt
História e Geografia

Alguns campos de aplicação na atualidade

A Gestalt no mundo

Vou tentar agora apresentar muito sumariamente a história e a geografia da Gestalt, seu desenvolvimento no *tempo* e no *espaço*.

Pode-se considerar que a Gestalt germinou progressivamente no espírito de Perls *nos anos 40*, quando ele ainda estava na África do Sul. Já salientamos os vários temas precursores presentes em sua primeira obra, *Ego, hunger and agression*, lançada em 1942. Na realidade, os princípios fundamentais da Gestalt não eram exatamente novos, e o próprio Perls declarou: "Costumam me chamar de *fundador* da Gestalt-terapia: não é verdade! Se me chamarem de *descobridor* ou *redescobridor* da Gestalt-terapia, concordo! Pois a Gestalt é *tão velha quanto o próprio mundo*". De fato, nela tanto encontramos a maiêutica socrática quanto as tradição chinesa. Nova era a exploração terapêutica desses princípios básicos elementares.

O avanço inicial da Gestalt foi *lento*: só em 1951, ou seja, nove anos mais tarde, Goodman (por um salário de 500 dólares!) deu uma forma coerente (uma *Gestalt!*) às 100 páginas de notas manuscritas de Perls; *os dois primeiros institutos de Gestalt* apareceram pouco depois: o de *Nova York* em 1951 e o de *Cleveland* em 1954[1] (mas o primeiro programa de formação estruturado só foi proposto em 1966).

As manifestações californianas só se instalaram uma dúzia de anos mais tarde: o *Instituto de Gestalt de São Francisco*, em 1967 e o de Los

---

[1]. No qual colaboraram os maiores nomes da Gestalt: Fritz e Laura Perls, Paul Goodman, Paul Weiz, Isadore From, Erving e Miriam Polster, Joseph Zinker, Edwin e Sonia Nevis, Joel Latner etc. (810 pessoas aí se formaram, de 1966 a 1987).

Angeles, em 1969; enquanto isso, Jim Simkin inaugurava seu primeiro grupo de formação, em 1968, e em *Esalen* (e outros lugares) soprava um vento novo... Assim, os primeiros "diplomados" só apareceram a partir de 1969.

Desde a origem se desenvolveram *três tipos* de Gestalt — que podemos caricaturar da seguinte maneira:

• *"Gestalt da cabeça"*, de suporte principalmente verbal, que se difundiu na costa leste: em Nova York e Boston, depois em Quebec (e, daí, para a Europa, pelo C.I.G.); ela se reporta principalmente aos trabalhos de P. Goodman e I. From;

• *"Gestalt do coração"*, emocional e social, em Cleveland (no centro-oeste dos Estados Unidos) — onde foi formada a maior parte dos teóricos (J. Zinker, E. e M. Polster etc.);

• *"Gestalt das tripas"*, emocional, corporal e grupal, na costa oeste, na Califórnia: em Esalen, São Francisco e Los Angeles.

Desde então, elas nem sempre conseguiram unificar-se "gestalticamente", embora vários teóricos da costa leste tenham emigrado para a Califórnia — onde as diversas tendências estão se fundindo progressivamente.

Após 68, veio a explosão: entre 1972 e 1976, foram sucessivamente abertos nada menos de 37 institutos de formação por todas as partes, na maioria das grandes cidades americanas; o *Gestalt Directory* (anuário) de 1982 cita mais de 60... e a implantação continua! Atualmente, várias centenas de novos gestaltistas são formados a cada ano nos Estados Unidos.

Em Montreal (Quebec), em fevereiro de 1972, aconteceu o primeiro seminário de *sensibilização* em Gestalt (promovido por Joseph Zinker, de Cleveland); dois anos mais tarde, em 1974, Janine Corbeil abriu o Centro de Crescimento e de Humanismo Aplicado e, no ano seguinte, 1975, foi aberto o Centro Québecois de Gestalt, dirigido por Ernest Godin e Louise Noiseux. Em julho de 1979, este centro criou um "canal" internacional, chamado "Centro Internacional de Gestalt" (C.I.G) que inaugurou uma formação francófona na Europa.[2] Em 1981, foi aberto o Centro de Intervenção Gestaltista, de Gilles Delisle, que se tornou o instituto de formação mais importante de Quebec.

Enquanto isso, na Alemanha, terra natal de Perls, Hilarion Petzold, que tinha importado a Gestalt para a Europa em 1969, fundou o Fritz Perls Institute, em 1972, perto de Dusseldorf. Vários outros institutos de formação em Gestalt lá funcionam atualmente.

---

2. Depois, J. Corbeil deixou a direção do Centro de Crescimento e Humanismo Integrado e Godin se afastou da Gestalt.

Na Bélgica, Michael Katzeff organizou, na *Multiversité*, em Bruxelas, uma formação de 500 horas em três anos, essencialmente garantida por interventores estrangeiros e cuja primeira promoção começou em 1976 e terminou em 1979.[3]

Mas a Gestalt floresceu também em outras terras: no México, na América do Sul, na Austrália (o Gestalt Institute of Melbourne abriu suas portas em 1980), e até no Japão (onde começou uma formação em 1978, no Gestalt Institute of Japan).

O Gestalt-terapeuta na França e na Europa

A história da Gestalt na França começou no *início dos anos 70*, quando, mais ou menos simultaneamente, vários pisicólogos franceses trouxeram, de uma estadia nos Estados Unidos, experiências, técnicas e métodos; e também perguntas...

Podemos citar, em 1970: Jacques Durand-Dassier, Serge e Anne Ginger; depois, em 1972: Jean-Michel Fourcade; em 1974, Claude e Christine Allais, Jean-Claude See, Jean Ambrosi e o americano Max Furlaud.

A Gestalt francesa já tinha um *background* antes de 1975... mas cada um desses terapeutas trabalhava isoladamente, em geral até ignorando a existência de seus colegas!

Seria preciso esperar o ano de 1981 e a criação da Societé Française de Gestalt (S.F.G.) — iniciativa de Serge Ginger — para que essas diversas pessoas, e outras, recém-chegadas, se encontrassem, em geral pela primeira vez, e trocassem suas experiências, às vezes não sem surpresa...

Este ano, *1981*, marcou uma *virada na história da Gestalt na França*, que saiu então da sombra e da "semiclandestinidade": várias formações profissionais de *Gestalt-clínicos* ou *Gestalt-terapeutas* foram instaladas quase simultaneamente, vindo somar-se aos cursos oferecidos há pouco na França por uma equipe de profissionais do Centro Internacional de Gestalt, de Quebec, dirigido por Ernest Godin (formação depois paralisada);

• *École Parisiènne de Gestalt* (E.P.G.) do I.F.E.P.P., com Serge e Anne Ginger, primeira formação promovida por franceses; a E.P.G. formou, nesse tempo, cerca de 300 clínicos em Gestalt, de 12 nacionalidades.

• *Centre de Croissance et d'Humanisme Appliqué*, em Nantes, com Janine Corbeil, de Montreal (formação depois paralisada);

• depois, no ano seguinte, uma formação em Paris, com Marie Petit e Hubert Bidault, no *Centre d'Evolution* (formação depois paralisada);

---

3. Aí se formaram, em especial, J. M. Robine, N. Paternostre-de Schrevel e Moreau. Michel Katzeff, depois, deixou a Bélgica e foi para a Espanha, fechando a "Multiversité".

• e uma outra, associando o *Instituto de Gestalt de Bordeaux* (Jean-Marie Robine) e o de *Grenoble* (Jean-Marie e Agnès Delacroix).

Todos esses institutos asseguram uma formação teórica e prática de 500 a 600 horas, distribuídas geralmente por três ou quatro anos.

Em 1980, Marie-Petit publicou o primeiro livro francês sobre Gestalt: *La Gestalt, thérapie de l'ici et maintenant*. Embora as publicações francesas sobre este método não ultrapassassem 25 no momento da criação da S.F.G., elas hoje são mais de 400. A S.F.G. edita um *Bulletin* reservado aos seus membros, assim como uma *Revue* anual, divulgada através das grandes livrarias.

Várias manifestações públicas têm sido organizadas anualmente: colóquios, jornadas nacionais de estudo, seguidas de um *Congresso Internacional* francófono, que reuniu 300 participantes de 12 países em Paris, em 1987. Uma série de *conferências* acontece na maioria das cidades da França e *laboratórios* de *sensilização* ou *grupos regulares de terapia* são propostos por todas as partes, em cerca de 40 diferentes cidades da França, isso sem falar das *terapias individuais*, atualmente promovidas por mais de uma centena de gestaltistas franceses qualificados. Paralelamente, a Gestalt foi incluída no currículo de algumas universidades (Toulouse, Paris, Bordeaux) e é objeto de dissertações de 2º e 3º ciclo e de teses de doutorado.

Esta consolidação da Gestalt não deixou indiferentes os países vizinhos: a Bélgica — que nos precedera — logo se associou ativamente ao movimento, e vários Gestalt-terapeutas belgas foram eleitos para o Conselho de Administração da S.F.G. — que, na realidade, é mais uma associação *francófona* do que *francesa*. Uma Associação Espanhola da Gestalt-terapia foi crida em 1982 e uma Sociedade Italiana de Gestalt, em janeiro de 1985. Enfim, uma Associação Européia foi fundada, por iniciativa de Hilarion Petzold, em maio de 1985, assim como uma Associação Québécoise de Gestalt. A Federação Internacional dos Órgãos de Formação em Gestalt (FORGE), presidia por S. Ginger, reúne vários institutos de formação da França, Bélgica, Itália, Canadá etc., e possibilita profícuas trocas de idéias, professores e estudantes.

Só o futuro dirá se este impulso vai se sustentar e dar lugar a trocas originais, ricas e criativas entre as diversas correntes ideológicas, teóricas e técnicas da Gestalt européia, ou se esta vai se soterrar nas "querelas de capela" ou se limitar a *introjetar* o modelo americano com lentidão e passividade. Eu não escondo meu otimismo e, atento à evolução já esboçada, estou persuadido de que proximamente surgirão novas escolas, que substituirão tendências tradicionais, sem no entanto trair aquilo que constitui a especificidade do movimento gestaltista.

Alguns campos de aplicação

Enquanto isso, cada um diligencia em seu setor e pesquisa "espaços" disponíveis, em que a Gestalt possa se implantar legitimamente e contribuir com uma nova perspectiva. Podemos vê-la tentar conquistar seu espaço em contextos muitos variados — cuja *lista indicativa*, muito incompleta, apresento:

Gestalt junto a crianças e adolescentes, casais em processo de divórcio e divorciados, celibatários ou solitários, expansão da sexualidade, grupos de mulheres, homossexuais etc. Preparação para a aposentadoria, acompanhamento dos últimos momentos da vida. Grupos especiais para: psicóticos, doenças psicossomáticas, cancerosos, alcoólicos, toxicômanos, bulímicos ou obesos, desempregados, imigrados etc.

Além disso, vemos tentativas de associar a Gestalt a outras abordagens, como: análise transacional, *rebirth*, bioenergética, programação neurolingüística, psicodrama, *yoga, rolfing*, massagem, haptonomia, eutonia, astrologia, tarô, tudo isso com maior ou menor sucesso, conforme o caso.

Registramos experiências de aplicação da Gestalt em *domínios* variados: hospitais psiquiátricos, prisões, escolas, infância desajustada, serviços sociais, conselhos conjugais, terapia familiar, empresas, publicidade, entre agricultores, dentistas etc.

Eis agora alguns breves exemplos para ilustrar esta rica diversidade:

A Gestalt entre os trabalhadores sociais

Assim que apareceu no cenário terapêutico, a Gestalt suscitou um interesse manifesto entre os trabalhadores sociais: educadores especializados, assistentes sociais, diretores de instituições para jovens desajustados, conselheiros conjugais etc.

Como explicar este sucesso significativo? O que lhes trazia a Gestalt *a mais ou de novo* em relação às abordagens tradicionais, de inspiração psicanalítica, psicossociológica ou comportamentalista? Mais do que a novidade do método propriamente dito, o que os atraía, simplesmente, era sua particular *adequação* às *suas necessidades* profissionais.

De fato, em primeiro lugar, trata-se de um método *maleável* e *polivalente*:

• que convém às possibilidades de expressão de uma *ampla variedade de clientes*, graças ao recurso a linguagens ao mesmo tempo simples e múltiplas: verbal, corporal, metafórica (jogos, criatividade, desenho) — que podem ser utilizadas com crianças, adolescentes ou adultos, dos meios culturais mais variados;

- que pode ser praticado *nas situações ou contextos mais diversos*: entrevistas ou terapia individual (consulta ou visita), num subgrupo (terapia familiar), num grupo (em uma instituição ou serviço), no meio social comum (chamado de "aberto" ou contexto profissional habitual etc.)

- que leva em consideração tanto o funcionamento *"intrapsíquico"* do indivíduo quanto seu funcionamento *"interpsíquico"* em seu meio, e até o funcionamento deste próprio meio (sócio-Gestalt).

Em segundo lugar, a Gestalt parece convir não apenas ao *objeto* de interesse do trabalhador social (o cliente), mas, ainda por cima, se mostra particularmente adaptada ao próprio *sujeito* (o trabalhador social).

Bem mais do que a psicanálise, ainda tão difundida neste meio, ela proporciona um suporte teórico e metodológico *diretamente transponível* para seu trabalho cotidiano.

Ela encoraja especialmente a desenvolver uma presença cuja qualidade é ao mesmo tempo *ativa* e *não-diretiva*: uma atitude de acompanhamento atento do cliente na expressão de suas necessidades e na procura de *suas próprias* soluções, no esclarecimento necessário das *situações inacabadas* ou mal exploradas.

O trabalhador social raramente pode se acantonar numa *neutralidade benevolente*, ou mesmo numa *empatia positiva*. Em geral, ele é levado a tomar partido, opinar; mesmo quando, claro, toma cuidado para não se impor. Como já lembramos, a Gestalt preconiza uma atitude de *compartilhamento*, através *do envolvimento controlado*, capaz de estimular o ponto de vista próprio do "cliente-parceiro".

O trabalhador social está centrado no presente observável e não no passado; ele trabalha sobretudo a partir da relação em curso e da realidade social cotidiana concreta, e não com fantasias. Ele geralmente se esforça para ajudar o cliente a descobrir e explorar seus *recursos* ocultos, seu potencial de *riquezas inexploradas*, mais do que para *analisar as causas* de suas dificuldades, de seus problemas ou fracassos. Ele está mais interessado nos germes de esperança de futuro do que nas pesadas seqüelas do passado. Reconhecemos aí um dos temas maiores da filosofia e da prática gestaltista.

O método da Gestalt, além disso, preconiza que o trabalhador social respeite pacientemente o *sistema defensivo* do cliente, se interesse pelos sintomas de sofrimento pessoal ou social que este último antepõe, e fique atento em apontar os eventuais benefícios secundários de seus comportamentos.

Na ação social, costuma-se esperar uma eficácia a *médio prazo* (de alguns meses a alguns anos): não se espera uma "cura milagrosa" instantânea; mas evita-se o atolamento numa relação interminável, que pereniza uma situação de assistência, até mesmo de dependência mútua.

Em resumo, parece que a Gestalt pode ajudar o trabalhador social em diversos planos;

• *ele mesmo*: pois é de seu interesse pessoal a repercussão, nele, dos problemas com os quais convive (sofrimento, doença, distúrbios mentais, dificuldades sociais, desemprego, morte), situado que está no ponto geométrico dos conflitos e das contradições, no cerne dos problemas individuais e coletivos;

• *seu trabalho*: pois os princípios fundamentais preconizados pela Gestalt oferecem uma coerência teórica compatível com o contexto habitual de sua ação;

• *seus clientes*: pois as técnicas propostas são suficientemente maleáveis para se adaptarem às necessidades e às possibilidades pessoais, e isso nas situações mais variadas.

Seria o caso de dizer que o trabalhador social é um "Gestalt-terapeuta que se ignora"? Eu não iria tão longe, mas alguns exemplos concretos de aplicação da Gestalt no contexto cotidiano do trabalho sócio-educativo vão enfatizar a compatibilidade entre essas duas abordagens.

Escolhi para narrar aqui, resumidamente, alguns depoimentos de intervenções simples e espontâneas, a maioria das quais se desenvolve no local *habitual do trabalho cotidiano*, sem preparo específico nem profissionais específicos. De fato, certo número de trabalhadores sociais que têm uma formação em Gestalt, não pretendem mudar de profissão (por exemplo, tornar-se psicoterapeuta), mas adquirir uma *competência suplementar* para exercer melhor sua profissão de origem.

A carta do padrasto

Laurent, quinze anos, acabou de receber uma carta muito violenta do padrasto, militar aposentado. Este termina assim a carta:

"Fiquei sabendo que você se envolveu novamente num roubo!... Não volte nunca mais a pôr os pés em casa! Não quero saber de ladrões entre nós! Se por acaso voltar, vou apertar seus sujos dedos de ladrão no batente da porta, como já fiz de outra vez... mas desta vez irei até o fim para que você nunca mais possa usá-los..."

Laurent está deitado na cama, de barriga para baixo, punhos cerrados. Chora em grandes soluços e jura:

— Esse porco, eu vou arrancar a pele dele!... Pra começo de conversa, não é a casa dele! Não tem nada que estar fazendo lá: não tinha que vir encher minha mãe... É minha caa! E eu vou voltar para minha casa!

Laurente chora e grita cada vez mais alto, tomado por uma verdadeira crise de nervos. Seu educador tenta acalmá-lo:
— Não ligue! Seu padrasto escreveu isso na hora da raiva... Isso passará e ele não vai fazer nada do que diz.
— Você não sabe de nada! diz Laurent, berrando ainda mais, você não conhece meu padrasto: é um bruto sujo! Um velho sádico! Ele só está esperando a oportunidade: um dia vai me matar!...
Quanto mais o educador tentava acalmá-lo, mais Laurent se irritava, sentindo-se só e incompreendido.

A educadora, gestaltista, se aproximou dele e lhe propôs a atitude inversa:
— Chore quanto quiser, Laurent. Bem que você tem o direito de estar triste e irritado. Se você está com raiva, devia gritar... e até bater!
Laurent ainda berrava, batia e torcia o travesseiro em todos os sentidos.
— Ele é mais forte que eu, o porco! Mas vou matá-lo!... Vou voltar para casa e defenderei minha mãe!... Porco! Toma! Toma isso na cara!...
A educadora o incentiva a gritar, a se expressar em altos brados e com todo o corpo.
...Alguns minutos depois, ele se acalma. Respira profundamente, e fala por muito tempo sobre a mãe, sobre o padrasto, sobre seu próprio passado tumultuado e sobre seus projetos pessoais de autonomia progressiva...

Foi utilizada aqui uma técnica clássica de amplificação do sentir, que vai na direção da emoção experimentada, evitando interromper prematuramente o ciclo, acompanhando o jovem em sua raiva, para explorá-la, em vez de reprimi-la.

Os dois lados do bobo

David tem onze anos. Foi dado para adoção aos dois anos e acumula "asneiras": quebra o calçamento, fura pneus, rouba galinhas, põe fogo nos campos etc. E nega toda as trapalhadas.

Foi levado para consulta no C.M.P.P. Não abre a boca e tem um sorriso zombeteiro nos lábios...
Eu fico observando seu rosto em silêncio, depois falo, em voz alta, de sua dissimetria. O lado esquerdo é bem diferente do direito: ele tem uma narina mais alta, uma pinta nos lábios etc. Davi sorri:
— Sei disso.. e tenho também uma pinta no rosto!
Então lhe proponho que se desenhe. Ele se desenha inteiro, reproduzindo a dissimetria do rosto e admirado por tê-la estendido por todo o corpo. Então lhe proponho que descreva estes seus dois lados. Ele declara...

— O lado esquerdo não mexe, não é bonito, não pode andar, nem pode usar a mão... O direito é mais vivo, pode mexer, sair, brincar... De fato, David só "vive" fora de casa. Com os pais adotivos, ele não pode se mexer — como seu lado esquerdo.

Sugiro-lhe que, com uma tesoura, cola e lápis, remodele um corpo mais harmonioso, onde exista mais unidade... Observo que, no auto-retrato, ele representou a língua para fora da boca.

— Ele banca o bobo, diz então David... e me mostra a língua.

Uma máscara de bobo parece, de fato, esconder o verdadeiro David, negando a realidade, comportando-se de modo negativo e se recusando a reconhecer suas asneiras.

Nas sessões seguintes, trabalharemos com este personagem do bobo, depois com o personagem "mais oposto" ("uma velha senhora triste"), depois com qualquer um, que não seja "bobo nem triste". Ele vai desenhar cada uma dessas diversas partes dele mesmo, fazê-las falar, representá-las... depois comentará seu próprio comportamento diário.[4]

Esta seqüência ilustra um trabalho com integração de *polaridades* opostas ou complementares, com a utilização de meios de comunicação criativos e dramatização.

Prática da Gestalt no Centro Materno
(por Chantal Savatier-Masquelier)[5]

Para terminar esta série de ilustrações sobre a incidência da Gestalt no trabalho educativo especializado, eis um extrato mais amplo do testemunho de uma psicóloga que trabalha no Centro Materno de acolhimento. Este texto enfatiza o possível *impacto institucional* da introdução de uma nova abordagem.

Psicóloga em Centro materno há três anos, pratico a Gestalt, individualmente e em grupo, com as mulheres acolhidas na instituição. O estabelecimento abriga uma vintena de mães em dificuldades com seu ou seus filhos, do começo da gravidez aos três anos da criança, e cada mulher permanece de seis meses a um ano.

Essas mulheres são, na maioria, oriundas de um meio material, cultural e socialmente muito desfavorecido. Sua viência anterior é de uma sucessão de abandonos, de rompimentos.

A chegada de uma criança, em geral imprevista, lhes dá uma esperança de um novo começo. E, no entanto, apesar de seus desejos,

---

4. P. Van Damme. "Gestalt et psychothérapie de groupe d'enfants" (Paris. E.P.G. junho de 1985).
5. Extrato de sua memória de fim de estudos para o certificado de gestaltista da École Parisiènne da Gestalt.

elas reproduzem com os filhos o que suas mães fizeram com elas. Além disso, as mulheres acolhidas no Centro Materno não são explicitamente requerentes de uma ajuda terapêutica: elas sentem sua chegada na casa como um lugar a mais. É possível, numa instituição como a nossa, deter essa engrenagem? Como evitar a repetição inelutável deste mecanismo de rejeição e abandono? A Gestalt pode permitir que essas mães encontrem uma outra saída?

Esta terapia psicocorporal, filha da psicanálise e parente das abordagens fenomenológicas e existencialistas, se revela particularmente adequada a esta etapa da vida dessas mães ou futuras mães.

Reabilitando a vivência corporal e emocional, a Gestalt alarga consideravelmente o campo de pesquisa do terapeuta. Isso é ainda mais verdade considerando que me dirijo a uma população que domina pouco ou nada a linguagem verbal, para a qual o acesso à simbolização e ao imaginário é limitado. Mesmo se nada for dito numa sessão, sempre acontece alguma coisa e a observação rigorosa da expressão corporal (atitudes, mímicas, emoção) fornece um material amplamente suficiente para permitir uma tomada de consciência ou para empreender um trabalho. Assim, Marie-Claire entrou em meu consultório declarando:

— Eu não tenho vontade de falar — e assim sentou, com os cotovelos na mesa e as mãos cobrindo os olhos e o rosto.

Bastou que eu observasse:

— Você não tem vontade de ver nem de que eu te veja?

Para que ela respondesse:

— Tenho vergonha — e, após algum tempo de latência, começou, por iniciativa própria, a fazer longas considerações pessoais, exprimindo claramente seu questionamento do momento.

A Gestalt, enfatizando o aqui e agora, se comprova uma terapia particularmente adaptada a esta população que tem dificuldade para se organizar, prever, se projetar no futuro. A sociedade pede a essas mães que preparem sua inserção profissional, façam projetos, construam o futuro de seus filhos.

No Centro Materno, a idéia da equipe é permitir que se encontrem, que possam "digerir" um passado pesado, avaliem seus desejos de mulheres e mães. Na sessão de Gestalt, a única coisa que se pede é que a pessoa esteja lá, à escuta de si mesma, de suas sensações, do que vive no momento. A pessoa não se sente obrigada a abordar de imediato as lembranças penosas de uma infância difícil, que faz força para esquecer. O passado emerge progressivamente, a partir da situação presente.

A abordagem específica da Gestalt, consistindo em viver as situações passadas e futuras no aqui e agora, se comprova tranqüilizadora e confiante.

A Gestalt desenvolve uma perspectiva unificadora e valorizadora do ser humano. Ela respeita a evolução e as resistências da pessoa, e isso é muito importante para uma categoria social desvalorizada e

marginalizada. Essa terapia favorece a expressão de elementos aparentemente contraditórios: "Eu amo meu filho, mas quando ele me irrita, bato nele e tenho medo de lhe fazer mal" ou "Eu não amo meus filhos mas não quero me separar deles".
Uma mulher pode ser compreendida e aceita... até quando rejeita o filho. Encenar e viver esses sentimentos contraditórios por meio de diversas técnicas (jogo, amplificação, "monodrama", psicodrama, troca de papéis, expressão com almofada, desenho, escrita) permite explorá-los até o fim e integrá-los. Esta possibilidade de dramatização numa ação simbólica durante a sessão evita, às vezes, a exteriorização, catastrófica na realidade.

Meu envolvimento como terapeuta é, ele também, facilitador: não alardeio neutralidade, não me escondo atrás de um saber, mas estabeleço uma relação direta com a pessoa que se dirige a mim. Assim, a entrevista se desenvolve numa interação mútua. Algumas dessas mulheres freqüentaram várias instituições, como hospitais psiquiátricos, e sua desconfiança dos "psi" é grande. Elas temem ser novamente interrogadas, julgadas, "adivinhadas". Entrar em meu consultório já é um enorme passo para elas. Levo isso em consideração e não deixo de as incentivar e valorizar. Lembro de Nadine, com quem passei longos momentos diante do espelho a desemaranhar o que ela pensava de sua aparência, do que os outros diziam a respeito. Eu me autorizei assim a dizer que a achava bonita.

Em termos ideais, cada sessão constitui um todo, fechando uma "Gestalt incabada". O ciclo normal de satisfação de uma necesidade (que a Gestalt analisa em várias etapas clássicas) se desenvolve como de costume; mas, se for interrompido, o objetivo do trabalho pode ser ver como e onde está bloqueado. Uma entrevista correta não precisa, forçosamente, ter continuidade. Isso dá uma grande maleabilidade a esta forma de terapia: uma mulher pode vir uma vez, resolver uma questão presente, e não voltar, mesmo sabendo que pode fazê-lo, se quiser. O comprometimento no tempo não é indispensável, embora continue sendo desejável para aqueles que disso sintam necessidade. Essa maleabilidade permite que uma população móvel e excluída tenha acesso a uma psicoterapia breve, população esta que de outra maneira não faria este esforço.

Na prática, faço uma entrevista sistemática a cada nova admissão na casa. Não volto a ver um terço delas. Um outro terço acaba voltando uma vez ou outra. O outro faz um trabalho continuado — individualmente ou em grupo (às vezes os dois ao mesmo tempo) — à razão de uma sessão semanal ou a cada quinze dias.

Num contexto como o do Centro Materno, fico particularmente atenta à preparação do nascimento de uma criança e à relação mãe-criança. É freqüente a defasagem entre a "criança imaginária" fantasiada por cada uma e a "criança real", de carne e osso: distância entre a criança que eu queria ou quererei e aquela que aqui está ou estará.

Para ilustrar isso, escolhi um exemplo de trabalho em grupo. E em situação de grupo, geralmente proponho um suporte, para facilitar o envolvimento e a expressão de cada uma (associações verbais, criatividade, desenho, escrita, imagens, jogos de papéis, situações diversas...) O exercício proposto neste dia consistia em recortar três formas num papel colorido: uma pra si, uma para o filho, uma para a mãe, e representar, por colagem, o lugar respectivo desses personagens.

1º quadro: antes do nascimento;
2º quadro: após o nascimento da criança;

Eis a colagem de Jeanne:

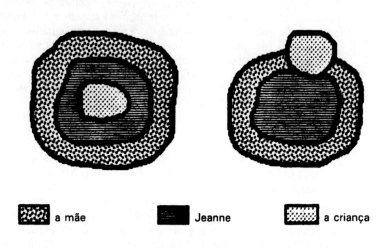

No primeiro quadro, encontramos formas concêntricas: Jeanne inclui o filho em si mesma e ela mesma está incluída na mãe (ela deu a luz há uma semana). No segundo quadro, a criança está justaposta a ela, que ainda está incluída na mãe — exceto no lugar da brecha aberta pela criança. Quando Jeanne comentou sua produção, ela estava muito consciente de ter posto o filho no mundo: — "Agora ele saiu, ele não faz mais parte de mim, é ele mesmo"... Mas não estava absolutamente consciente de sua própria relação fusional com sua mãe (morta há certa de um ano).
Terapeuta: — E você? Você saiu de sua mãe?
Jeanne (*espantada ao constatar seu próprio lugar no desenho*): — Não! Eu continuo em minha mãe.

Ela reflete... A observação do terapeuta provoca nela um *insight*:
— A passagem do nascimento fez com que seu filho saísse da mãe, mas com você, o que aconteceu?
— Minha mãe era autoritária. Eu não podia escapar, ela controlava tudo. Eu era a filha mais velha. Ela mandava no meu pai.
— Olhemos seu segundo desenho. Qual é seu meio para escapar de sua mãe?
— Ah! Sim! É o bebê! Minha mãe não me envolve mais onde a criança está. A única forma de escapar era fazendo uma criança por minha vez. Foi por isso que casei...

Essa tomada de consciência permitirá começar outro trabalho sobre a relação entre a morte da mãe e a concepção desse novo ser no âmago da depressão nervosa que sucedeu o óbito.

A Gestalt no hospital psiquiátrico

Interferimos há vários anos na formação permanente de pessoal especializado (enfermeiros, vigilantes, psicólogos, assistentes sociais etc.) de vários hospitais psiquiátricos públicos e, além disso, cerca de 20% dos gestaltistas que formamos na École Parisiènne de Gestalt trabalham no setor psiquiátrico (como enfermeiros, psicólogos ou psiquiatras).

Vários deles organizaram não apenas terapias individuais mas também *grupos* regulares de doentes, hospitalizados ou em fase de pós-cura.

De fato, em nosso trabalho, não fazemos diferença fundamental com esse tipo particular de clientela: a teoria, os métodos e as técnicas que utilizamos são, enfim, basicamente as mesmas utilizadas com grupos de "normais" ou "normosados": talvez nossa atitude seja simplesmente mais "diretiva", para garantir a segurança necessária.

Nós *acompanhamos* o doente em seus medos, seus delírios ou suas alucinações, sem temor, assim procedendo para *desdramatizá-los*, caminhando junto nesse terreno reputado "minado": nós até propomos, deliberadamente, uma *amplificação* do que for sentido, seja lá o que for: raiva, angústia, dor etc., mas num clima geral de *profunda segurança* e num meio material protegido. Não hesitamos em fazer um paciente "encenar sua loucura", e, se for o caso, caricaturando-a. Trata-se, em suma, de *exorcizá-la* e "domesticá-la", mostrando-a, falando dela, falando com ela, fazendo-a falar, alternadamente, mais do que temê-la ou tentar em vão reprimi-la ou camuflá-la.

Com os psicóticos, em geral, alternamos, em "vaivém", o trabalho no *imaginário* (com jogo dramático, desenho, criatividade, metáforas verbais) e o *confronto com a situação real* atual: relação com o ou os terapeutas, assim como, eventualmente, com os membros do grupo.

Insistimos bastante nas *fronteiras*, fronteiras corporais e fronteiras sociais (as proibições, tais como exteriorizações violentas), procurando *definir* melhor os territórios e os *limites*, alargá-los sem aboli-los. Sob esta ótica, definimos claramente os *lugares* e os *tempos* de trabalho e procuramos, explicitamente, chegar com cada um à "boa distância" no momento, e experimentamos atentamente diversas posições mútuas dos *corpos*: a imobilidade do face a face, a cumplicidade do lado a lado, o movimento ou *contato* prudente, deixando o máximo de inciativa ao psicótico — que, em geral, vive na angústia da violação de sua "bolha" espacial de proteção.

O trabalho *corporal* ocupa grande espaço — como sempre, em nosso estilo pessoal de Gestalt: nós observamos as tensões, os bloqueios, movimentos abortados, a amplitude dos gestos e da respiração; trabalhamos muito com a *voz*, para torná-la mais viva, expressiva, "habitada"; propomos exercícios sensoriais de ancoragem no chão, de "enraizamento" (*grounding*), de equilíbrio, de orientação, de reunificação do "corpo fragmentado", assim como uma domesticação do contato, individualmente — dois a dois ou em pequenos grupos; em geral, com um fundo musical assegurando uma referência suplementar.

Intervimos freqüentemente para *recentrar* o cliente, evitar que se fragmente ao tentar seguir várias pistas ao mesmo tempo, e o levamos, em todas as ocasiões, a fazer escolhas.

Permitimos a *regressão* (num clima de calor confiante), e também a *agressão* (num contexto protegido e desdramatizado).

Afinal de contas, nós nada mais fazemos do que explorar as técnicas tradicionais da Gestalt, mas isso num clima relacional específico.

Muito me admira que psicanalistas que se interessaram pelo tratamento das psicoses, como Federn, Nacht, Racamier, Searles ou Gisela Pankow, tenham encontrado intuitivamente o essencial do espírito gestaltista. Lembremos que Freud sempre sustentou, até sua morte, que a psicanálise *não podia ser aplicada* aos psicóticos, pois considerava esses doentes incapazes de transferência. Sabemos que seus sucessores reconsideraram completamente esta posição, mas adaptando consideravelmente a estratégia terapêutica e as técnicas. Indico a abundante literatura recente sobre este tema; limitar-me-ei, aqui, a citar um longo extrato da excelente síntese desta questão, proposta pelo *psicanalista* Recamier:[6]

> "(...) A posição de Freud a respeito da psicose talvez possa ser compreendida em função de sua repugnância pelo contato direto com o doente ("Não suporto ser olhado durante todo o dia") e sua recusa em intervir ativamente sobre ele ("Nunca desempenhei papéis").
>
> (...) Tratando o psicótico, os analistas percebem então que a análise não apenas *agrava* o estado de seu paciente, mas que os procedimentos *contrários* à análise, que a intuição os leva a adotar, trazem melhorias (...) A realidade impôs uma *adaptação* da técnica analítica à maioria dos clínicos.
>
> (...) O que falta ao psicótico (...) é a capacidade de experimentar o analista ao *mesmo tempo* como receptáculo de suas fantasias e como

---

6. Racamier P. C. "Psychothérapie psychanalitique des psychoses", in *La psychanalyse d'aujoud'hui*, sob a direção de S. Nacht. Paris. PUF. 1967.

pessoa atual, real e invariável. Nessas condições, a neutralidade estritamente analítica torna-se tanto *inútil* como *nefasta*. O analista deve, pelo contrário, propor ao paciente uma realidade bem viva e afável, uma realidade que possa "tocar com o dedo": uma *presença*. Ele consegue isso, inicialmente, não se escondendo. E até mesmo se mostrando, para não se esconder. Primeiro, visualmente: a posição *face a face* é, no mais das vezes, necessária (...) O analista não esconde quem ele é, o que ele é, o que ele sente (...) Tanto quanto, em geral, a Ausência é uma virtude analítica, a *Presença* também o é, neste caso.

(...) Ele reconhece francamente seus erros e seus defeitos, diz quando se engana, se explica se estiver atrasado, se desculpa se foi desatento (...) De fato, a *sinceridade* surge como uma das exigências naturais e fundamentais da psicoterapia analítica das psicoses (...) O analista está pessoal e humanamente engajado e *envolvido*: quer ele queira ou não, tem o *encargo da alma* (...) O analista é mais ativo e mais caloroso do que de costume. Além disso, cabe-lhe manter com firmeza os *limites*... Durante as sessões, o analista deve, quase sempre, abandonar a regra do silêncio expectante e também a do rigor dos horários; ele responde às perguntas feitas (...)

A atitude psicoterapêutica será a da *maternagem*. Num nível mais elevado, será a do *apoio* de tipo paterno. Um bom pai *defende*. Ele defende o cliente tanto do mundo exterior quanto de si mesmo.

É importante compreender que, na cura de maternagem, o paciente não é, em absoluto, chamado a reviver experiências *passadas*; a experiência da cura realiza para ele uma situação primeira, *atual* (...) *Não é uma relação transferencial*. Esse psicótico vive de fato uma situação para ele atual e atemporal.

Me detenho por aqui nessas citações, não sem deixar de observar que, afinal de contas, os gestalt-terapeutas há muito tempo vêm adotando com os neuróticos as atitudes recentemente propostas, pelos psicanalistas, para os psicóticos. Estariam eles de acordo, à sua revelia, com a escola kleiniana, que considera que a neurose repousa num núcleo psicótico, e que, conseqüentemente, um e outro são assimiláveis e justificam a mesma abordagem terapêutica?

A Gestalt: uma ferramenta de formação em empresa
(por Gonzague Masquelier)[7]

Nos reunimos por quatro dias num moderno hotel da periferia parisiense. Este estágio se intitulou "Gestão dos conflitos" e a ferramenta proposta foi a Gestalt.

---

7. Antigo aluno da École Parisiènne de Gestalt. Membro titular da Societé Française de Gestalt.

Os doze estagiários são funcionários de uma mesma empresa, mas vêm de serviços diferentes. Estão pois impregnados da mesma cultura, dos mesmos ritos e se conhecem, pelo menos de vista. Eu insisto em especial nas regras de discreção.

— O que for dito aqui não é para ser levado para fora.

Após algum tempo para as apresentações, reencontros e aquecimento, lhes proponho uma "mandala":

— Vou pegar uma grande folha e traçar um círculo que representa meu meio profissional. Escolho quatro cores e lhes atribuo um significado simbólico. Depois, eu desenho, como me der vontade e sem preocupação estética, os principais personagens que interferem na minha vida profissional, e as relações que tenho com eles.

Isso feito, cada um acrescenta um título e uma legenda, depois prega seu desenho no quadro — desenho este que será o fio condutor do estágio.

Depois da pausa, visitamos a "exposição" e cada um descreve sua atividade profissional pelo prisma de sua "criação": depois, proponho que seja cercada uma parte do desenho que parece ser a origem do "conflito"; ou, se não houver dificuldade real ou potencial, um elemento que se queira compreender melhor.

Tomando como ponto de partida este setor selecionado, fazemos um trabalho de esclarecimento, de desemaranhamento ou de reapropriação de uma relação. Um exemplo mais concreto nos permitirá desenvolver isso.

Jacques, o contador, delimitou sem hesitar, como terreno de conflito, algo que vejo como um "halteres assimétrico" — que cobre a metade de seu desenho:

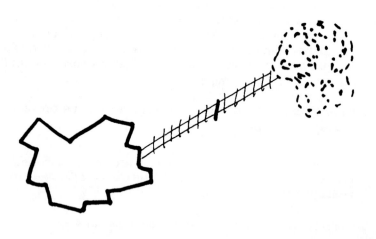

uma grande massa angulosa e colorida; acima e à direita, uma espécie de nuvem pouco densa, de contornos fluidos. Estes dois elementos são ligados por duas linhas paralelas tracejadas.

Jacques se identifica com a massa colorida "de caráter pontudo e nada fácil", depois apresenta a nuvem como "Monique", sua secretária.

Jacques: — Ela é "inodora e sem sabor".
Eu: — Você pode tomar o lugar de Monique e exprimir o que ela pensa de Jacques?
Jacques (*representando Monique*): — Ele nunca está contente, eu não o compreendo.

Nós exploramos várias vezes esses dois papéis, mas nada de preciso de depreendeu.

Eu: — E o tracejado?
Jacques (*após uma hesitação*): — Eu não tinha pretendido, mas, agora, vejo a escada que tenho que subir para ir vê-la.

Ao pronunciar o termo *escada*, a voz de Jacques se torna mais firme, quase agressiva. Haveria aí uma pista?

Eu: — Você poderia fazer a escada falar? Exprimir como ela liga vocês dois?

A sessão mal começava; o grupo não estava acostumado a passar para o imaginário. Eu tinha ido muito rápido! Todos me olharam com grandes olhos de espanto ("Fazer a escada falar?...", "Esses psi são loucos! Eles vão 'se entusiasmar', perguntar os porquês..."), e eu tratei de dar marcha a ré.

— Apenas tente descrever a escada; para que nós compreendamos melhor onde e como você trabalha.

Jacques a descreve como "dura e cansativa". Mas logo estamos girando em círculo... Mesmo assim, eu bem que senti a raiva em sua voz! Onde ela desapareceu? Eu sinto minha própria respiração oprimida nesta escada: intuo "que nela acontece alguma coisa". Fico intrigado com este contador cuja secretária fica no andar superior. Tento uma última armadilha:

— Eu vejo no teu desenho um degrau mais escuro que os outros...

Seu rosto endurece.

— Com certeza é o xerox! Ele fica na escada.

Pronto! Encontramos o fio de sua emoção — que, de uma pequena vibração na voz, rapidamente se tornará uma raiva declarada. Jacques detesta esse instrumento *"voyeyur*, estúpido com papagaio, falastrão como um zelador".

Faço com que encarne, sucessivamente, os três papéis: Jacques, Monique, a máquina. Agora ele está aquecido e aceita sem maiores dificuldades ser o xerox. Ele zomba, olha com desprezao a cadeira que simboliza Jacques e lança doces olhares para a cadeira "Monique". Logo emerge o lugar do xerox como instrumento de poder entre Jacques e sua secretária. Esta máquina não é de um nem de outro. Está a meio caminho, na escada!

— Quando redijo uma nota de serviço, Monique esquece de divulgá-la ou ainda reduz o número de exemplares. Mas, principalmente (aí Jacques passa a ter uma voz queixosa), ela copia os documentos que recebo. Detesto isso.

Faço com que ele perceba como detesta isso, e como sente isso no corpo: ele tem frio, se sente oprimido por uma bola na garganta e se dá conta:

— Se não sou mais o único detentor da informação, os colegas não precisam mais passar por minha sala.

Jacques então descobriu uma tripla hostilidade contra a máquina: ela não lhe serve para aumentar seu prestígio, pois suas notas de serviço são mal divulgadas; ela constitui um escape que não pode controlar em seu desejo de ser o único detentor da informação; ela o distancia dos contatos humanos. Ele ficou emocionado com essa descoberta, um pouco como uma galinha olha um pato que saiu de um ovo choco. Mas ele não é bobo: colocar a fotocopiadora em sua sala não resolveria grande coisa.

Proponho-lhe que paremos aí nesse dia, e continuamos com outros desenhos. No dia seguinte, um exercício me levou a explicar as diferentes "resistências" em Gestalt, particularmente a *deflexão*: "Eu dou um chute numa caixa, em vez de exprimir minha agressividade contra alguém".

Com o canto dos olhos, vi que Jacques se animou: ele se deu conta de que sua hostilidade "anti-xerox" não passa de símbolo de uma rivalidade entre ele e a secretária, e pede para trabalhar com este conflito. Então lhe proponho que retomemos seu desenho, com a pergunta: "Hoje você tem vontade de modificá-lo, completá-lo?" Ele imediatamente observou que faltavam "os outros". Sua empresa não se reduzia a "Monique, a escada e eu", mas tinha "a contabilidade e os outros". Em três minutos, em grandes traços, ele restabeleceu as conexões, abriu passarelas, reintroduziu a Direção Geral, os clientes etc. Sua linguagem mudou e pela primeira vez ele disse "nós".

Eu: — "Nós"? O que é "nós"?
Jacques: — Bem, a secretária e eu!
Eu: — Pronto, aí está!...

Pouco a pouco ele se deu conta de que a informação não é uma quantidade finita, um doce que diminui quando partilhado. Pelo contrário, quanto mais ela circula, mais ela se enriquece: quanto mais eu dou, mais recebo. Há pois uma sinergia possível entre Jacques e Monique... e o xerox pode vir a ser mais cúmplice do que inimigo.

Um serviço de contabilidade não é, necessariamente, obscuro, distante e secreto. Pode ser o centro de vinculação onde se cruzam informações concernentes aos clientes, fornecedores e pessoal.

No último dia, quando propus, à guisa de balanço, que cada qual encenasse o que lhe·pareceu importante, Jacques encena com muito humor uma cerimônia nupcial em que ele desposa sua secretária "para regularizar a situação" ... pois eles já têm um belo bebê, a saber:

o xerox — batizado de "Lucky Luke", aquele que copia mais rápido do que sua sombra.

Em apoio a este testemunho, eis alguns extratos da reflexão de um outro colega gestaltista que trabalha em empresas, Daniel Grosjean:[8]

"Há um paralelo entre o funcionamento da empresa e o do ser humano (...) Ambos devem preservar um equilíbrio dinâmico entre os três "campos de energia" que os animam (ou seja, a cabeça — refletir, inventar; o coração — comunicar, mobilizar; o corpo — agir, concretizar).

Temos podido constatar nas empresas uma correlação entre elas e o funcionamento energético de seu dirigente (ou entre um serviço e seu responsável), a tal ponto que para um dado sintoma da empresa é possível encontrar o sintoma equivalente no responsável (...) Não é o caso de estabelecer uma relação causa/efeito — um não é responsável pelo outro (...) trata-se de um fenômeno de ressonância. Este vai se ampliar se o dirigente se inclina a escolher colaboradores que apresentam as mesmas tendências que ele (...)

(Ex.) Após uma mudança de direção numa fábrica de 2.000 pessoas, pudemos constatar que o pessoal, em coisa de seis meses, se desmotivou completamente. Eles se sentiam perdidos, desorientados. O novo dirigente, com excelentes conhecimentos técnicos da fábrica, era um homem completamente bloqueado no nível afetivo. Algum tempo depois, a fábrica foi sacudida por uma violenta greve."

Gestalt e sexualidade

Deixemos a empresa para voltarmos à terapia e/ou ao desenvolvimento pessoal: a "núpcia" de Jacques, o contador, e sua secretária nos servirá de transição para apresentar uma exposição sumária de nosso trabalho sobre vida pessoal, afetiva e *sexual*, trabalho elaborado regularmente desde 1969. Até hoje, nós promovemos cerca de 300 estágios sobre este tema, tendo reunido um total de mais de 5.000 estagiários (geralmente sob a forma de ciclos de quatro estágios de três dias — representando um total de uma centena de horas por ciclo), e estágios reservados especificamente aos casais desejosos de esclarecer sua relação. Eu serei muito breve aqui, pois o tema já foi objeto de diversos comunicados[9] nossos, assim como de uma publicação.[10]

---

8. Grosjean, D. "Les ressources énergétiques humaines et la prospérité de l'entreprise". C.R.C. 1985.
9. No VI° Congresso da Assoc. Européenne de Psychologie Humaniste (Paris), no I Congresso da Assoc. Espagnole de Gestalt (Barcelona, 1982) e no II Congresso da Assoc. Européenne de Gestalt (Mayence, 1986).
10. Vanoye e Ginger. *Le développement personel et les travailleurs sociaux*, Paris, E.S.F. 1985.

Quando folheamos nossos relatórios, constatamos que as dificuldades — explícitas ou insuspeitas — que levam os estagiários a participar deste ciclo são ao mesmo tempo banais e variadas:

• no registro da *falta*: mal-estar relacional ou sexual, depressão, inibição, anafrodisia, desvalorização narcísica (ninguém se interessa por mim), sentimento profundo de solidão, luto, voto religioso de castidade pesado de carregar, desejo de ter filho "antes que seja tarde demais";

• no registro do *excesso*: excitação social e sexual com "ativismo" desenfreado, necessidade compulsiva de "conquistas", dispersão dos investimentos ou, inversamente, vinculação alienante ao parceiro — impedindo qualquer autonomia.

• no registro do *conflito*: desentendimento conjugal agudo ou crônico, parceiro taciturno, ausente ou, pelo contrário, violento, ciúme paralisante, seqüelas de violação etc.

• no registro das *dificuldades físicas*: impotência ou frigidez, ejaculação precoce, desgosto geral ou limitado a certas práticas, somatizações diversas, insônia, enxaqueca, medo do envelhecimento etc.

• no registro das dificuldades *sociais*: homossexualidade mal assumida, presença invasora de uma mãe ou madrasta, problemas impostos pela "liberação dos costumes" de crianças e adolescentes.

Eu poderia prosseguir até o enfado com esta lista do cortejo de dificuldades existenciais que costumam acompanhar a vida amorosa e sexual. Mas vamos à mais comum, ainda não evocada, pois costuma ser dissimulada, às vezes negada pelos próprios parceiros: é a *rotina*, que se insinua sub-repticiamente entre o casal, sem o menor alarme que venha anunciá-la. Então, silenciosamente, se instala uma vida mesquinha, de trocas fixas, uma compreensão estereotipada, sem liberdade, sem criatividade, referida com obstinação a uma norma calcificada. Infelizmente, o calcário, neste caso, não produz pérolas! Gota a gota, silêncios negativos, cansaços desiludidos, dia após dia, obstruem os canais de comunicação.[11]

E o Gestalt-terapeuta, de cliente em cliente, alternará seu paciente labor de "encanador", procurando restabelecer uma circulação livre dos afetos internos ou relacionais bloqueados, e de "coveiro", tentando enterrar definitivamente os vestígios do luto inacabado dos entes queridos desaparecidos e das ilusões perdidas.

---

11. Comunicação de Anne Ginger, nas 3.ᵃˢ Journées nationales d'études de la S.F.G. (Grenoble, dez. 1985) in: *La Gestalt et ses différents champs d'applications*. Paris. S.F.G. 1986.

Monotonia desmobilizadora de dois trilhos prisioneiros de travessas pregadas ou angústia de dois caminhos que divergem inexoravelmente até se perderem de vista? *Confluência* ou conflito? Eterna alternativa. Com muita freqüência, na escolha do parceiro se escondia a ilusão patética de que as necessidades, as incompletudes de cada um iam ser preenchidas e que a nostalgia mítica de um amor materno incondicional ia encontrar enfim seu satisfação.

"Ela procurava um pai; eu procurava uma mãe; e agora estamos como dois órfãos", constata com certo humor desabusado um de nossos clientes.

O casal "confluente" ignora soberbamente a dissimetria, dissimetria que, no entanto, é o cerne de nossa vida e que assinala a evolução. Surpresa ao perceber um dia que as necessidades dos dois parceiros são diferentes: um ama a aventura, o outro a segurança, um quer tudo saber, o outro prefere ignorar... E, no entanto, quantos casais encontramos que, ano após ano se desgastam tentando reajustar periodicamente um ilusório "contrato" simétrico? Quantos esforços, lágrimas e desilusões entre o "diremos tudo" dos primeiros anos e o "melhor calar", calejado de maturidade! E por que não admitir, afinal, que em função de suas diferentes personalidades, um dos dois, por exemplo, se sente mais seguro se fica sabendo das relações eventuais do parceiro, enquanto o outro prefere manter a paz do coração ignorando deliberadamente ocasionais amores paralelos? Mas a imposição do "toma lá - dá cá" invadiu nossa civilização comercial, escondida numa democracia superficial, onde se confundem *justiça* e *igualdade*. Ora, não é certo tratar igualmente pessoas diferentes.

"Contrato dissimétrico" talvez, mas mesmo assim, um contrato! Se cada um segue seu caminho e suas inclinações, no *egotismo* exacerbado de uma identidade enfim conquistada, o casal logo estará separado".

Michèle acompanhou o ciclo *"Desenvolvimento pessoal e sexualidade"*. Ela se conscientizou melhor de suas necessidades e de suas carências, ab-reagiu e elaborou uma violação ocorrida na adolescência, que nunca contara a ninguém, quase "esquecida", mas que lhe deixara um profunda aversão pela sexualidade. Ela não se sente mais "suja" e "indigna", mas capaz de amar... e então tudo reflorescia!

— "Pierre não está contente: as cenas são constantes. Antes, ele se queixava da minha passividade; agora, ele não suporta minha iniciativa! Há doze anos ele desposou uma mocinha, e agora eu me tornei uma mulher. Desde que fiquei desbloqueada e sinto prazer ao fazer amor com ele, ele está inquieto: está convencido de que o enganei com qualquer um! Mas eu, de qualquer forma, não posso voltar atrás!...

Seria tentador incitar os dois parceiros de um casal a dar juntos os mesmos passos, mas a experiência nos mostrou que, em geral, esse desejo não é compartilhado na mesma proporção pelos dois envolvidos e aquele que se deixa convencer "para agradar" o cônjuge não se compromete profundamente. Seria então preciso praticar o obscurantismo e deter prudentemente qualquer evolução muito rápida, para evitar a separação?

"A cada um seu ritmo", ficamos inclinados a responder, mas, numa terapia de grupo, não se deve subestimar a pressão dos membros — onde os mais "liberados" tentam, em geral, num proselitismo de boa fé, levar seus camaradas mais longe do que eles mesmos desejariam. Nós denunciamos então uma nova alienação sutil — que consistiria em apregoar novos valores em moda, tais como "devemos" liberar os sentimentos, a criatividade; "devemos" ser livre (introjeção paradoxal comum em certos grupos de "Novas Terapias") e, especialmente no plano sexual; "devemos" experimentar tudo: a bissexualidade, a droga etc... É um *neoconformismo anticonformista*! Nós temomos qualquer pressão normativa, qualquer que seja e não importa de onde venha, e militamos pelo "direito à diferença" e pela livre escolha dos próprios valores pessoais, inclusive no seio de um casal unido.

As terapias breves em Gestalt: mito ou realidade?

Nós não pretendemos que a Gestalt seja uma "terapia breve" no sentido da Escola de Palo Alto, por exemplo, e não reduzimos a terapia ao simples desaparecimento de um sintoma "específico", mas afirmamos que os casos de melhoria *sensível, rápida e persistente* do comportamento e a clara redução do sofrimento e do mal-estar não são excepcionais em Gestalt-terapia.

Hoje não temomos afirmar que esses casos de evolução clara, às vezes espetacular, em *alguns meses*, até mesmo em *algumas sessões*, sejam suficientemente numerosos para merecer mais do que um sorriso cético de defesa prévia.

Diante dos resultados incontestáveis, e que às vezes surpreenderam a nós mesmos, nos debruçamos sobre a abundante literatura escrita sobre o tema. Não tenho espaço para fazer um histórico detalhado da própria noção de "psicoterapia breve" — que remonta a aurora da psicanálise e cujo desenvolvimento tem sido contínuo há 40 anos, relatados em numerosas pesquisas e congressos internacionais.

Sabemos que Freud nunca deixou de se preocupar, até o fim de sua vida, com o problema da *duração* do tratamento: no início de sua prática, ele tinha a maior dificuldade — confessou — em persuadir seus clientes a *prosseguir* sua análise. Mais tarde, ele não conseguia mais persuadi-los a deixar o tratamento!

Após ter introduzido deliberadamente a "neurose de transferência" — que contribui para prolongar consideravelmente o tratamento — Freud procurou, em 1918, numerosas técnicas de psicoterapia analítica breve, ainda recusando qualquer tipo de focalização da análise num sintoma isolado, para sempre se interessar pela organização global da personalidade e pelas resistências.

Enquanto isso, Ferenczi, por seu lado, precedendo assim a Gestalt, introduzia sua famosa "técnica ativa", baseada em provocadoras intervenções do analista: injunções ou proibições visando mobilizar o cliente e privá-lo de certos benefícios secundários da transferência; enquanto Alexander já enfatizava que não é a *rememoração* dos eventos antigos que cura, mas sua *revivescência no aqui e agora* da cura: ele então propõe aos psicanalistas entrevistas diretas, utilizando as situações da vida real do cliente e favorecendo uma "revivescência" das experiências emocionais no contexto de uma relação diferente, cujas modalidades são analisadas: não estamos tão longe de uma abordagem gestaltista.

Seria preciso citar especialmente os trabalhos de Lewin, Balint, Malan, Sifneos (primeiro serviço de urgência em psicoterapia), Mann, Gillieron, Watzlawick, Milton Erickson (psicoterapias "ultrabreves" em alguns instantes), Bandler e Grinder etc.

Assim sendo, escolas muito diferentes (psicanalíticas, comportamentalistas, sistêmicas etc.) se debruçaram sobre o problema e, na realidade, *ninguém mais contesta* hoje em dia que:

> "Meios muito diversos pemitem obter resultados terapêuticos muito satisfatórios, duradouros e em geral num lapso de tempo relativamente breve em relação à psicanálise. Rejeitar essa constatação por razões puramente dogmáticas é ideologia, ideologia da negação, e se afasta da abertura de espírito própria da psicanálise".[12]

É tempo de enterrar o mito popular e simplista do "se não for caro, não é bom", que às vezes encontra eco no "se não for longo, não é profundo". As controvérsias atuais se referem essencialmente não à *realidade ou eficácia* das psicoterapias breves, mas às suas *indicações* específicas, à sua *metodologia* e às *hipóteses explicativas* quanto aos fatos inegavelmente observados.

Portanto decidimos proceder a um modesto estudo a partir de notas detalhadas concernentes a quatro *grupos contínuos* de Gestalt-terapia que instalamos respectivamente em Paris, Toulouse e Lyon — os mais antigos dos quais funcionam há doze anos agora (hoje, só no âmbito da E.P.G., funcionam simultaneamente 10 grupos contínuos em Paris e 12 no interior).

Para obter um mínimo de distanciamento e de objetividade, mais do que considerar uma amostra estatística ao acaso, preferimos estudar sistematicamente a evolução dos *200 primeiros clientes* que ingressaram em um ou outro de nossos quatro primeiros grupos terapêuticos contínuos a partir de abril de 1979.

---

12. E. Gillieron, membro da Société Suisse de Psychanalyse, médico-chefe da policlínica universitária de Lausanne, in *Aux confins de la psychanalise (Psychotérapies analytiques brèves: acquisitions actuelles)*. Paris. Payot. 1983.

Não entrarei no mérito da *problemática* dos clientes: de fato, ela cobre uma ampla gama de sintomas clássicos, desde dificuldades existenciais ou relacionais provisórias (luto ou separação recente, conflito interpessoal ou profissional etc.) a alguns casos de psicose franca (com delírios e alucinações), passando por uma maioria de neuroses comuns.

Alguns desses clientes faziam paralelamente — por iniciativa própria ou por sugestão nossa — uma terapia *individual* (nesta amostra, 14% tinham feito uma psicanálise e 17% uma terapia individual em Gestalt — vários, portanto, com alguns de nós). As duas formas de terapia, individual e de grupo, feitas paralelamente, nos pareciam, em sentido geral, se potencializar mutuamente.

Portanto, procuramos explicitamente os casos de "terapia breve", definindo-a arbitrariamente como não ultrapassando *quatro sessões* consecutivas intensivas de *três dias* (a maior parte do tempo sob a forma de estágios *residenciais*, incluindo um trabalho à noite), representando em média *uma centena de horas* de terapia, distribuídas por uma duração que não excedesse *seis meses*.

Na falta de critérios "cientificamente objetiváveis" de melhoria, nós nos limitamos a apreciações *clínicas*, retendo como casos de "evolução rápida" aqueles para os quais se notasse uma *convergência* certa de pelo menos *três* apreciações de fonte diferente:

- impressão subjetiva claramente formulada pelo próprio *cliente*;
- avaliação clínica de dois *co-terapeutas*;
- apreciação de outros membros do *grupo*;

Nessas bases (embora conscientes de que elas continuam sendo subjetivas e sujeitas a contestação), eis inicialmente os *resultados em cifras* de uma avaliação global dos efeitos da terapia em grupo, considerando a consolidação posterior dos resultados, constatada com um *distanciamento de cinco anos* conforme os casos:

- *26% de evolução rápida*, explicitamente perceptível (às vezes espetacular), constatada durante as quatro primeiras sessões seguidas por cada um, ou seja, num lapso de tempo inferior a seis meses;

- *67% de evolução positiva* clara, em quatro a 20 sessões (de seis meses a três anos), representando em suma o que se poderia chamar de uma evolução "normal";

- *7% apenas de ausência de evolução* sensível (que poderiam ser considerados "casos de fracasso") após quatro a dez sessões. A maioria desses clientes abandonou o grupo após as primeiras sessões, considerando — com ou sem razão — que o tipo de trabalho proposto não convinha.

Não notamos nenhum *caso de agravamento* duradouro dos distúrbios (mas três casos de paralisação de alguns dias durante o tratamento). Essas taxas relativamente elevadas — e inesperadas — de melhoria sensível, rápida e duradoura permitem alguns comentários:

• resultam de uma terapia de *grupo*, empreendida sob a forma de estágios *intensivos*, em geral em sessões residenciais, e com uma ação conjugada de *co-terapeutas de ambos os sexos*. Os resultados não são pois, em caso algum, extrapoláveis para outras formas de intervenção, especialmente para grupos semanais de *curta duração* ou para terapias *individuais* — cujos efeitos nos parecem, em geral, muito mais rápidos (no entanto nem sempre necessariamente mais profundos);

• nosso estilo de Gestalt reserva um grande espaço para a expressão *emocional* e *corporal* e, ocasionalmente, apela para técnicas de massagem e de trabalho Gestalt em *nudez* (em piscina aquecida ou *hot-tub*), cujos efeitos em geral parecem muito "mobilizadores";

• a maioria daqueles cuja evolução foi particularmente rápida, até espetacular, sem dúvida incentivados por isso, continuaram sua terapia para *além de quatro sessões*. Eles portanto não fizeram, propriamente falando, uma "terapia breve", embora o essencial dos progressos constatados se tenha produzido nas *primeiras sessões*. Mas ignoramos na maioria dos casos se essas melhorias teriam persistido duradouramente se a terapia tivesse sido imediatamente interrompida (entretanto, nada impede de supô-lo).

• num certo número de casos, foi impossível para nós *prever* se a evolução seria rápida ou não, *a priori*: nos limitamos a constatá-lo depois. A situação é então diferente — em seu princípio mesmo — da dos centros especializados em terapias breves, tais como, por exemplo o Brief Therapy Center, de Palo Alto — onde a duração do tratamento é, logo no início, explicitamente *limitada a dez sessões de algumas horas*, e os objetivos procurados são *claramente delimitados* em comum ("terapias focalizadas"). Nessas condições, o Brief Therapy Center anuncia: 40% de sucessos, 32% de melhorias importantes e 28% de fracassos.

Nós quisemos saber se os casos de evolução rápida ou muito rápida constatados em nossos grupos correspondiam a uma *sintomatologia particular* e tentamos reuni-las de acordo com um *pequeno número* de categorias *simples*, acessíveis ao grande público, evitando deliberadamente recorrer a uma nosografia mais sofisticada, de conotação psiquiátrica ou psicanalítica, que seria difícil de comunicar aos interessados e, além disso, pouco conforme ao próprio espírito da Gestalt.

Assim obtivemos *quatro "famílias" de distúrbios* que especificarei adiante; mas devo inicialmente precisar que, se "nossos" casos de melhoria rápida cabem nessas categorias, a recíproca não é verdadeira: falando de outra forma, outras pessoas, apresentando o mesmo tipo aparente de dificuldades só evoluíram muito mais lentamente. Fica pois por determinar os fatores de aceleração ou de freio, ou por elaborar mais nossa categorização.

1. 35% de nossos casos de terapia breve se referem a pessoas que sofreram *um trauma preciso identificável.* Em vários, era o caso de uma *violação* — sofrida na infância ou na adolescência e seguida de uma aversão ou de uma rejeição agressiva dos homens, acompanhada em geral de diversos sintomas secundários. Entre os traumas evocados, registramos também *lutos* por acidente brutal e, sobretudo, por *suicídio* de um dos pais, esposo, filho, irmão ou irmã — às vezes tendo como circunstância agravante a presença física do cliente durante o drama. Além desses, a descoberta brutal de que um dos filhos usa *drogas pesadas* costuma ser vivida como um equivalente suicidário.

Podemos também compatibilizar nesta categoria alguns casos de *divórcio* particularmente *conflituoso* (abandono brusco e agressivo) assim como conflitos conjugais *agudos* com situação de crise (violências, ameaças de suicídio etc).

Nos casos em que um evento traumático preciso (às vezes repetido) for facilmente identificável, as melhorias podem ser espetaculares. Elas são ligadas a uma "revivescência" intensa da situação traumatizante num clima relacional terapêutico (acompanhado se for o caso de uma catarse emocional), seguido de uma verbalização diante de um grupo como testemunho.

Citemos como exemplo: Nicole, que inconscientemente se proibia de viver e ter prazer desde que assitira impotente ao suicídio do irmão, por afogamento, muitos anos antes. Um trabalho de luto em que nós a fizemos encarnar sucessivamente os diversos personagens (com o consentimento tácito do grupo compreensivo) permitiu uma desdramatização importante e uma "libertação" quase imediata.

2. 40% de nossa amostra de evoluções rápidas compreende um amplo conjunto de casos de *bloqueio relacional, afetivo ou sexual* por inibição massiva, timidez patológica ou depressão crônica. Pode ser um abandono total da iniciativa, um medo de qualquer contato físico, uma impotência ou uma frigidez, fobias diversas que paralisam a vida cotidiana (medo de tomar trem ou de automóvel, de entrar numa loja etc).

Esses ditúrbios evoluem às vezes muito rapidamente num clima de grupo seguro, caloroso e tolerante, onde o corpo é mobilizado, reconhecido e ouvido. O trabalho em *nudez* coletiva nos parece que acelera consideravelmente os desbloqueios, possibilita a renúncia à imagem mítica de perfeição (veiculada pelos meios de comunicação) em proveito da conquista de uma imagem narcísica mais realista, aceita por outrem e aceitável pela própria pessoa. O trabalho de grupo, neste caso, nos parece mais indicado do que uma terapia individual, apesar das freqüentes reticências iniciais desse tipo de cliente. É claro que o trabalho em torno da aceitação do corpo simboliza uma recuperação narcísica mais profunda e global.

3. 12% de nossa amostra de referência concerne a uma categoria que pode ser, sob certos aspectos, comparada com a precedente: é ainda o caso de *desbloqueio de um potencial* sufocado, mas desta vez, num sentido deliberadamente *criativo*, até *artístico*: abrange em geral personalidades ricas mas rígidas, fixas num comportamento de dever, de responsabilidades e realizações. Cito como exemplo típico um médico-diretor que descobriu seus talentos artísticos, literários e pictóricos e se permitiu exprimi-los, inicialmente sob pseudônimo, para logo se resolver a abandonar responsabilidades que lhe pesavam e tornar-se rapidamente célebre, expondo em galerias de vários continentes.

E porque não considerar um registro análogo à permissão à criação o caso das inúmeras mulheres de nossa clientela, próximas dos 40 anos, consideradas estéreis e que, repentinamente, se sentem prontas para pôr no mundo seu primeiro filho? Diversos exercícios de energização e de criatividade corporal ou simbólica parecem lhes revelar sua capacidade para criar algo "vivo" e "digno de interesse". Aí ainda o grupo nos parece muito "mobilizador" e a catarse emocional parece favorecer uma profunda mobilização psicofisiológica. Tudo acontece como se houvesse uma espécie de "cirurgia mental" de desobstrução, de efeito rápido, e saudamos a vinda ao mundo de mais de um "bebê-Gestalt" por muito tempo desejado por casais prematuramente resignados à esterilidade.

4. 13%, enfim, de nossos casos de evolução rápida em menos de seis meses poderiam ser reunidos numa última categoria um pouco heterogênea, de clientes *marginais* ou *marginalizados*, anti-sociais ou doentes mentais, em geral instalados num sentimento desesperado de *diferença*, de incompreensão ou de rejeição há muitos anos.

Lembro de Ivette, que nunca pudera se livrar da vergonha de ter um pai condenado à prisão perpétua por assassinato premeditado; lembro de vários homossexuais de ambos os sexos, rejeitados por seu meio profissional e sobretudo familiar; lembro dos casos (mais numerosos do que se pensa) daqueles que vivem na angústia de terem herdado a loucura de um dos pais; lembro das perturbações psicossomáticas crônicas, em Renée, que vomitava tudo que comia todos os dias desde a adolescência... e que nunca mais vomitou após seu primeiro estágio de Gestalt; lembro ainda de Marcel, que falava de si mesmo na 3ª pessoa e evocava fantasias de estrangulamentos sangrentos; de Charles, que se despia publicamente, nos restaurantes ou transportes coletivos; de Jean-

Michel, que recitava num tom monocórdio litanias que só falavam de túneis sombrios com portas fechadas cuja chave fora perdida...

Também não ficamos surpreendidos com a rápida evolução (em parte graças à presença do grupo) de alguns que tinham sofrido rejeição social tipo "racista" (por exemplo, os homossexuais), e também constatamos com admiração vários casos de "curas milagrosas" em alguns de nossos clientes com patologia pesada, assim que nos aventuramos a acompanhá-los, sem preconceito, ao cerne de sua loucura, autorizando-os a partilhar simbolicamente, a exprimir suas fantasias mais extraordinárias, a transformá-las numa linguagem progressivamente decodificável no seio do grupo, numa "conivência" explícita.

Todas essas cifras e essas constatações são *parciais* e *provisórias*: nossa pesquisa prossegue. Gostaríamos, especialmente, de poder definir *antecipadamente* as indicações eventuais de terapias breves levando em consideração a idade, o sexo, a sintomatologia, a estrutura da personalidade. Gostaríamos de delimitar melhor os *fatores "catalisadores"* que possam potencializar e acelerar o tratamento.

Enfim, gostaríamos de deduzir *hipóteses explicativas* satisfatórias:

• o trabalho emocional, e especialmente a catarse, leva a uma "impressão" *neurológica*, que opera uma formalização (*Gestaltung*) molecular, alterando as estruturas límbicas do cérebro?

• assistimos, mais simplesmente, a uma *reorganização dos sistemas mentais* de percepção e de representação, consolidado pelo eco de um grupo testemunho compreensível?

• a experimentação permitiria uma *ampliação comportamental* do leque de respostas corporais e emocionais (tristeza, raiva, medo, desejo, alegria, paz)? A alternância judiciosa de *frustração* e *apoio* preciso favoreceria uma segurança relacional e uma *flexibilização* do "ajustamento criador"?

• uma melhor exploração das resistências liberaria uma *energia* disponível, que poderia ser reinvestida no fluxo vital?

• ... várias outras hipóteses se apresentam, com abordagem psicofisiológica, intrapsíquica, social e até esotérica.

A princípio, contentemo-nos em *constatar* sem *contestar*: experimentar, antes de sempre querer compreender, mais do que "tudo compreender"... sem sequer ter experimentado; esta nos parece a via gestaltista; mobilizar nossa *awareness*, para explorar sem tomar partido, e ainda permanecendo vigilantes para não focalizar nossa atenção só nos sintomas evocados no começo; preferimos percorrer ao acaso as veredas tortuosas e as moitas espinhosas do mal-estar, acompanhando nosso cliente com confiança, mas vigilantes e sem traçar limite prévio, pela extensão insuspeita de seu território, incitando-o a ir recolhendo suas riquezas desenterradas, e no fim assinalar em seu mapa o itinerário percorrido em cada nova expedição.

A Gestalt: uma chave de contato

Assim pois a Gestalt comprova ser uma psicoterapia eficaz: concomitantemente *rápida, profunda e duradoura* — em certos casos pelo menos, embora os preconceitos ainda contraponham esses três qualificativos. Entretanto, ainda falta precisar mais claramente os limites assim como as *indicações* principais, tais como: perturbações pós-traumáticas, psicossomáticas, inibições, depressões, mas também personalidades *borderlines* — sob a condição de que se use uma Gestalt psicocorporal, mobilizando diretamente as camadas límbicas profundas e os registros arcaicos.

Para nós, a Gestalt continua sendo, fundamentalmente uma *psicoterapia*, mas é bem mais do que isso: ela nos parece uma *ferramenta metodológica* universal, permitindo uma visão diferente do homem e seu meio, uma chave para abrir a "fronteira de contato" entre o interior e o exterior, entre o eu e o mundo. Ela desmistifica a onipotência do pensamento e da ciência ("A idéia de um homem racional é totalmente irracional", diz Edgard Morin): a *síntese intuitiva* precede a análise racional, o esclarecimento do fim procurado esclarece mais do que a compreensão das causas passadas, o finalismo otimista do "para quê" leva a melhor sobre o causalismo pessimista do "por quê", a poesia criadora da vida ultrapassa a rigidez *matemática* e esterotipada da matéria. Assim a Gestalt se inscreve como um fenômeno de nosso tempo, contemporânea de uma nova cultura que procura libertar o homem de sua condição de "hemiplégico" — à qual por muito tempo nos condenou nossa cultura ocidental do cérebro cortical esquerdo.

A teorização da Gestalt continua controvertida, mas nós somos daqueles que se alegram com essa abertura, pois o enrijecimento dogmático ameaça qualquer teoria ou doutrina: a Gestalt tanto quanto a psicanálise, o cristianismo tanto quanto o comunismo, e só pode levar à esclerose e à morte. A Gestalt soube integrar numa síntese harmoniosa — "o todo é diferente de suas partes" — múltiplas correntes terapêuticas e filosóficas deste século e assim prepara, à sua maneira, o advento de uma nova visão do homem, de um *novo paradigma*, na aurora da era que se anuncia, marcada pela passagem de uma busca do *ter* fragmentado e acumulado à do *ser* unificado e integrado, do "ter mais" ao "ser melhor".

A Gestalt não reivindica o *status* de ciência, mas tem a honra de continuar sendo uma *arte* — acompanhando o impulso da pesquisa contemporânea que permeia a física, a biologia e a filosofia, todas à procura da unidade da matéria e da energia, ou seja, do corpo e do espírito.

A Gestalt poderia ser então uma *chave de contato* que permitiria empreender esta viagem apaixonante, à descoberta das riquezas insuspeitas da *civilização da comunicação*.

ANEXO 1

Depoimento de uma estagiária

Preâmbulo

Cada gestaltista trabalha à sua maneira, em seu próprio estilo... De cada estágio emana uma atmosfera que lhe é própria, em função dos membros que compõem o grupo, do lugar, do momento, do contexto em ele que se desenvolve... Cada estagiário tem sua própria percepção do mesmo estágio, de acordo com sua personalidade, suas expectativas, sua perspectiva específica do momento.
Apresento agora, à guisa de ilustração, alguns extratos das primeiras impressões de uma de nossas estagiárias, registradas "ainda quentes" em seu diário.
Esse estágio aconteceu em 1979. Não era uma sessão terapêutica mas um estágio de sensibilização em Gestalt, organizado em um hospital psiquiátrico público, no contexto da formação permanente, para uma dúzia de doentes psiquiátricos voluntários.
O programa proposto compreendia, conforme um módulo que é habitual nesse tipo de estabelecimento, uma série de três estágios de três dias, com uma semana de espaço entre eles. Aqui serão relatadas, simplesmente, as primeiras impressões do primeiro estágio, que compreendia um certo número de exercícios de aquecimento, de preparação e de criatividade.
Os estágios seguintes compreendiam outras seqüências de trabalho individualizado, assim como discussões mais amplas acerca dos princípios fundamentais, do método da Gestalt e de algumas de suas técnicas, e ainda sobre os limites de sua aplicação no âmbito de uma instituição psiquiátrica bem tradicional e estruturada. Também analisamos juntos um certo número de estudos de caso concretos, relatados pelos estagiários.

O objetivo era limitado: não se tratava de propor aos enfermos que fizessem algo além do que faziam habitualmente, mas que fizessem o mesmo, de outra maneira.

Marie-Laure Gassin, tinha então 28 anos. Ela trabalhava neste hospital há vários anos, como enfermeira psiquiátrica. Ela nunca tinha ouvido falar de Gestalt-terapia.

S.G.

Meu primeiro encontro com a Gestalt

por Marie-Laure Gassin

"Sensibilização em Gestalt"... Este título de estágio tinha me inspirado. Eu me inscrevera bem curiosa, sem saber o que estava por trás desta palavra.

O que eu ia encontrar ali? Um espetáculo com fortes sensações? Uma espécie de tourada cruel, em que os participantes jogam horríveis verdades na cara um do outro? Um lugar onde é indecente não se desvelar, apesar das próprias hesitações? Eu temia uma exibição coletiva e com certeza maldosa...

Talvez, pelo contrário, eu viesse a encontrar um círculo mais ou menos mágico, preservado do sofrimento, um mundo bem gentil de fraterna compaixão que sararia meus ferimentos? Esta era a versão que eu esperava encontrar, sem acreditar muito nisso, embora também temesse encontrar um abrigo num paraíso artificial, fora dos agitações do mundo sócio-econômico e político.

Éramos onze pessoas no encontro, numa manhã de abril de 1979, às nove horas. Nos instalamos numa grande sala, cheia de colchões e almofadas de várias cores. Simpática, em princípio, essa ausência de mesas e cadeiras. Primeiro rompimento com o conformismo: aqui, as pessoas se instalam onde quiserem, como quiserem...

Apesar disso, não estou muito tranqüila. Observo à minha volta: sete mulheres e quatro homens, de 25 a cerca de 50 anos, alguns vestidos normalmente, outros, de modo mais criativo. O que vieram procurar? Será que têm tanto medo quanto eu? Alguns já praticaram este tipo de estágio, mas a maioria se encaixa no meu caso, absolutamente neófitos.

Serge, o monitor, propõe que aqueles que quiserem se apresentem, como desejarem: rápida ou longamente, com palavras, gestos ou ainda com desenho... Novo rompimento: estamos longe da lógica igualitária do "cada um na sua vez e do mesmo modo". Esse ambiente permissivo me surpreende: com certeza, não é aquele a que estou acostumada no hospital — em que a rigidez das normas é algo consagrado, que nos é apresentada como "realidade" incontornável.

Depois dessa introdução, da qual alguns não participam (e ninguém os obriga a isso), Serge propõem alguns exercícios de aquecimento para nos entrosar: inicialmente, que tomássemos conhecimento do lugar, caminhando, sem palavras, com todos os nossos sentidos despertos: visão, audição e também tato, olfato... Depois, ele nos propôs que continuássemos com os olhos fechados, ao som agradável e apaziguador de uma música doce.

Nos envolvemos em nossos trajetos cegos. Os primeiros minutos desse exercício me revelaram um corpo estranhamente bloqueado: só ouso me mover dentro de um estreito perímetro, em que me sinto em relativa segurança. Depois, vou me encorajando progressivamente, em busca das paredes e das portas, tateando. Estarei procurando limites e, ao mesmo tempo, uma saída de socorro para minha ansiedade?

De tempos em tempos, Serge nos faz algumas sugestões: tomar consciência ao máximo de todas as nossas percepções, sem negligenciar nenhum de nossos sentidos (exceto a visão), explorar tranqüila, ativa, profundamente, com a ajuda de todo nosso corpo; sentir, escutar, tocar, tatear, perseguir, esfregar, encostar nossas mãos, nosso rosto, nossas costas, e sei lá mais o quê? ... Sinto-me um pouco apaziguada: então tenho permissão para usar todos os meus recursos sensoriais, e não tenho mais que temer o tabu do contato. Retomo meu trajeto através da sala e fico muito atenta aos odores, aos sons, às diferenças de calor, de textura, de consistência dos objetos e das pessoas. Sinto-me devolvida a um espaço sensível, quase animal. Imagino uma espécie de savana onde se esgueiram quadrúpedes de todos os tipos, répteis, insetos — cada um com seu grito, seu odor, sua cor, sua linguagem e seu território preferido...

ANEXO 2

Bibliografia resumida
de algumas das obras consultadas

ANCELIN-SCHUTZENBERGER A. *Vocabulaire des techniques de groupe.* Paris. Epi (H. & G.) 1971.
ANZIEU D. *Le Moi-peau.* Paris. Dunod. 1985.
BERTALANFFY L. (von) *Théorie génerale des systèmes.* Nova York, 1956. Trad.: Paris. Dunod. 1983.
BINSWANGER L. *Analyse existentielle et psychanalyse freudienne.* Paris. Gallimard. 1970.
BLOFELD J. *Le bouddhisme tantrique du Tibet.* Paris. Seuil. 1976.
CAPRA F. *Le temps du changement.* Mônaco. Ed. du Rocher. 1983.
CHANGEUX J. P. *L'homme neuronal.* Paris. Fayard. 1983.
CHARON. J. *J'ai vécu quinze milliards d'annés.* Paris. Albin Michel. 1983.
DEBRU C. *Neurophilosophie du rêve.* Paris. Hermann. Col. Savoir/Sciences. 1990.
DESCAMPS M. A. *La maîtrise des rêves.* Paris. Ed. Universitaires. Paris. 1983.
DESHIMARU T. & CHAUCHARD P. *Zen et cerveau.* Paris. Le Courrier du Livre. 1976.
DURAND-DASSIER J. *Structure et psychologie de la relation.* Paris. Epi. 1969.
DURBEN-SMITH J. e DESIMONE D. *Le sexe et le cerveau.* Otawa. Ed. de la Presse. 1985.
FERENCZI S. *Oeuvres complètes* (4 tomos). Paris. Payot. 1982.
FERGUSON M. *Les enfants du Verseau.* Paris. Calmann-Lévy. 1981.
FREUD. S. *L'interpretation des rêves.* Paris. P.U.F. 1926.
FREUD. S. *Ma vie et la psychanalyse.* Paris. Gallimard. 1971.
FROMM E *La crise de la psychanalyse.* Paris. Anthropos. 1971.
GAY P. *Freud, une vie.* Paris. Hachette. 1991.
GILLIERON E. *Les psychotérapies brèves.* Paris. P.U.F. 1983.
GOLDSTEIN K. *La structure de l'organisme.* Paris. Gallimard. 1983.
GUILLAUME P. *La psychologie de la Forme.* Paris. Flammarion. 1937.
HALL E. *La dimension cachée.* Paris. Seuil. 1971.
ISRAEL L. *Boiter n'est pas pécher.* Paris. Denoel. Col. L'espace analytique. 1989.

ISRAEL L. *Initiation à la psychiatrie*. Paris. Masson. 1984.
JACCARD R. *Histoire de la Psychanalyse* (2 tomos). Paris. Hachette. 1982.
JUNG. C. G. *L'Homme à la découverte de son âme*. Paris. Payot. 1970.
JUNG. C. G. *Ma vie*. Paris. Gallimard. 1970.
KOHUT H. *Les deux analyses de M.Z*. Paris. Navaroin. 1983.
LABORIT H. *L'inhibition de l'action*. Paris. Masson. 1979.
LAPIERRE H. e VALIQUETTE M. *J'ai fait l'amour avec mon thérapeute*. Montreal. Ed. St. Martin. 1989.
LAPLANCHE J. & PONTALIS J. B. *Vocabulaire de la Psychanalyse*. Paris. P.U.F. 1967.
LAZORTHES G. *Le Cerveau et l'esprit*. Paris. Flammarion. 1982.
LAZORTHES G. *Le Cerveau et l'ordinateur*. Toulouse. Privat. 1988.
LE MOIGNE J. L. *La théorie du Système général*. Paris. P.U.F. 1977.
MAC LEAN P. e GUYOT R. *Les trois cerveaux de l'Homme*. Paris. Laffont. 1990.
MARC E. *Le guide pratique des nouvelles thérapies*. Paris. Retz. 1982.
MERLEAU-PONTY M. *Phénoménologie de la perception*. Paris. Gallimard. 1976.
MONTAGU A. *La peau et le toucher*. Paris. Seuil. 1980.
MORIN E. *La Méthode*. (Tomos I,II,III). Paris. Seuil.
NACHT S. (& col.). *La Psychanalyse d'aujourd'hui*. Paris, P.U.F. 1967.
PAGES M. *Le travail amoureux*. Paris. Dunot. 1977.
PANKO W. G. *L'Homme et sa psychose*. Paris. Aubier. (1969) 1983.
PASINI W. & ANDREOLI A. *Eros et changement*. Paris. Payot. 1981.
PICAT. J. *Le rêve et ses fonctions*. Paris. Mason. 1984.
PROCHIANTZ A. *La construction du cerveau*. Paris. Hachette. 1989.
RANK O. *L'art et l'artiste*. Paris. Payot. 1984.
REICH W. *L'analyse caracterielle*. Paris. Payot. 1979.
REICH W. *La fonction de l'orgasme*. Paris. Arche. 1978.
Revue Autrement (n? especial 117, out. 1990). Oedipe et neurones (Psychanalyse et neurosciences: un duel?)
ROSNAY J. (de) *L'aventure du vivant*. Paris. Seuil. 1988.
SABOURIN P. *Ferenczi*. Paris. Ed. Universitaires. 1985.
SAFOUAN M. *Le transfert et le désir de l'analyste*. Paris. Seuil. 1988.
SARTRE J. P. *L'existencialisme est un humanisme*. Paris. Nagel. 1946.
SEARLES H. *Le contre-transfert*. Paris. Gallimard. 1979.
SUZUKI D.; FROMM E.; MARTINO R. *Bouddhisme Zen et Psychanalyse*. Paris. P.U.F. 1971.
TROCME-FABRE H. *J'apprends, donc je suis*. Paris. 1987.
VANOYE F.; GINGER S. & col. *Le développement personnel et les travailleurs sociaux*. S.F.G. 1985.
VINCENT J. D. *Biologie des passions*. Paris. Seuil. 1986.
WATZLAWICK P. *Le langage du changement*. Paris. Seuil. 1978.
WINNICOTT D. *De la pédiatrie à la psychanalyse*. Paris. Payot. 1969.

ANEXO 3

Bibliografia sumária de algumas publicações sobre Gestalt em língua francesa

AMBROSI, Jean. *La Gestalt-thérapie revisitée.* Toulouse. Privat. 1984.
BOUCHARD, Marc-André. *De la phénomènologie à la psychanalyse.* Bruxelas. Mardaga. 1988.
BOUTROLLE, Marie. "Parents-enfants-psychotérapeute: jeux transférentiels", *Bulletin de la S.F.G.* n? 21-22, verão 1990.
CHEVALLEY, Bernard. *Meurs et deviens. Psychotérapie et entretien pastoral.* Paris. Centurion. 1992.
DELACROIX, J.-Marie. *Ces Dieux qui pleurent ou La Gestalt-Thérapie des psychotiques.* Grenoble. I.G.G. 1985.
DELISLE, Gilles. *Les troubles de la personnalité, perspective gestaltiste.* Montreal. Ed. du Reflet. 1991.
FINN, Edouard. *Tarot, Gestalt e Energie.* Montreal. Ed. de Mortagne. 1980.
GILGER, Serge. "La Gestalt est-elle une thérapie psycho-corporelle?", in *Somatothérapies*, n? 2, 1989.
GINGER, Serge. "La Gestalt-thérapie et quelques autres approches humanistes dans la pratique hospitalière", in *Former a l'hôpital*, sob a direção de Honore B. Toulouse. Privat. 1983.
GINGER, Serge. "La Gestalt: une troisième voie?", in *Le développement et les travailleurs sociaux*, sob a direção de Vanoye & Ginger. Paris. E.S.F. 1985.
GINGER, Serge. "Le corps en Gestalt: corps interdits... ou inter-dits?", in *Somatothérapies*, n? 13, 1991.
GINGER, Serge. "Quelques reflexions sur le transfert en Gestalt", in *Bulletin de la S.F.G.*, n? 23, inverno 90-91.
GINGER, Serge. "Vingt notions de base, vingt ans après", in *Revue Gestalt*, n? 1, S.F.G., outono 1990.
JACQUES, André. *Historique de la Gestalt-thérapie.* Bordeaux, I.G.B., 1984.
JANIN, Pierre. *Avec la Gestalt au pays des rêves (Travail du rêve d'aprés Freud, Jung et Perls).* Paris, E.P.G. 1987.
JUSTON, Didier. *Le transfert en psychanalyse et en Gestalt-thérapie.* Lille, La boîte de Pandore, 1990.

KATZEFF, Michel. *Comment se réaliser par la Gestalt, le Tantra, la Kabbale et le Tao.*

LATNER, Joel. "Théorie du champ et théorie des systèmes en Gestalt-thérapie", in *Gestalt Journal*, Vol. VI, 2, 1983.

LEVITSKY, Abraham & PERLS Fritz. "Les 'régles' et le 'jeux' de la Gestalt thérapie, in FAGAN, *Gestalt therapy now*. USA. 1970.

MARC, Edmond. *Le processus de changement en thérapie.* Paris. Retz.

MARTEL, Brigitte. *Une Gestalt en 13 actes sur un fond de masochisme.* Paris. Col. Document E.P.G. 1989.

MASQUELIER-SAVATIER, Chantal. *Le bébé est une Gestalt.* Paris, Col. Document E.P.G. 1985.

MOREAU, André. *Gestalt, Prolongement de la psychanalyse.* Louvain-la-Neuve, Cabay. 1983.

MOREAU, André. *La Gestalt Thérapie, chemin de vie.* Paris, Maloine. 1983.

OAKLANDER, Violet. *Fenêtre ouverte sur nos enfants.* USA. 1978.

PASINI, Willy & ANDREOLI Antonio. "Le corps et la Gestalt-thérapie", in *Eros et changement, le corps en psychothérapie.* Paris. Payot, 1981.

PERLS, Fritz; HEFFERLINE Ralph; GOODMAN Paul. *Gestalt-thérapie* (Tomos 1 e 2). Montreal. Stanké. 1977 e 1979.

PERLS, Fritz. *Le moi, la Faim et l'Agressivité.* Paris. Tchou. Col. "Le corps a vivre". 1978.

PERLS, Fritz. *Ma Gestalt-thérapie, une poubelle vue du dedans et du dehors.* Paris. Tchou. Col. "Le corps a vivre". 1976.

PERLS, Fritz. *Rêves et existence en Gestalt-thérapie.* Paris. Epi. 1972.

PETIT, Marie. "La fonction thérapeutique de l'enactement en Gestalt-thérapie". *Thèse de Doctorat de 3.º cicle*, École des Hautes-Études en Sciences Sociales. Paris. Out. 1981.

PETIT, Marie. *La Gestalt, thérapie de l'ici-maintenant.* Paris, 1ª ed. Retz, 1980; 2ª ed. E.S.F. 1984.

PEYRON-GINGER, Anne. "La thérapie individuelle en groupe", in *Revue Gestalt*, nº 1, S.F.G. Outono 1990.

PIERRET, Georges. *Ma forme quotidienne: une Gestalt-praxis.* Namur, Wesmael-Charlier. 1981.

POLSTER, Erving & Miriam. *La Gestalt, nouvelles perspectives théoriques et choix thérapeutiques et éducatifs.* Montreal. Le Jour. 1983.

ROBINE, Jean-Marie. *Figures de la Gestalt-thérapie.* Bordeaux. I.G.B. 1982.

ROBINE, Jean-Marie. *Formes pour la Gestalt-thérapie (Écrits 1979-87).* Bordeaux. I.G.B. 1989.

ROBINE, Jean-Marie. "Le contact, expérience première", in *Revue Gestalt*, nº 1, S.F.G. Outono 1990.

ROSENBLATT, Daniel. *Des portes qui s'ouvrent: ce qui se passe en Gestalt-thérapie.* Nova York. 1975.

SALATHE, Nöel. *Précis de Gestalt-thérapie.* Paris, Amers.

SHEPARD, Martin. *Le père de la Gestalt: dans l'intimité de Fritz Perls.* Montreal. Stanké. 1980.

SOCIETÉ FRANÇAISE DE GESTALT. *Gestalt, Actes du 1.º Colloque d'Expression française.* Paris. S.F.G. Nov. 1983.

SOCIETÉ FRANÇAISE DE GESTALT. *La Gestalt en tant que psychotérapie: Actes des Journées d'études de Bordeaux.* Paris. S.F.G. e Institut de Gestalt de Bordeaux. Nov. 1984.

SOCIETÉ FRANÇAISE DE GESTALT. *La Gestalt et ses différents champs d'application: Actes des Journées d'études de Grenoble*. Paris. S.F.G. 1985.

VAN DAMME, Pierre. *Espace et groupe thérapeutique (une expérience de psychotéraphie de groupe avec de jeunes enfants)*. Tese de doutorado em psicologia clínica. Paris. Universidade de Paris VII, 1991.

VAN DAMME, Pierre. "L'apport de la Gestalt au monde de l'enfance", in *Bulletin de la S.F.G.*, n° 17. Outono 1988.

ZINKER, Joseph. *Se créer par la Gestalt*. Montreal. Ed. de l'Homme. C.I.M. 1981.

ANEXO 4

Bibliografia de algumas obras de Gestalt em outras línguas

em alemão

BLANKERTZ, S. *Der kritische Pragmatismus Paul Goodmans.* Köln. Humanistische Psychologie. 1988.
CÖLLEN, M. *Lass uns fur die Liebe kämpfen. Gestalttherapie mit Paaren.* Munique. Kösel. 1985.
DAVIS, B. *Ursprung und Bedeutung des Awareness-Könzeptes in der Gestalttherapie.* Panderborn. Junfermann. 1986.
FLIEGENER, B. *Bibliographie der Gestalttherapie* (1.630 títulos em alemão e inglês). Köln. Humanistische Psychologie. 1991.
GOODMANN, P. *Natur heilt.* Köln. Humanistische Psychologie. 1989.
HARTMANN-KOTTEK-SCHRÖDER, L. "Gestalttherapie", in CORSINI R. *Handbuch der Psychoterapie.* Weinheim. 1983.
KEPNER, J. *Körperprozesse: ein gestalttherapeutischer Ansatz.* Köln. Humanistische Psychologie. 1990.
NEVIS, E. *Organisationsberatung. Ein gestalttherapeutischer Ansatz.* Köln. Humanistische Psychologie. 1987.
PERLS F. *Das Ich, der Hunger und die Agression.* Stuttgart. Klett-Cotta. 1978.
PERLS F. *Gestalt, Waschstum, Integration. Aufsätze. Vorträge, Sitzungen.* Paderborn. Junfermann. 1980.
PERLS F. *Gestalt, Waschstum, Integration.* Paderborn, Junfermann.
PERLS F. *Gestalttherapie in Aktion.* Stuttgart. Klett-Cotta. 1974.
PERLS F. *Grundlagen der Gestalttherapie.* Munique. Pfeiffer. 1976.
PERLS F., HEFFERLINE R., GOODMAN P. *Gestalttherapie.* Stuttgart. Klett-Cotta. 1979.
PETZOLD H. *Gestalttherapie und psychodrama.* Kassel. Nicol. 1973.
PETZOLD H. *Psychoterapie, Meditation, Gestalt.* Paderborn. Junfermann. 1983.
PETZOLD H., BROWN G. *Gestaltpädagogik.* Munique. Pfeiffer, 1977.
PETZOLD H., SCHMIDT C. *Gestalttherapie, Wege un Horizonte.* Paderborn. Junfermann. 1985.

POLSTER E. *Jedes Menschenleben ist einen Roman Wert*. Köln. Ed. Humanistische Psychologie. 1990.
POLSTER E., POLSTER M. *Gestalttherapie. Theorie und Praxis der integrativen Gestalttherapie*. Munique. Kindler. 1975.
RAHM D. *Gestaltberatung*. Paderborn. Junfermann.
RONALL R., FEDER B. *Gestaltgruppen*. Stuttgart. Klett. 1983.
ROSENBLATT D. *Türen öfnen: was geschieht in der Gestalttherapie*. Köln. Humanistische Psychologie. 1990.
SCHNEIDER K. *Grenzerlebnisse. Zur Praxis der Gestaltanalyse*. Köln. Humanistische Psychologie. 1989.
STEVENS J. *Die Kunst der Wahrnehmung*. Munique. Kaiser. 1975.
STRÜMPFEL U. *Forschungsergebnisse zur Gestalttherapie*. Köln. Humanistische Psychologie. 1990.
ZINKER J. *Gestatltherapie als kreative Prozess*. Paderborn. Junfermann.

em inglês

ENRIGHT J. *Enlightening Gestalt*. Mill Valley. Pro Telos. 1980.
FAGAN J. & SHEPHERD I. *Gestalt Therapy now*. Nova York. Harper & Row. 1970.
FAGAN J. & SHEPHERD I. *What is Gestalt?* Nova York. Harper & Row. 1970.
FEDER B. & RONALL R. *Beyond the Hot Seat*. Nova York. Brunner/Mazel. 1980.
GAINES J. *Fritz Perls Here and Now*. Milbrae. Celestial Arts. 1979.
HATCHER C. & HIMELSTEIN P. *The Handbook of Gestalt Therapy*. Nova York. Aronson. 1976.
KEMPLER W. *Principles of Gestalt Family Therapy*. Salt Lake City. Deseret Press. 1974.
LATNER J. *The Gestalt Therapy Book*. Nova York. Bantam Books. 1972.
LEVITSKY & PERLS. *Group therapy today: styles, methods and techniques*. Nova York. Atherton. 1969.
MERRY U. e BROWN G. *The neurotic behavior of Organizations*. Nova York, Cleveland Press. 1987.
NARANJO C. *The Technics of Gestalt Therapy*. Berkeley. SAT. Press. 1973.
NEVIS E. *Organizational consulting: a Gestalt Approach*. Nova York. Cleveland Press. 1988.
OAKLANDER V. *Windows to Our Children*. Moab. Real People Press. 1978.
PERLS F., HEFFERLINE R., GOODMAN P. *Gestalt Therapy*. Nova York. Julian Press. 1951.
PERLS F. *Ego, hunger and agression: a revision of Freud's theory and method*. Durban. 1942; Londres, 1947.
PERLS F. *Gestalt Therapy Verbatim*. Moab. Real People Press. 1969.
PERLS F. *In and out the garbage pail*. La Fayette. Real People Press. 1969.
PERLS F. *Legacy from Fritz*. Palo Alto. Sc. & Behavior Books. 1975.
PERLS F. *The Gestalt Approach & Eye Witness to Therapy*. Nova York. Bantam Books. 1973.
POLSTER E. *Gestalt Therapy integrated*. Nova York. Vintage Books. 1973.
ROSENBLATT D. *Opening Doors. What happens in G.T*. Nova York. Harper & Row. 1975.
SHEPARD M. *Fritz: an intimate portrait of Fritz Perls and Gestalt therapy*. Nova York. Saturday Review Press. 1975.

SHUB N. *Gestalt Therapy: Applications and Perspectives.* Nova York. Cleveland Press. 1988.
SIMKIN J. *Gestalt Therapy Mini-lectures.* Milbrae. Celestial Arts. 1976.
SIMKIN J. *Mini-lectures in Gestalt therapy.* Albany. Word Press. 1974.
SMITH E. *The growing edge os Gestalt Therapy.* Nova York. Brunner/Mazel. 1976.
SMUTS J. C. *Holism and evolution.* Nova York. Viking. 1961.
STEVENS B. *Don't Push the River.* Moab. Real People Press. 1970.
STEVENS J. *Awareness: exploring, experimenting, experiencing.* Real People Press. 1971.
STEVENS J. *Gestalt is.* Nova York. Bantham Books. 1975.
The gestalt Journal: 2 volumes (de uma centena de páginas) cada ano, desde 1978. Highland. Nova York.
WHEELER G. *Gestalt reconsidered: a new approach to Contact and Resistance.* Nova York. Cleveland Press. 1991.
ZINKER J. *Creative process in Gestalt therapy.* Nova York. Brunner/Mazel 1977.

em espanhol

CASTANEDO C. *Terapia Gestalt: Enfoque del Aqui el Ahora.* San José. Universidade da Costa Rica. 1983.
FAGAN J. "Las tareas del Terapeuta", in *Teoria y Tecnicas de la Terapia Gestaltica.* Buenos Aires. Amororrtu Editores. 1973.
KEPNER J. *Proceso corporal: un enfoque Guestalt para trabajar con el cuerpo en psicoterapia.* Mexico. Ed. Manual Moderno. 1991.
NARANJO C. *"La Focalizacion en el Presente: Tecnica, Prescripcion e Ideal",* in *Teoria y Tecnicas de la terapia Gestaltica.* Buenos Aires. Amororrtu Editores. 1979.
PENARUBIA, RAMS, VILLEGAS. *Gestalt Hoy.* Borma. A.E.T.G. 1982.
PERLS F. *Enfoque Gestaltico. Testimonios de Terapia.* Santiago do Chile. Ed. Cuatro Vientos. 1982.
PERLS F. *Suenos y existencia.* Santiago do Chile. Ed. Cuatro Vientos. 1982.
PERLS F. *Yo, Hambre y Agresion.* México, FCE. 1947.
PERLS F. e LEVITSKY A. "Las Reglas y Juegos de la Terapia Gestaltica", in *Teoria y Tecnicas de la terapia Gestaltica.* Buenos Aires. Amororrtu Editores. 1970.
RAMS A. "Desarollos en Sexoterapia Gestaltica", in PENARRUBIA P. *La terapia Gestalt.* Alicante. SEPTG. 1984.
SALAMA H. *El enfoque Guestalt: una psicoterapia humanista.* México. Ed. Manual Moderno. 1987.
ZINKER J. *El proceso creativo en la terapia Gestaltica.* Buenos Aires. Paidos. 1977.

em italiano

CONSTANTINI R. *L'integrazione e lo sviluppo del sé nella terapia della Gestalt.* Tesi. Universidade de Roma. 1987.
CRISPINO S. *Riflessi.* (Rivista) La Gestalt analitica. 1991.

DONADIO G., CARTA S. *La Gestalt analitica*. Roma. Luigi Pozzi. 1987.
GINGER S. & A. *La Gestalt*. Roma. Ed. Mediterranee. 1990.
GIUSTI E. *La Gestalt: la terapia del "Con-tatto" emotivo*. Ed. Riza Scienze, n? 23. 1989.
HOUSTON G. *Psicoterapia Gestalt*. Como. Red. 1985.
JUSTON D., GIUSTI E. *La clinica del Transfert in Psicoanalisi e in Psicoterapia della Gestalt*. Roma. Kappa. 1991.
PERLS F. *L'approccio della Gestalt & testimone oculare della terapia*. Roma. Astrolabio. 1977.
PERLS F. *La terapia della Gestalt parole per parola*. Roma. Astrolabio. 1980.
PERLS F. *Qui & Ora. Psicoterapia autobiografica*. Roma. Sovera. 1991.
PERLS F., BAUMGARDNER P. *Doni dal lago Cowichan: l'eredità di Perls*. Roma. Astrolabio. 1980.
PERLS F., HEFFERLINE R., GOODMAN P. *Teoria e pratica della teoria della Gestalt*. Roma. Astrolabio. 1971.
POLSTER E. *Ogni vita vale un romanzo*. Roma. Astrolabio. 1988.
POLSTER E. & M. *Terapia della Gestalt integrata*. Milão. Giuffrè. 1986.
PURSGLOVE P. *Esperienze di terapia della Gestalt*. Roma. Astrolabio. 1970.
RAMETTA F. *Caleidoscopo. Gestalt psicosociale* (revista semestral).
SCHIFFMAN M. *L'Autoterapia Gestaltica*. Roma. Astrolabio. 1987.
SIMKIN J. *Brevi lezzioni di Gestalt*. Roma. Borla. 1978.
SPAGNOLO LOBB M., SALONIA G. *Quaderni di Gestalt* (revista semestral, sem data). Ragusa. HCC.

em português

BARROS, P. *Narciso, a bruxa, o terapeuta elefante e outras histórias psi*. São Paulo. Summus.
CARDELLA, B. II. P. *O amor na relação terapêutica*. São Paulo. Summus.
HYCNER, R. *De pessoa a pessoa*. São Paulo. Summus.
OAKLANDER, V. *Descobrindo crianças — A abordagem gestáltica com crianças e adolescentes*. São Paulo. Summus.
PERLS, F. *Gestalt-terapia explicada*. São Paulo. Summus.
PERLS, F. *Escarafunchando Fritz*, São Paulo, Summus.
PONCIANO R., J. *Gestalt-terapia, o processo grupal*. São Paulo. Summus.
PONCIANO R., J. *Gestalt-terapia, refazendo um caminho*. São Paulo. Summus.
STEVENS, B. *Não apresse o rio, ele corre sozinho*. São Paulo. Summus.
STEVENS, J. (org.) *Isto é Gestalt*. São Paulo. Summus.
STEVENS, J. *Tornar-se presente — Experimentos de crescimento em Gestalt-terapia*. São Paulo. Summus.
TELLEGEN, T. A. *Gestalt e grupos, uma perspectiva sistêmica*. São Paulo. Summus.

ANEXO 5

Glossário

Várias palavras e noções específicas da Gestalt são explicitadas no capítulo 8: *A teoria do self*.

agressividade: (de *"ad-gredere"*, ir diante de: se opõe a *"re-gredere"*, recuar): pulsão de vida, e não pulsão de morte, para Perls; necessária à assimilação ativa do mundo exterior para evitar as *introjeções*: é preciso antes morder a maçã e mastigá-la (destruí-la) para poder digeri-la.

ajustamento criador: termo proposto por Goodman, para caracterizar a interação ativa (e não a adaptação passiva) que acontece na *fronteira de contato* entre a pessoa saudável e seu meio.

amplificação: técnica clássica da Gestalt, que consiste em encorajar o cliente a amplificar os gestos automáticos, as sensações ou sentimentos espontâneos, para torná-los mais explícitos e deles ter maior consciência.

aqui e agora: *"here and now"* em inglês, *"hic et nunc"* em latim. Perls fala mais de *agora e como* (*"now and how"*) ao descrever o *processo* em curso na ação ou interação.

assertividade: auto-afirmação justa, sem fanfarronice nem falsa humildade. Defesa dos próprios interesses ou ponto de vista, sem ansiedade e sem negar os dos outros.

awareness: tomada de consciência global no momento presente, atenção ao conjunto da percepção pessoal, corporal e emocional, interior e ambiental (consciência de si e consciência perceptiva).

bullshit: expressão usada propositalmente por Perls para estigmatizar as intelectualizações. Ele distinguia *chickenshit*, cocô de galinha, *bullshit*, cocô de boi, e *elephantshit*, cocô de elefante, conforme a importância dos jogos intelectuais defensivos, das racionalizações ou das longas verbalizações — que geralmente considerava estéreis.

catarse: expressão de uma emoção, às vezes espetacular (cólera, gritos, soluços...), que permite, eventualmente, uma *ab-reação* e um relaxamento ou desdramatização. Em Gestalt, não se busca sistematicamente a catarse, mas ela sobrevém, em geral, após a *amplificação*. Ela é quase sempre acompanhada de uma verbalização.

ciclo de contato: (ver cap. 8) noção básica em Gestalt, desenvolvida por Goodman, em sua *teoria do self*: ele distingue *quatro fases* principais em qualquer ação: o pré-contato, o contato (*contacting*), o contato pleno (*final contact*), o pós-contato (ou retração). Este ciclo foi retomado, com variações, em especial por Zinker, Polster, Katzeff etc. Este último distingue *sete* fases: sensação, tomada de consciência (*awareness*), excitação, ação, contato, realização, retração. As interrupções ou perturbações no desenrolar normal do ciclo em geral são chamadas de *resistências*.

Cleveland: um dos principais institutos de Gestalt dos Estados Unidos. O segundo a ser criado (1954), mas o mais importante por sua influência teórica. Faziam parte de sua equipe, entre outros, Laura Perls, P. Goodman, I. From, J. Zinker, E. e M. Polster, E. e S. Nevis etc.

como: em uma perspectiva fenomenológica fundamental, a Gestalt se preocupa mais com o *como* do que com o *quê* e o *porquê*. Ou seja, ela considera sobretudo o processo e a *forma*; o significante, mais do que o significado. As duas palavras-chave da Gestalt são *"now and how": agora e como*.

confluência: diminuição do *self*, abolição da *fronteira* entre o cliente e seu meio. Uma das quatro *resistências* clássicas. Uma mãe e seu bebê estão em *confluência sadia*, mas uma criança de doze anos incapaz de assumir uma posição diferente da mãe sofre de confluência patológica.

contato: idéia central em Gestalt-terapia. O *ciclo normal* de satisfação das necessidades costuma ser chamado de *ciclo de contato* (ou de *contato-retração*). A terapia ocorre na *fronteira de contato* entre o organismo e seu meio.

***continuum* de consciência**: *fluxo* permanente de sensações, sentimentos e idéias que constituem o *fundo* sobre o qual se destacam, sucessivamente, as principais *figuras* emergentes (*Gestalts* ou *Gestalten*) de nosso interesse. Em uma pessoa que tenha boa saúde psíquica, esse fluxo é maleável e regular.

contratransferência: no sentido estrito, conjunto de *respostas* conscientes — sobretudo inconscientes — do *terapeuta*, induzidas pelo cliente (e especialmente por sua *transferência*). Em sentido mais *amplo*: *tudo* da *pessoa do terapeuta* que possa intervir no processo terapêutico.

Cowichan: no final de 1969, aos 76 anos, Perls comprou um motel de pescadores às margens do lago Cowichan, na ilha de Vancouver (Canadá) e lá fundou, com um núcleo de seus discípulos de Esalen, um *Kibutz-Gestalt*. Ele só viveu lá por seis meses, partindo então em viagem à Europa e morrendo em Chicago, quando estava voltando.

deflexão: uma das *"resistências" ou "perdas da função eu"*. A deflexão consiste em evitar o contato, desviando a sensação para a *"zona intermediária"* dos *processos mentais* (idéias, fantasias ou devaneios), zona que não é nem a realidade exterior nem a realidade de meu ser interno perceptível. Pode ser, assim, uma *fuga do aqui e agora* nas lembranças, projetos, considerações abstratas, no que Perls considerava "masturbação mental" (*mind fucking*).

dramatização: *enactement* em inglês. É uma encenação deliberada, seguida de verbalização, que permite perceber melhor um fenômeno, tornar explícito o que está implícito. Se opõe, assim, à *exteriorização (acting out)* impulsiva que, ao contrário, prejudica a tomada de consciência verbal, substituindo-a por um *"raptus"*, difícil de analisar.

efeito Zeigarnik: pressão mental mobilizadora, produzida pelo sentimento difuso de uma tarefa inacabada a ser terminada. Utilizado em pedagogia e publicidade (para manter vivo o interesse). Mas a repetição excessiva de "Gestalts" inacabadas estaria na origem das neuroses, segundo Perls.

egotismo: "resistência" cujo *status* é um pouco específico, descrita por Goodman. Hipertrofia artificial do ego, que visa encorajar o narcisismo e responsabilização pessoal para preparar para a autonomia. É uma alavanca terapêutica provisória. Assim como a "neurose de transferência" em psicanálise, esta fase transitória deve ser superada durante uma terapia em Gestalt.

envolvimento controlado: atitude de engajamento deliberado na relação terapêutica, preconizada em Gestalt, e que pressupõe uma exploração atenta da *contratransferência*. Eu estou aqui, *eu-mesmo*, plenamente, como pessoa inteira e autêntica, porém não estou aqui *para mim*, mas para o cliente.

Esalen: local na Califórnia, 300 km ao sul de São Francisco, onde foi estabelecido um centro mundial das mais célebres "novas terapias", chamadas de "humanistas". Perls ali viveu vários anos e ali tornou a Gestalt célebre, não sem transformá-la um pouco em "espetáculo".

estilo pessoal: a Gestalt é mais uma *arte* do que uma ciência, e encoraja a busca individual (para o cliente e para o terapeuta) de seu estilo pessoal de vida, o "ajustamento criador" e não a procura inútil de aplicação de regras imutáveis ou receitas.

eu: o *self* pode funcionar de acordo com três modos: o *id*, o *eu* e a *personalidade*. O eu é uma função ativa e implica a tomada de consciência de minhas necessidades e a responsabilidade por minhas escolhas. As *perdas da função eu* (ou ego) em geral são chamadas de "resistências".

Eu/Tu: alusão à obra de Buber (*O Eu e o Tu*, 1923). Traduz a relação autêntica direta de pessoa para pessoa, preconizada por Perls, inclusive em situação terapêutica (ver cap. 9).

experimentação: a Gestalt é um abordagem existencial e experiencial, que propõe viver, experimentar, sentir, "experienciar" (*to experience*) ou experimentar deliberadamente (*to experiment*) por si mesmo (sempre, em primeiro lugar, de modo simbólico) as situações, sejam elas temidas ou desejadas.

feed-back: "retorno", resposta reguladora induzida por uma situação. Em terapia de grupo, solicita-se com freqüência o *feed-back* dos membros, no fim de uma seqüência de trabalho individual, para favorecer uma melhor tomada de consciência do cliente em questão, ou, sobretudo, a expressão das repercussões pessoais evocadas em cada um pela situação, preparando assim um eventual trabalho posterior.

figura/fundo: noção básica da psicologia da *Gestalt* (ou "teoria da forma"), retomada em Gestalt-Terapia. A pessoa saudável deve poder discernir claramente a *figura dominante* do instante (ou *Gestalt*), que só assume pleno sentido se estiver relacionada com o *fundo*, o plano posterior. Assim, uma reação no aqui e agora (figura emergente) deve inserir-se no conjunto da situação e da personalidade (fundo), (ver *continuum de consciência*).

forma (e conteúdo): ou "significante" e "significado". A Gestalt enfatiza a importância da forma: maneira de dizer ou de fazer, em geral inconsciente ou pré-consciente (o *como* da entonação, das expressões, pos turas, gestos etc.) que enriquece ou contraria o conteúdo intencional do *dizer* ou do *fazer*.

formação: a *formação* deve se distinguir do *ensino*: ela é uma "formali zação" (*Gestaltung*), ou seja, um *processo ativo*, que implica uma *trans formação* do ser.

fronteira de contato: (ver cap. 8) noção fundamental em Gestalt. A te rapia acontece na *fronteira de contato* entre o cliente e seu meio (em especial o terapeuta): é aí que podem ser observadas as disfunções do contato do ciclo normal de satisfação das necessidades (ou *resistências*) A *pele* é um exemplo e, sobretudo, uma metáfora da fronteira de conta to: ela me isola e, ao mesmo tempo, me liga.

hiperventilação: técnica de respiração forçada, ampliada e/ou acelera da, utilizada sobretudo em *bioenergética e rebirth*, que visa liberar a: camadas subcorticais "embriagando" o controle cortical por intermé dio de uma hiperoxigenação. A liberação das emoções enterradas geral mente provoca uma catarse, eventualmente acompanhada de espasmos Em Gestalt, este tipo de técnica artificial não é utilizada, mas às vezes são registradas hiperventilações espontâneas, desencadeadas por emo ção intensa.

holismo, holística: do grego "*holos*", o todo (ver nota 3, cap. 1) — re lativo ao conjunto. Perls havia sido profundamente seduzido pela teo ria holística de Smuts, primeiro-ministro da África do Sul, que publica ra em 1926 *Holismo e Evolução*, a partir das idéias de Darwin, Berg son, Einstein e Teilhard de Chardin.

homeostase: princípio geral de *auto-regulação dos organismos vivos* enunciado por Cannon em 1926. Perls insiste bastante nesta noção, so bretudo em sua obra póstuma *The Gestalt Aproach and Eye Witness to Therapy*, começada em 1950, acabada em 1970 e publicada em 1973

hot-seat: literalmente, "cadeira quente" ou "candente", ou ainda "tam borete". Técnica apreciada por Perls, especialmente a partir de 1964 em seu "período californiano", e que consistia em pedir ao cliente que se instalasse deliberadamente em uma cadeira perto do terapeuta (*hot seat*), no mais das vezes diante de uma cadeira vazia (*empty chair*), na qual ele podia imaginar um personagem qualquer (por exemplo, seu pai) a quem se dirigir. Esta cadeira também pode ser representada por uma almofada.

id: no sentido gestaltista, uma das três funções do *self* — que, além dele, comporta o *eu* e a *personalidade*. O self funciona geralmente no modo do *id*, no início do ciclo, no período chamado de *pré-contato*.

impasse: termo utilizado por Perls para indicar uma situação de bloqueio psíquico, aparentemente sem saída, levando a supor que o "nó" central do problema foi tocado.

implosão: Perls distingue quatro "camadas" psíquicas principais: camada superficial do *jogo* (papéis sociais convencionais), camada *implosiva* (que leva ao *impasse*), camada *explosiva* das emoções e camada *autêntica* profunda. A *implosão* é uma paralisia, por tensão interna, de duas forças contraditórias.

inacabado (trabalho, Gestalt): o acúmulo de *Gestalts inacabadas* seria, segundo Perls, uma das causas da neurose. A terapia consistirá então, principalmente, em fechar as Gestalts *inacabadas* ou *fixas*, ou seja, esclarecer os problemas pendentes (por exemplo, "trabalho de luto" não liquidado).

inconsciente: em Gestalt, não se nega, evidentemente, a importância dos fenômenos inconscientes, mas eles não constituem o ponto de apoio fundamental da ação terapêutica. Esta se instaura a partir de manifestações aparentes, corporais, emocionais ou mentais: parte-se deliberadamente da superfície para atingir as camadas mais profundas "nãoconscientes".

insight, satori: "iluminação" ou tomada de consciência súbita, a partir de uma experiência interna forte.

introjeção: umas das "resistências" clássicas, que consiste em "engolir inteiro" as idéias ou princípios dos outros, sem que tenham sido "digeridos" e assimilados de modo pessoal. Trata-se, principalmente, do "deveria" de toda educação tradicional.

kibutz-group: aplicação dos princípios da Gestalt em uma comunidade residencial de média ou longa duração (de alguns dias a vários meses). As seqüências terapêuticas propriamente ditas são alternadas com uma vida compartilhada de trabalho, estudos ou lazer, possibilitando uma exploração terapêutica em comum. Perls deu preferência, sucessivamente, à terapia *individual*, à terapia em grupo e, depois, à terapia *comunitária* (ver *Cowichan*).

mandala: palavra sânscrita que significa "círculo". É um desenho (ou pintura) simbólico, baseado geralmente em um círculo ou quadrado, utilizado nas diversas filosofias orientais como suporte para a meditação, na busca de uma verdade imanente. As *mandalas* foram estudadas especialmente por C. G. Jung. A representação pictórica simbólica de sentimentos ou situações e diversas técnicas inspiradas na *mandala* são utilizadas com freqüência por um certo número de gestaltistas.

massagem S.G.M.: "sensitive Gestalt massage" (desenvolvida pela americana Margaret Elke), também chamada de massagem californiana, sensitiva, euforizante, relacional etc. É uma técnica de comunicação não-verbal centrada na *awareness* da experiência corporal de dois parceiros que, de forma alternada, dão ou recebem. Entre seus objetivos estão a *reunificação* do esquema corporal e a maior conscientização da *fronteira de contato*.

microgestos: são pequenos gestos automáticos, em geral inconscientes ou pré-conscientes (tamborilar dos dedos ou dos pés, tiques ocasionais ou expressões faciais, brincar com anéis etc.). A tomada de consciência, depois a *amplificação* desses gestos em geral, permite que o próprio cliente lhes confira um sentido simbólico, abrindo pistas associativas ricas.

modo médio: para Goodman, e em referência à gramática grega, modo ao mesmo tempo *ativo* e *passivo* de funcionamento do *self*, constatado sobretudo durante a chamada fase de "contato pleno", motor e sensorial (ver cap. 8).

monodrama: técnica de psicodrama proposta por Moreno e freqüentemente utilizada por Perls, que consiste em fazer o *próprio cliente* representar, sucessivamente, os diversos papéis da situação evocada por ele: pode, por exemplo, dialogar com diversas partes de seu próprio corpo ou ainda entabular um diálogo imaginário com um de seus pais e dar as respostas que imagina, teme ou deseja.

necessidades: em Gestalt, há maior interesse pela *necessidade* do que pelo *desejo*. As necessidades podem ser orgânicas (comer, dormir...), psicológicas, sociais ou espirituais: necessidade de inclusão em um grupo, necessidade de dar sentido à vida etc. Elas nem sempre são percebidas claramente, nem expressas diretamente. O *ciclo de satisfação das necessidades* é, freqüentemente, interrompido ou perturbado, e um dos objetivos do trabalho Gestalt é observar essas interrupções, bloqueios ou distorções (ver *resistências*).

"now and how": duas das quatro palavras-chave da Gestalt (que rimam, em inglês: "*now and how, I and thou*") = "agora e como, Eu e Tu", resumindo a relação plena e autêntica entre duas pessoas, no aqui e agora da situação terapêutica.

"**oração de Perls**": é uma célebre citação, denunciando a *confluência* (ver cap. 8).

percepção corporal: consciência (ou *awareness*) da sensação corporal exteroceptiva ou *proprioceptiva* (sensação de opressão, vazio no estômago ou nó na garganta etc.). E freqüentemente utilizada como ponto de partida para um trabalho mais profundo. O terapeuta deve estar atento à sua própria experiência corporal, que lhe permite uma consciência e uma exploração de sua contratransferência.

perda da função ego: expressão sinônima de "perda de função eu", "resistência", "defesa do eu", "mecanismo de evitação", "interrupção do ciclo" etc. Cada autor adota uma terminologia própria (ver *resistência* e ler cap. 8).

personalidade: ver *eu*. A função *personalidade*, do *self*, é a representação verbal que o sujeito faz de si mesmo, a *auto-imagem* na qual ele se reconhece. É, portanto, a função de *integração* da experiência, base do sentimento de identidade, em sua historicidade. Ela se apresenta sobretudo no *fim do ciclo* de contato, momento do fim da experiência em curso, da retirada.

polaridades: a Gestalt busca a integração harmoniosa das *polaridades* complementares de todo comportamento humano (agressividade/ternura), mais do que a eliminação de uma em proveito da outra ou a busca ilusória de um "injusto" meio-termo, pálida monotonia de sentimentos diluídos.

pós-contato: ou "retração", quarta e última fase do *ciclo de contato* ou de satisfação das necessidades, fase essencial de *assimilação*, graças à função *personalidade*.

pré-contato: primeira fase do *ciclo de contato-retração*, em Goodman. O *self* funciona essencialmente no modo do *id* (sensação, excitação).

processo: a Gestalt é uma terapia centrada no processo, mais do que no conteúdo, no que está acontecendo aqui e agora, no *como*, e não no *quê*.

proflexão: termo proposto recentemente por Sylvia Crocker, forma mista de "resistência", associando a *projeção e a retroflexão*, e consiste em fazer ao outro o que gostaríamos que o outro nos faça.

projeção: forma clássica de "resistência", que consiste em atribuir ao outro algo que nos concerne.

proxêmica: estudo científico da organização do espaço social e das distâncias sociais (Edward Hall, 1966). A procura da "boa distância" relacional é um tema corrente em Gestalt.

psicologia da Gestalt: teoria da Gestalt ou ainda "teoria da forma". Corrente psicológica, de inspiração fenomenológica, surgida em 1912 (Ehrenfels, Wertheimer, Koffka, Kohler), que acentua especialmente o fato de que "o todo é diferente da soma de suas partes" e resulta de suas múltiplas interações.

psicologia humanista: termo introduzido por A. Maslow (1954): "Terceira força", movimento de reação contra a tecnocracia determinista que invade a psicanálise e o comportamentalismo. A P.H. tende a devolver ao homem a responsabilidade máxima por suas escolhas e a reabilitar seus valores espirituais.

resistências: noção fundamental em Gestalt. É observar as "resistências" que se opõem ao livre desenrolar do *ciclo de contato* ou ciclo de satisfação das necessidades. As principais *resistências* são: a confluência, a introjeção, a projeção e a retroflexão (ver cap. 8).

retração: ou "pós-contato", quarta e última fase do *ciclo de contato*, segundo Goodman, que permite a assimilação da experiência (função *personalidade*, do *self*) e forja a noção de identidade. Uma retração muito brusca ou muito lenta (*confluência*) é um indício corrente de disfunção, freiando a autonomia.

retroflexão: voltar contra si a energia mobilizada (masoquismo ou somatizações) ou fazer a si o que se gostaria que os outros fizessem (lisonja). A retroflexão pode traduzir a luta interior entre o *top-dog* e o *under-dog*.

self: em Gestalt esta palavra não designa uma entidade determinada (como, por exemplo, o *ego*, em psicanálise) mas um *processo*: o que acontece na *fronteira de contato* entre o organismo e seu meio, permitindo o *ajustamento criador*. Assim, o *self* pode diminuir em certas situações (momentos de *confluência*, por exemplo). A *teoria do self* (cap. 8) designa a elaboração feita há 35 anos por Goodman, a partir das notas de Perls.

simpatia: Perls opõe *simpatia* à *empatia* e à *apatia*. A *simpatia* pressupõe o envolvimento autêntico do terapeuta, em uma relação "Eu/Tu", de pessoa para pessoa, em que ele não se abriga atrás de um *estatuto* (ver cap. 9).

sistêmica: a abordagem sistêmica (von Bertalanffy, 1956; Goldstein, Le Moigne, de Rosny, Morin) se opõe ao procedimento racionalista newtoniano-cartesiano ao abordar os problemas como um "conjunto de unidades em interações mútuas" (ver cap. 7). A Gestalt é uma abordagem sistêmica, que estuda as interações no *campo* organismo/meio. Uma outra aplicação psicoterápica é proposta pela *terapia familiar sistêmica* (escola de Palo Alto: Bateson, Watzlawick).

socio-Gestalt: denominação proposta por Serge Ginger para designar um ramo da Gestalt, aplicado às instituições ou organizações, consideradas em sua globalidade (ver cap. 7).

sonho: "via régia" para o auto-conhecimento, tanto para Perls como para Freud. Retomando uma sugestão de Rank, Perls considera qualquer personagem ou elemento do sonho uma projeção do próprio sonhador, e propõe com freqüência encarná-los sucessivamente (ver caps. 1, 11 e 12).

top-dog: cão que vai à frente em uma parelha de trenó. Por extensão, chefe, mentor, sobretudo nos jogos esportivos. Perls insiste na luta intrapsíquica entre o *top-dog* (consciência moral, "superego") e o *underdog* (subordinado, resistência egóica).

transferência: em psicanálise, relação afetiva intensa entre paciente e terapeuta, que reproduz em parte uma atitude vivida na infância: a *neurose de transferência* é o motor essencial da cura. Em Gestalt, são observados também inúmeros fenômenos transferenciais *espontâneos* — que são explorados *gradativamente*, mas a *neurose de transferência*, que cria dependência em relação ao terapeuta, não é desenvolvida artificialmente.

transpessoal: uma terapia pode ser *intra-pessoal* (análise dos conflitos internos), *inter-pessoal* (estudo das relações estabelecidas entre as pessoas) ou *trans-pessoal* (que leva em consideração o inconsciente coletivo e os vínculos esotéricos que unem gênero humano e cosmo). A Gestalt privilegia uma ou outra dessas dimensões, ou as três ao mesmo tempo — conforme o estilo pessoal do terapeuta.

voz: o trabalho em torno da voz é essencial em Gestalt, em que o modo de dizer conta tanto quanto o que é dito. A voz sufocada, "branca" ou irregular, às vezes, traduz um estado de alma diferente daquele que o cliente está exprimindo verbalmente, dando assim uma pista de trabalho em geral fecunda. A auto-afirmação com assertividade (segurança justificada, sem fanfarronice) é utilizada em Gestalt de grupo.

ANEXO 6

Quadro cronológico sinótico
(algumas datas indicativas relacionadas à Gestalt)

I. Alguns precursores

Ano	nascimento de:	morte de:	algumas publicações e eventos
1770	Hegel		
1775	von Schelling		
1803	Emerson		
1813	Kierkegaard		
1838	Brentano		
1842	Kropotkine		
1844	Nietzsche		
1849	Pavlov		
1856	*Freud*		
1859	*Husserl*		
	von Ehrenfels		
	Bergson		
1866	Groddeck		
1870	Adler		
	Smuts		
1873	*Ferenczi*		
1874	Scheler		
1875	Jung		
1878	*Goldstein*		Nietzsche: *Humano, demasiado humano*
	Buber		
1879	*Korzybski*		
	Einstein		
1880	Wertheimer		
1881	Teilhard de Chardin		
	Binswanger		
1882	Mélanie Klein		
1883	Jaspers		Nietzsche: *Assim falava Zaratustra*
1884	*Rank*		
	Schultz		
1885	*Karen Horney*		Kropotkine: *Palavras de um revoltado*
	E. Minkowski		
1886	Köffka		
1887	Köhler		Kropotkine: *As bases científicas da anarquia*
1888	Assagioli		
1889	Heidegger		
	Gabriel Marcel		
	Moreno		(data *retificada* quanto aos dados tradicionais)
1890	Lewin		
	Desoile		

© Serge Ginger, 1987.

II. Nascimento dos fundadores

Ano	nascimento de:	morte de:	algumas publicações e eventos
1893	Perls		
1894	Charl. Bülher		Nietzsche: *A vontade de poder*
1895		Engels	Freud: *Estudos sobre a histeria*
1896	Winnicott Ida Rolf		Freud introduz o termo psicanálise
1897	Reich		
1898	Marcuse		
1899	von Bartalanffy		
1900		Nietzsche	Freud: *A interpretação dos sonhos*
1901	Milton Erickson		Freud: *Psicopatologia da vida cotidiana*
1902	Rogers		
1904	Bateson Skinner		
1905	Laura Perls Satre Mounier		Freud: *Três ensaios sobre a teoria da sexualidade* Einstein: *A relatividade restrita*
1906			Kropotkine: *A entre-ajuda*
1907			Freud encontra Jung Bergson: *A evolução criadora*
1908	Merleau-Ponty Maslow		Freud encontra Ferenczi
1909			Viagem de Freud aos EUA com Ferenczi e Jung
1910	Berne		Freud: *Cinco lições sobre a psicanálise* Fundação da Associação Psicanalítica Internacional
1911	Goodan		Beauchant: primeiro artigo francês sobre psicanálise
1912			Rompimento entre Freud e Jung
1913			Freud: *Tótem e tabu* Husserl: *Idéias diretrizes para uma fenomenologia*
1916			Freud: *Introdução à psicanálise* Eistein: *A relatividade generalizada*
1918			Friedlaender: *A indiferença criadora* Ferenczi eleito presidente da Associação Psicanalítica Internacional
1920			Freud: *Além do princípio do prazer* Jung: *Tipos psicológicos*
1923			Buber: *O Eu e o Tu*
1924	Janov		Rank: *O trauma do nascimento*
1925			Freud: *Minha vida e a psicanálise*
1926			Bertalanffy: *Zur Theorie des organischen Gestalt* Smuts: *Holismo e evolução* Assagioli funda em Roma o Instituto de Psicossíntese
1927	Laing		Freud: *O futuro de uma ilusão* Heidegger: *O ser e o Tempo* Reich: *A função do orgasmo*
1929			Ferenczi: *Relaxamento e neocatarse*
1930			Freud: *O mal-estar da civilização*
1931			Ferenczi: *Análise de crianças com adultos*
1932			Ferenczi: *Journal clinique* Rank: *A arte e o artista* Melanie Klein: *A psicanálise das crianças* Schultz: *Treinamento autógeno*
1933		Ferenczi	Korzybski: *A ciência da saúde* Reich: *A análise do caráter*

© Serge Ginger, 1987.

III. Criação da Gestalt

Ano	nascimento de:	morte de:	algumas publicações e eventos
1934			Jung: *O homem à descoberta de sua alma*
			Goldstein: *A estrutura do organismo*
1935			Pavlov: *O reflexo condicionado*
1936		Pavlov	Reich define a vegetoterapia
1937		Adler	Anna Freud: *O eu e os mecanismos de defesa*
			Moreno funda a revista *Sociometria*
1938		Husserl	Korzybski funda o Instituto de Semântica Geral em Chicago
1939		*Freud*	Freud: *Moisés e o monoteísmo*
1941		Bergson	
1942			Perls: *O Eu, a fome e a agressividade*
			Rogers: *Aconselhamento e psicoterapia*
1943			Sartre: *O Ser e o Nada*
1945			Merleau-Ponty: *Fenomenologia da percepção*
			Lewin cria a Dinâmica de Grupos (*training-groups*)
			Desoille: *O R.E.D. em psicoterapia*
1946			Chegada de Perls em Nova York
			Sartre: *É o existencialismo um humanismo?*
			Moreno: *Psicodrama*
1947		Lewin	Heidegger: *Cartas sobre o humanismo*
1949			Mounier: *O personalismo*
1950		Mounier	Maslow: *Os critérios de realização de si*
1951			Perls, Goodman, Hefferline: *Gestalt-terapia*
			Rogers: *Terapia centrada no cliente*
1952			Criação do primeiro Instituto de Gestalt (Nova York)
1954			Criação do Movimento de Psicologia Humanista (Maslow)
			Abertura do Instituto de Gestalt de Cleveland
1955		Teilhard de Chardin	Teilhard de Chardin: *O fenômeno humano*
1956			Lowen e Pierrakos fundam o Instituto de Análise Bioenergética
			Bertalanffy: *A teoria dos sistemas abertos*
1957		Reich	
1958			Winnicott: *Da pediatria à psicanálise*
			Lowen: *A linguagem do corpo*
			Berne cria a Análise Transacional
1960			Rogers: *O desenvolvimento da pessoa*
			Laing: *O Eu dividido*
			Caycedo funda a sofrologia
1961		Jung	Jung: *Memórias, sonhos e reflexões*
			Maslow: 1º número do *Journal of Humanistic Psychology*
1962			Esalen é aberto (Murphy e Price)
1964			Chegada de Perls a Esalen
			1º Congresso Internacional de Psicodrama, Paris
1965		Goldstein	Criação do I.F.E.P.P., Paris (Honoré)
		Buber	Glasser: *Reality Therapy*
		Tillich	
1966		Desoille	
1967			Aberto o Instituto de Gestalt de São Francisco
			Lowen: *O corpo em depressão*
			Schutz: *Alegria* (grupos de encontro)

© Serge Ginger, 1987.

266

III. O avanço da Gestalt

Ano	nascimento de:	morte de:	algumas publicações e eventos
1968			"Avanços" da Gestalt (Perls fica célebre em Esalen)
1969			Bertalanffy: *Teoria geral dos sistemas* Perls: *Gestalt terapia explicada* Petzold introduz a Gestalt na Europa (Alemanha) Durand-Dassier: *Estrutura e psicologia da relação* Criação da Multiversité, em Bruxelas (Katzeff)
1970		Perls	Criação de uma formação em Gestalt na Bélgica flamenga
		Berne	Janov: *O grito primal*
		Maslow	Lévitzky: *As regras e os jogos da Gestalt* Fagan: *Gestalt-terapia agora*
1971			Winnicott: *Jogo e realidade* Bateson: *Por uma ecologia do espírito*
1972			Introdução da Gestalt no Canadá Petzold introduz uma formação em Gestalt na Alemanha
1973		Gabriel Marcel Ch. Bühler	Perls: *The Gestalt approach* (póstumo) Polster: *Gestalt Therapy integrated* Latner: *The Gestalt Therapy book* Abertura do Centro de Evolução (Durand-Dassier)
1974		Moreno Assagioli	Anzieu: *Le moi-peau* Simkin: *Gestalt-therapy mini-lectures* J. Corbeil introduz uma formação em Gestalt em Quebec Volta à França de Allais, Ambrosi, Furlaud
1975			Shepard: *Le père de la Gestalt* Lowen: *Bioenergética* Grinder e Bandler: *The structure of Magic*
1976		Heidegger	Katzeff introduz uma formação em Gestalt na Bélgica francófona
1977			Zinker: *Se créer par la Gestatl* Ancelin-Schutzenberger: *O corpo e o grupo*
1979		Ida Rolf	Gestaltistas de Quebec introduzem uma formação em Gestalt na França Gaines: *Fritz Perls here and now* Laborit: *A inibição da ação*
1980		Bateson Sartre Milton Erickson	Marie-Petit: *A Gestalt, terapia do aqui e agora*
1981			Criação da Sociedade Francesa de Gestalt Aberta a Escola Parisiense de Gestalt
1982			Criação da Associação Espanhola de Gestalt
1983			1? Colóquio Internacional da S.F.G. (Paris) Changeux: *L'homme neuronal*
1985		Price	Criação da Sociedade Italiana de Gestatl Criação da Associação Européia de Gestalt-terapia
1986			Vincent: *Biologia das paixões*
1987		Rogers	
1989		Laura Perls	Laura Perls morre em julho, na Alemanha, em sua cidade de origem
1990		Skinner	

© Serge Ginger, 1991.

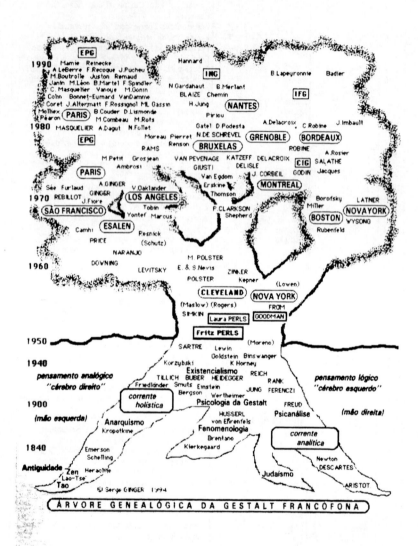

ANEXO 7

Árvore genealógica da Gestalt

1. Orientação geral

- *à esquerda* (correspondente ao cérebro direito), corrente sintética e *holística*, sem negligenciar a dimensão emocional e corporal (corrente perlsiana)

- *à direita* (correspondente ao cérebro esquerdo), corrente mais analítica, verbal e racional (corrente goodmaniana)

- *no centro* método fenomenológico, filosofia existencialista, psicologia da Gestalt, depois teoria da Gestalt, tentam uma combinação das duas abordagens.

2. Nomes dos autores e de gestaltistas (mais de 120 nomes)

Cada autor ou gestaltista foi localizado,

- em *ordenada*, conforme a data em que ele começou a *exercer* ou a ser *conhecido* (data aproximativa)

- em *abscissa*, acima daqueles em que mais se *inspirou* (seus "mestres")

Os nomes dos principais "pioneiros" gestaltistas estão escritos em *maiúsculas* (ex. POLSTER, DELISLE). A maioria dos *clínicos franceses contemporâneos* foram contados entre os que *exercem* regular e explicitamente Gestalt, com uma formação séria (especialmente os membros *titulares autorizados* pela Sociedade Francesa de Gestalt);

Os nomes das *mulheres* são precedidos da inicial de seu primeiro nome;

Os poucos nomes entre *parênteses* (ex. Moreno) se referem a personalidades *não-gestaltistas*; eles indicam a data de aparecimento de obras importantes que influenciaram diretamente a Gestalt.

3. Escolas e "localizações"

Podemos distinguir três ramos principais:

• o ramo *leste*: Nova York e Boston (Goodman e From)

• o ramo *central*: Cleveland — de onde saíram especialmente as escolas de Montreal e de Bruxelas, tendo, elas mesmas, dado nascimento aos institutos de Bordeaux, Grenoble e Nantes (Zinker)

• o ramo *oeste*: Califórnia (Esalen, São Francisco e Los Angeles) — onde se formou a maioria dos práticos parisienses (Perls e Polster)

As "localizações" indicadas (ex. Cleveland, Bruxelas) foram registradas de acordo com os mesmos princípios dos autores: em ordenada, período de abertura oficial; em abscissa, estas escolas estão colocadas acima daquelas que foram suas principais inspiradoras.

Os "locais" registrados para pessoas ou escolas às vezes se referem mais a uma filiação metodológica do que a uma indicação estritamente geográfica. Além disso, inúmeros gestaltistas têm uma formação mista, ou mudaram de região de atividade: por exemplo, os Polster emigraram de Cleveland para San Diego, na Califórnia, enquanto os Latner, pelo contrário, *exerciam inicialmente na Califórnia, antes de se instalarem no estado de Nova York.*

www.gruposummus.com.br